U0663156

Logistics
物流专业"十三五"规划教材

仓储与配送管理

◎ 张 荣 张 帆 主编 ◎ 郑海燕 副主编

電子工業出版社·

Publishing House of Electronics Industry

北京·BEIJING

内 容 简 介

本书是以仓储与配送工作任务为核心，以工作流程为主线组织材料进行编写的。全书共 10 章，每章作为一个单元模块，既自成体系又与前后内容相关联，充分体现了教材模块化、实践化和实战化的编写特点。

本书从理论知识和实践技能层面分别进行了较为详细的介绍。本书第 1 章至第 5 章为仓储业务内容，具体包括仓储管理概论、仓库布局、仓储作业管理、商品的养护与保管、库存管理控制；第 6 章至第 10 章为配送业务内容，具体包括配送管理、配送系统管理、组织配送作业、配送中心运作与管理、危险货物和冷藏货物配送管理。

本书可供广大高等院校物流及相关专业教学使用，也可作为物流从业人员工作的参考书目。本书配套开发的教学数字化资源可为教师教学和学生自学提供辅助资料。

图书在版编目（CIP）数据

仓储与配送管理 / 张荣，张帆主编. —北京：电子工业出版社，2020.7

物流专业"十三五"规划教材

ISBN 978-7-121-38487-5

Ⅰ. ①仓… Ⅱ. ①张… ②张… Ⅲ. ①仓库管理－教材②物流管理－物资配送－教材 Ⅳ. ①F253 ②F252.14

中国版本图书馆 CIP 数据核字（2020）第 029892 号

责任编辑：刘淑丽　　　　特约编辑：田学清
印　　刷：北京七彩京通数码快印有限公司
装　　订：北京七彩京通数码快印有限公司
出版发行：电子工业出版社
　　　　　北京市海淀区万寿路 173 信箱　　邮编：100036
开　　本：787×1092　1/16　印张：15　　字数：375 千字
版　　次：2020 年 7 月第 1 版
印　　次：2025 年 7 月第 9 次印刷
定　　价：58.00 元

凡所购买电子工业出版社图书有缺损问题，请向购买书店调换。若书店售缺，请与本社发行部联系，联系及邮购电话：（010）88254888，88258888。

质量投诉请发邮件至 zlts@phei.com.cn，盗版侵权举报请发邮件至 dbqq@phei.com.cn。

本书咨询联系方式：（010）88254580，sjb@phei.com.cn。

前　言

在新的经济形势下，企业作为经济运行中的重要基本单元，在注重提升生产效益的同时，更应注重与生产、销售有关的物流活动的实施。仓储与配送管理是物流活动的重要环节，精准的仓储和配送管理能够有效地控制并降低流通成本和库存成本，是企业保持优势的关键助力与保障。研究探讨仓储与配送管理深层次的内涵及具体的管理环节能够有效推动物流及社会物流链的良性运行，推动物流产业的发展，促进社会经济的发展。

本书紧密联系企业实践，力求体现"理论够用、重在实践"的编写理念，从仓储理论和配送理论两个方面进行系统阐述，具体包括仓储管理概论、仓库布局、仓储作业管理、商品的养护与保管、库存管理控制、配送管理、配送系统管理、组织配送作业、配送中心运作与管理、危险货物和冷藏货物配送管理等。本书通过知识目标、能力目标和导入案例开启每章的内容，通过复习思考题锻炼学生对于知识的理解和深入思考的能力。本书力求使用图、文、数据相结合的编写方式，以使内容和知识更加直观化，便于学生理解掌握。

本书由张荣、张帆老师担任主编，郑海燕老师担任副主编，他们共同承担了大纲拟定、内容统稿等多项工作。其中第1章至第4章由张荣老师完成，第5、6章由郑海燕老师完成，第7章至第10章由张帆老师完成。

本书在编写过程中参阅了大量国内外文献和资料，也得到了物流行业协会、货代企业、报关企业等相关领导的大力支持及帮助，电子工业出版社的编辑也为本书的出版提供了重要的支持，在此一并表示感谢！

由于编者知识、能力及时间有限，本书难免存在不足之处，敬请读者批评指正！

目　　录

仓储管理概论

知识目标：

- 熟悉仓储管理的基本概念
- 掌握仓储管理的基本特征
- 熟悉仓储商务管理的概念
- 掌握仓储商务管理的特征
- 掌握仓储合同管理的含义和特征

能力目标：

- 熟悉仓储的职能
- 了解仓储商务管理的目标
- 辨析仓储商务管理的内容及应遵循原则
- 熟悉仓储合同的主要条款及订立原则
- 了解我国仓储业的现状及未来的发展趋势

导入案例

未来云仓商业模式的最终归宿：物流智能+仓储管理

随着互联网的迅速发展，工业进程加快，人们的生活发生了翻天覆地的变化，与此同时，人工智能技术也在快速刺激物流仓储领域发生智能变革。近年来，物流的各个环节向着信息化、自动化、智能化的方向发展。关于智能物流的研究呈现爆炸式增长，智能物流成为越来越热门的话题。

自 2013 年起，"云仓"的概念开始被提及，到 2014 年，各类云仓已经陆续实行与开展。各大电商巨头纷纷开始筹划布局云仓建设，陆续搭建自己的物流配送体系，如阿里、苏宁、京东等已经开始了云仓储战略的实施，单仓模式显然已经被遗弃。现在电商企业众多，竞争十分激烈，能够做大的电商，其物流规模必然面向全国各地。从这种意义上讲，对于电商企业来说，多仓模式是必然趋势。

当前电子商务迅速发展，消费者不再局限于线下实体店购物。更多时候，消费者可能会通过网上商城购物，这也促进了物流业的发展。与此同时，我们购买的商品堆积成山，这无疑给负责物流的快递员带来了一项艰巨的任务。必须有个像家一样的避风港来将这些货物储藏分类，让物流更加智能化，才能提高效率、节省人力及物力。因此，与物流业息息相关的仓储业也如朝阳般蓬勃发展，"物流智能+仓储管理"无疑是一个非常不错的选择。

截至 2019 年，从对国内现有云仓模式的剖析来看，可以将各类云物流平台大致划分为以下五种，具体如下：

（1）大型网购平台（智慧云物流模式），如淘宝、京东等大型网上零售平台，它们在积极构建智慧云物流平台；

（2）供应链核心企业（智慧云物流模式），如海尔集团建有海尔商城、海尔物流，未来海尔将向云制造的方向发展；

（3）大型第三方物流企业（智慧云物流模式），如专注于配送业务的第三方物流企业，它们迫切需要利用智慧云物流提高效率；

（4）中小型企业（智慧云物流模式）；

（5）社交物流（智慧云物流模式）。

以上五种模式各有其特点，也有着不同的客户群，它们都有一定的市场占有率。但这些平台之间联系甚少，管理分散，建设重复，存在资源浪费等问题，因此需要将多种平台整合成云物流体系的模式。

未来的云仓模式的发展方向如下：

（1）多层级云仓平台的运行需求。所有商品进入云仓平台后，都会按物流与仓储需要跨层级进行多仓调配。

（2）三线云仓和四线云仓会成为渠道下沉的核心。因为一线城市的电商发展更加成熟，市场相对饱和，而三线和四线的城市和农村还有很多市场有待开发。

（3）企业的利益来源将不再局限于仓储或物流，而是通过云仓这种商业模式提供一些增值服务，仓储发展最好的结果就是将仓库作为物品快速经过的一个车站，尽可能快捷高效地完成仓储配送的过程，云仓平台的发展会在很大程度上提升整个物流业的服务水平。

云仓要想发展到较为成熟和完善的状态还有很长的路要走，但一旦实现，会给整个物流业带来巨大的进步，为众多商家带来更多的市场利益，我国供应链环节也会面临质的飞跃。

无人化概念逐渐被运用到社会的各个行业中，而越来越多与物流相关的无人仓、无人机等新设备也开始投入实际运用当中。我们应当采用有效的储存系统，提高仓储作业的简易程度，提高储存密度和仓储利用率。在这个网络迅速发展的时代，"智能物流+仓储管理"的模式可以有效地缩减时间，还能节约许多成本。

仓储是商品流通的重要环节之一，也是物流活动的重要支柱。传统的仓储管理中存在诸多弊端，如今我们可以通过智慧物流有效地解决仓储物流管理现存的痛点。

（资料来源：https://www.xianjichina.com/special/detail_416971.html）

思考题：什么是仓储管理？智能的仓储管理具有怎样的特征？

仓储管理的职能与方法有哪些？

1.1　仓储管理

仓储是商品流通的重要环节之一，也是物流活动的重要支柱，它随着物资储存的产生而产生，又随着生产力的发展而发展。随着仓储的不断发展，加强及优化仓储管理显得尤为重要。仓储管理经历了从人工管理阶段到机器化、自动化和智能化仓储管理阶段的发展，仓储管理技术也在不断提高。

仓储管理是一门经济管理科学，同时它也涉及一些应用技术科学，故仓储管理属于边缘性科学。仓储管理的内涵随着其在社会经济领域的作用扩大而不断变化。仓储管理能够促进企业提高客户服务水平，增强企业的竞争能力。现代仓储管理已从静态管理向动态管理发生了根本性的变化，对仓储管理的基础工作也提出了更高的要求。

1.1.1　仓储管理的概念与任务

1. 仓储管理的概念

仓储管理就是对仓库及仓库内的物资所进行的管理，是仓储机构为了充分利用所拥有的仓储资源并提供高效的仓储服务所进行的计划、组织、控制和协调的过程，具体包括仓储资源的获得、仓储商务管理、仓储流程管理、仓储合同管理、保管管理、安全管理等管理工作及相关操作。

仓也称为仓库，是存放物品的建筑物和场地，它可以是房屋建筑、大型容器、洞穴或特定的场地等，具有存放和保护物品的功能；储表示收存以备使用，具有收存、保管、交付使用的意思，当适用对象为有形物品时，也称为储存。仓储就是利用仓库存放、储存未即时使用的物品的行为。简而言之，仓储就是在特定的场所储存物品的行为。仓储管理就是对仓库和仓库中储存的物资进行管理的行为。

现代企业的仓库已成为企业的物流中心。过去的仓库常被看作无附加价值的成本中心，而现在的仓库不仅是形成附加价值过程中的一部分，还是企业成功经营的一个关键因素，仓库是连接供应方和需求方的桥梁。

从供应方的角度来看，作为流通中心的仓库可以用来进行有效的流通加工、库存管理、运输和配送等活动。从需求方的角度来看，作为流通中心的仓库必须以最大的灵活性和及时性满足各种顾客的需要。因此，对于企业来说，仓储管理的意义非常重大。

2. 仓储管理的任务

（1）利用市场经济手段获得最大的仓储资源配置；

（2）以高效率为原则组织仓储管理机构；

（3）以不断满足社会需要为原则开展商务活动；

（4）以高效率、低成本为原则组织仓储生产；

（5）以优质服务、讲信用为原则树立企业形象；

（6）通过制度化、科学化的先进手段不断提高仓储管理水平；

（7）提高员工素质。

1.1.2　仓储管理职能

从物流角度看，仓储管理职能可以分为基本职能和衍生职能。

1. 基本职能

基本职能是指为了满足市场的储存和流通需要，仓储所具有的职能。

（1）储存保管。

储存保管是仓储活动的一项最传统、最基本的职能。无论是流通企业还是生产企业，进行仓储活动的根本目的都是实现对货物的存储和保管，以期实现企业的最大经济效益。

储存不是目的，而是一种手段。它的最终目的在于可以在需要的时候使用被储存的货物，并在使用货物之前保持其使用价值，否则储存就变得毫无意义。在仓储过程中应对货物进行管理，防止其损坏而丧失价值。

（2）流通调控。

仓储货物有可能长期储存，也可能只进行短期的周转储存，因此，就形成了流通调控。反过来，流通的实际需要也会决定对货物是进行长期储存还是短期的周转储存。当交易不利时，将货物长期存储，等待有利的交易机会。流通调控的任务是对货物进行长期储存还是短期的周转储存做出安排，确定储存时间和储存地点。

（3）质量维护。

根据收货时货物的质量交还货物是保管人的基本义务，为了保证货物的质量不发生变化，保管人需要采用先进的技术和合理的保管措施妥善保管货物。货物发生危险时，保管人不仅要及时通知存货人，还要及时采取有效的措施减少损失。

（4）数量管理。

数量管理包括两个方面：一方面是存货人交付保管的仓储货物的数量和提取仓储货物的数量必须一致；另一方面是保管人可以按照存货人的要求分批收货和分批发货，对储存的货物进行数量控制，配合物流管理有效实施，同时向存货人提供存货数量的信息服务，以便客户控制存货数量。

（5）商品检验。

在商品流通过程中，为了保证商品的数量和质量准确无误，明确事故责任，维护各方的经济利益，必须对商品及有关事项进行严格检验，以满足生产、运输、销售及用户的要求，物流过程中的检验大多安排在仓库进货、储存或出货作业环节，仓储活动为商品检验提供了场地和条件。

2. 衍生职能

衍生职能是仓储在基本职能的基础上提供的一种增值服务，即带有附加价值的操作，主要包括提供现货交易场所、流通加工、配送、配载、提供信用担保等。

（1）提供现货交易场所。

提供现货交易场所是近年来仓储活动中出现的一个衍生职能。目前许多领域越来越多地出现商物分离的状况，即商务活动与实物交换分别进行，这样可以提高效率。但是现货交易还是大量存在的，仓储为这种交易形式提供了场所。当存货人要转让已在仓库存放的商品时，购买人可以到仓库取样查验商品，双方可以在仓库进行转让交割。众多具有便利交易条件的仓库都提供现货交易服务，部分仓库甚至能形成有影响力的交易市场。近年来，我国大量发展的仓储式卖场，就是仓储提供现货交易场所的功能进一步完善，以及仓储与商业密切结合的结果。

（2）流通加工。

流通加工是指将产品加工的一些简单工序从生产环节转移到流通环节。由于物品在仓储时处于停滞状态，所以适合在仓储过程中进行简单的流通加工，这样既不影响商品的流通速度，又能满足市场和用户的需求。例如，可以在仓储过程中进行分割、灌装、包装、计量、分拣、分拆、加刷唛码、贴标签、组装、商品检验等简单作业。

（3）配送。

对于设置在生产和消费集中地区附近的仓库，为生产车间和销售点提供配送服务已成为其基本的增值服务。根据生产进度和销售的需要，仓库可以不间断地、小批量地将货物送到生产线、零售商店或收货人手上。仓储配送业务的发展有利于生产企业减少库存，减少固定资金的投入，实现准时制生产；有利于零售商店减少存货，降低流动资金的使用量，从而保证商品的正常销售。

（4）配载。

货物可以在仓库集货，按照运输的方向进行分类仓储，当运输工具到达时，再进行出库装运。在配送过程中对运输车辆进行配载能确保配送及时并充分利用运输工具。

（5）提供信用担保。

现代商业环境对企业的信用越来越重视，企业所拥有的大量货物可以成为非常有效的信用担保。企业的库存对于企业的资金运转实际上是一把双刃剑，一方面库存占用了大量的流动资金，对于企业是一种威胁；另一方面库存能为企业提供强有力的信用担保，可以作为融资的工具。

仓储活动中的仓单是指由保管人在收到仓储物时向存货人签发的表示已经收到一定数量的仓储物的法律文书。仓单可以证明存货人已经交付了仓储物并且保管人已经收到了仓储物的事实，仓单作为物品证券，在保管期限届满时，存货人或仓单持有人可凭仓单提取仓储物，也可以以背书的形式转让仓单所代表的权利。仓单本身就可以作为融资工具，可以直接使用仓单进行质押。

仓单质押是传统储运向现代物流发展的一种延伸业务，同时，可以将它看作一种金融产品。仓单质押比较适合企业融资难、银行放贷困难的市场状况，能够较好地解决银行和企业之间的矛盾。它通过物流企业作为第三方担保人，有效地降低了金融风险。

由于现代仓储的作用不仅是保管，更多的是作为物资流转中心，企业对仓储管理的重点也不再只着眼于保管物资的安全，还注重如何运用现代技术，如信息技术、自动化技术等来提高仓储运作的速度和效益。此外，仓储还能向客户提供各类统计信息，如保质期报告、安全库存报告、货位图、货物流动频率等各类信息。

1.1.3 仓储管理特征

从物流整体来看，仓储管理已成为供应链管理的核心环节，这是因为仓储总是出现在物流各环节的接合部，如采购与生产之间、产品的初加工与精加工之间、生产与销售之间、批发与零售之间、不同运输方式转换之间等。物流各环节之间往往存在着不均衡性，而仓储正是解决这种不均衡性的手段。仓储环节集中了物流上下游流程的所有矛盾，仓储管理就是在实现物流流程的整合，因此，加强仓储管理尤为重要。仓储管理具有以下特征。

1．仓储管理具有不平衡、不连续的特点

仓储管理具有不平衡、不连续的特点，因此管理人员在储存保管好商品的前提下，还应掌握不同商品和不同材料的性能特点、运输特点等，合理安排进出库计划，均衡地使用人力、物力。

2．仓储管理不创造使用价值，但创造价值

材料在储存阶段虽然不能使其使用价值增加，但仓储保管可以使材料的使用价值不受损失，从而为最终实现材料的使用价值创造条件。因此，仓储管理必须提高水平，尽可能地减少材料的损耗，使其使用价值得以实现。仓储管理必须依靠科学，努力提高生产率，缩短必要劳动时间。

3．仓储管理实现"零库存"

所谓的"零库存"并不等于不设库存，而是对于某一企业或组织来说，把自身的库存向上转移给供应商或向下转移给销售商，以实现自身的零库存。而实现零库存的途径主要有：推行协作、配套的生产方式；分包销售的经营方式；依靠专业的流通组织实现零库存；委托营业仓库储存和保管货物以实现零库存；实行逆流看板供货制度。

4．仓储管理数字化

目前，计算机及网络在仓储管理中的应用日益广泛，计算机及网络可以将复杂的数据简单化，大大提升了仓储管理效率。同时，成熟的仓储管理软件的应用和网络的普及也使仓储管理数字化成为一种趋势。

5．实现仓储整合化管理策略

仓储整合化管理策略是指把社会的仓储设施，各相关供应商、零售商、制造商、批发商甚至客户的仓储设施进行整合，优化企业仓储管理。仓储整合化管理策略能够实现在动态中达到最优化这一目标，在满足顾客要求的前提下，尽量减少库存，从而提高供应链的整体效益。

仓储整合化管理策略的目标包括以下方面：仓储成本最小化；仓储供应保证程度最大化；实现零缺货；有效控制资金使用；迅速、高效地实现仓储进出。

为了实现仓储控制的最优目标，企业需要协调和整合各部门的活动，使各部门以实现企业的整体效益为目标，通过物流管理技术及企业内部管理的改进促进整体目标的实现。

1.1.4　仓储管理模式

仓储管理模式可以简单概括为以下八类。

1．追

仓储管理应具备资讯追溯能力，前伸至物流运输与供应商生产出货状况，与供应商生产和实际出货状况衔接。同时，仓储管理必须与物流商进行 ETD/ETA 连线追溯，具体如下。

ETD（Estimated Time of Departure）——预计离港时间，ETD 在外贸上就是我们所讲的预计离港时间，在整个对外贸易的流程中，当货物被装上货船之后，外贸公司会记录下离港的时间，这个时间就是 ETD。那么应用在仓储管理当中，ETD 表示货物什么时间离开了码头，出货量是多少，其中包括从供应商和外包仓库发出的量，以及第三方物流与第四方物流载运发出的量。

ETA（Estimated Time of Arrival）——预计到达时间，ETA 指的是预计抵达锚地或泊位的时间，其中还包括抵达目的地的第三方物流载运工具的载重量及 VMI（Vendor Managed Inventory）制造商免费存放中的 Min/Max 库存系统的连线补货状况等。

2．收

仓储人员在收货时应采用条码或更先进的 RFID 扫描技术来确认进料状况，具体包括：供应商送货时，如果送货资料没有采购 VPO 号，仓库应及时找相关部门查明原因，确认此货物今日此时是否该收进；在清点物料时如有物料没有达到最小包装量的散数箱，应开箱仔细清点，确认无误，方可收进；收货扫描确认时，如果系统不通过，应及时找相关部门查明原因，确认此货物是否收进。

3．查

仓储方应具备查验货物的能力，应对甲级物料（只有几家供应商可供选择的有限竞争市场和垄断货源的独家供应市场的物料）实施特别管制、严控数量、设立独立仓库、24 小时保安监控；建立包材耗材免检制度，要求供应商对于质量不佳的包材耗材无条件及时补货退换；对物料储存时限进行分析并设定不良物料处理时限。

4．储

仓储方应做到物料进仓不落地或至少做到将物料储存在栈板上，每一种物料只能有一个散数箱或散数箱集中在一个栈板上，暂存时限应自动警示，尽量做到储位（Bin-Location）管制，做到工令备拣单（No Pick List），不能移动。

5．拣

拣料依据工令消耗顺序进行，能做到依灯号指示拣料（Pick to Light）则属上乘，拣料时最好自动扫描到扣账动作，及时变更库存信息并告知中央调度补货。

6．发

仓库依据工令备拣单发料，工令、备料单与拣料单三合一为佳，以做到现场工令耗用一目了然。

7. 盘

整理打盘始终遵循散板、散箱、散数的原则。例如，1 种物料总数为 103 个，应是 10 箱（每箱 10 个）加 3 个零数，在盘点单上应写成 10 箱×10 个/箱＋3 个＝103 个。对于物料要进行分级分类，从而确定各类物料的盘点时间，定期盘点可分为日盘、周盘、月盘，日盘点需搭配库存移动单（Move List）盘点，要设定每月 1 日中午 12 点前完成结账的目标。

8. 退

以整包装退换为处理原则，处理时限与处理数量应做到整包装即退或每周五下午 3 点整批退光，用线边仓自动补换货（Force Parts）制度取代退料确认（Return Material Authorization，RMA）的做法，遵循 VMI Hub 退货暂存区共享原则，要求供应商做到免费供应包装箱。

1.1.5 仓储管理方法

仓储管理属于企业管理的一个重要组成部分，是保证企业生产过程顺利进行的必要条件，是提高企业经济效益的重要途径。依据仓储管理在企业管理中所处的地位及其所起的作用，应从以下几方面做好仓储管理工作。

1. 建立健全的仓库质量保证体系

仓库质量管理就是全面质量管理的理论和方法在仓库技术经济作业活动中的具体运用，是提高企业经济效益的必要途径。全面质量管理倡导将管理深入各个作业环节，不能厚此薄彼，企业管理者能通过其所提供的方法，发现影响仓库质量管理的薄弱环节，以便采取改进措施，这对降低供应成本、提高企业经济效益具有重要意义。企业管理者在仓库质量保证体系的运行过程中，要树立质量第一的思想，积极主动工作，以达到供应好、消费低、效益高的要求。

2. 加强仓储管理的各个基本环节

仓储活动虽然服务于生产，但与生产活动不同，仓储活动有它独特的劳动对象和方式。在仓储活动中，物资验收、入库、出库等一些基本环节是仓储活动的主要内容，这些基本环节的工作质量直接关系到整个仓储活动能否顺利进行，直接影响整个仓储活动的质量。因此，企业管理者应加强对各个基本环节的管理，这是搞好仓储工作的前提。

3. 物资保管、保养是仓储管理的中心内容

物资在入库验收时进行一次严格的检查后，就会进入储存阶段，因此，物资入库后必须实行四号定位、五五摆放、标识清楚、合理堆放。企业管理者要做好三化、五防、5S 等工作，以上工作都是使物资在储存过程中不受损失的必要措施，但是因物资本身的性质、自然条件的影响或人为的原因，仍可能造成物资数量的损失。在这种管理模式下，物资损耗有可以避免的，也有难以完全避免的，一般将难以完全避免的损耗称为自然损耗。从事储存工作的人员应掌握和运用所储存货物的性质及受到各种自然因素影响而发生的质量变化规律，企业管理者要从根本上采取"预防为主，防治结合"的管理方针，做到早防早治，最大限度地避免和减少货物损耗。

1.2 仓储商务管理

仓储管理涉及的内容很多，其中直接影响仓储企业经济效益的是仓储商务管理。仓储商务是指仓储经营者利用仓储保管能力向社会提供仓储保管服务，并以获得经济收益为目的所进行的交换行为。

1.2.1 仓储商务管理的含义及任务

1. 仓储商务管理的含义

仓储商务管理是指仓储经营人对仓储商务所进行的计划、组织、指挥和控制的过程，是独立经营的仓储企业对对外商务行为的内部管理，属于企业管理的一部分。仓储商务是仓储企业基于仓储经营而对外进行的经济交换活动，是一种商业行为，它一般发生在公共仓储和营业仓储之间，而企业自营仓储不会发生仓储商务。

2. 仓储商务管理的任务

仓储商务管理的任务包括：

（1）组建仓储商务机构，选配仓储商务人员，制定仓储商务工作制度和管理制度；

（2）有效组织市场调研，广泛收集和分析市场信息，捕捉有利的商业机会，科学地制定竞争策略；

（3）根据当前市场的需要和发展，科学地规划和设计营销策略；

（4）充分利用先进的技术和有效的手段降低成本；

（5）准确地进行成本核算，细致地进行成本分析，提高企业整体成本管理的效益，进一步降低成本；

（6）以优质的服务满足客户的需要，实现企业经济和社会效益的提高；

（7）加强交易磋商管理和合同管理，严格依照合同办事，守信用、讲信誉；

（8）建立风险防范机制，妥善处理商务纠纷和冲突，防范和降低商务风险；

（9）加强对仓储商务人员管理，以人为本，充分调动全体仓储商务人员的积极性，发挥其聪明才智，重视对仓储商务人员的培养，确保其跟上时代发展的要求，保持企业发展后劲。

1.2.2 仓储商务管理的特征

仓储商务管理除了要满足社会需要、适应市场竞争、依法、守法、追求企业效益最大化，还具有以下特征。

1. 经济性

虽然企业管理的最终目标是追求企业效益最大化，各方面的管理也是围绕这一目标展开的，但与企业经营管理、人力资源管理等相比，仓储商务管理更加直接地涉及企业的经营目标和经营收益，更为重视管理的经济性和效益性。

2．外向性

仓储商务是企业对外的一种经济交换活动，仓储商务管理是围绕仓储企业与外部发生的经济活动的管理。

3．整体性

仓储商务管理直接涉及企业整体的经营和效益，因此，在仓储企业，高层管理者会将仓储商务管理作为自己的核心工作。仓储商务管理的好与坏，直接影响到其他各部门的工作。因此，仓储商务管理具有整体性的特征。

1.2.3　仓储商务管理的目标

仓储商务管理的目标是有效利用仓储资源，最大限度地获得经济收益并提高经济效益，具体如下。

1．满足社会需要

仓储商务管理就是通过仓储服务向社会提供尽可能多的仓储产品，满足社会对仓储产品的需要。仓储商务管理的任务就是积极开发市场、适应市场需求的变化、提高服务水平、降低产品价格、提高产品竞争力，并通过开发市场、挖掘商机、促进交易，使产品被更广泛的市场和客户接受。

2．降低成本

成本是决定企业竞争力的关键因素。仓储商务管理不仅要尽可能地提高交易回报，更重要的是采用先进的经济管理理论、现代化技术、有效的经营手段，控制和减少成本，借以提高企业的竞争力。

3．降低风险

一般来讲，企业的经营风险绝大部分来自商务风险，高水平的商务管理应尽可能地避免商务风险与责任事故的发生，规避经营风险。因此，建立有效的风险防范机制，妥善地处理协议纠纷，构建仓储商务质量管理体系是仓储商务管理的重要任务。

4．塑造企业形象

每一项商务工作都会对企业形象产生直接的影响。例如，商务人员在对外交往过程中，其一言一行常常代表着企业的形象，关系到客户对企业的信赖程度。因此，仓储商务管理要以以人为本、用人唯贤、权责分明为原则，建立一支精明能干、业务熟练的仓储商务队伍，逐步树立起仓储企业可信赖、高水平的企业形象。

5．提高效益

一方面，可以通过有效的成本管理、最小的经营风险使成本降低，进而实现仓储企业效益的提高；另一方面，良好的企业形象将促进仓储企业社会效益的提高。

1.2.4　仓储商务管理的内容

仓储商务管理是仓储企业管理的一部分，包括对参与商务工作的人、财、物等资源的管理，其目的在于创造最大的经济效益。进行仓储商务管理一般要进行以下活动：调查仓储商情、寻找商业机会、进行市场分析、选择商业机会、进行商务磋商、签订商业合同、协调合同、处理争议、控制风险、塑造企业形象、制定竞争战略、发展市场、保持企业的可持续发展等。具体总结来看，仓储商务管理包括以下内容。

1. 资源管理

仓储企业需要充分利用仓储资源，为企业创造更多的商业机会。因此，要合理利用仓储资源，做到人尽其才、物尽其用。

2. 成本管理

一方面，仓储企业应该准确地进行成本核算、确定合适的价格、提高产品的竞争力；另一方面，仓储企业应该通过科学合理的组织，充分利用先进的技术以降低交易成本。

3. 市场管理

仓储企业要广泛开展市场调查和研究、加强市场监督和管理、广泛开展市场宣传活动，使仓储服务切合市场需求。

4. 制度管理

高效的仓储商务管理离不开规范、合理的管理制度。仓储企业应该在资源配置、市场管理、合同管理等方面建立和健全规范的管理制度，做到权利、职责明确。

5. 风险管理

仓储企业可以通过细致的市场调研和分析、严格的合同管理和聘任制度，妥善处理商务纠纷和冲突，防范和减少商务风险。

6. 合同管理

仓储企业应该加强商务谈判和合同履行的管理，做到诚实守信、依约办事，创造良好的商业信誉。

7. 人员管理

商务人员的业务素质和服务态度在很大程度上影响着企业的整体形象，因此，商务管理还应该包含对商务人员的管理。仓储企业应该以人为本，重视对商务人员的培训和素质的提高，通过合理的激励机制调动商务人员的积极性，同时还要加强对商务人员的监督管理，创建一支高效、负责的商务队伍。

1.2.5 仓储商务管理应遵循的原则

1. 以提高效益为原则

仓储商务管理的最终目标是通过有效的成本管理、最小的经营风险降低成本，提高企业的整体效益，从而实现仓储企业的可持续发展。

2. 降低成本和风险的原则

成本的高低是决定企业竞争力的关键因素，在当今激烈的市场竞争环境下，企业应该采取先进的管理理论和技术控制并降低成本，从而提高企业竞争力。企业的经营风险绝大部分来自商务风险，高水平的商务管理应尽可能地避免商务风险与责任事故的发生，规避经营风险。

3．充分利用企业资源的原则

在有效的仓储商务管理之下，仓储企业在获得大量的商业机会的同时，也承担着按时提供仓储服务的义务，这就需要仓储企业充分利用企业的人力、物力、财力资源，完成仓储任务，使得仓储企业的一切资源得到最充分的利用。

1.3　仓储合同管理

在现代经济社会生活中，合同无处不在，不仅个人之间的交易需要合同，企业的经营活动更离不开合同，合同是保障当事人权利的有效手段。而仓储合同管理的目的是使货物在仓储阶段最大限度地降低法律风险。

1.3.1　仓储合同管理的含义

根据《中华人民共和国合同法》第二十章的相关规定，仓储合同是保管人储存存货人交付的仓储物，存货人支付仓储费的合同。提供储存保管服务的一方称为保管人，接受储存保管服务并支付报酬的一方称为存货人。交付保管的货物为仓储物，仓储合同属于保管合同的一种特殊类型。

1.3.2　仓储合同管理的特征

仓储合同是一种特殊的保管合同，它具有保管合同的基本特征，同时仓储合同又具有自身的特殊特征。

1．保管人须具有从事仓储保管业务的经营资格

仓储合同区别于一般保管合同的一个重要标志就是仓储合同主体的特殊性，即仓储合同中为存货人保管货物的一方必须是仓库营业人。仓库营业人可以是法人，也可以是个体工商户或其他组织等，但必须具备一定的资格，即必须具备仓储设备和专门从事仓储保管业务的资格。在我国，仓储保管人应当是在工商行政管理机关登记，从事仓储保管业务，并领取营业执照的法人或其他组织。

2．仓储合同是诺成合同

仓储合同自成立时生效，这是仓储合同区别于一般保管合同的又一显著特征。保管合同是除当事人意见一致外，尚须交付标的物才能成立的合同。而由于仓储业务的专业性和营利性，在保管物品入库前，保管人必然会做出一定的履行合同的准备，支出一定的费用。这样，承认仓储合同为诺成合同，有助于保管人在特定情况下，基于违约责任主张损害赔偿责任。

3．仓储合同是双务有偿合同

仓储合同的当事人双方于合同成立后互负给付义务：保管人须提供仓储服务，存货人须给付报酬和其他费用，如果存货人或仓单持有人逾期提取仓储物，那么保管人应当加收仓储费用，双方的义务具有对应性和对价性。

4．仓储合同保管对象的特定性

仓储合同保管对象必须是动产，不动产不能作为仓储合同的保管对象，这也是仓储合同区别于一般保管合同的显著特征。

5．仓储合同中货物的交付与归还以仓单为凭证

存货方主张货物已交付或行使返还请求权都要以仓单为凭证，这是仓储合同的重要特征。

1.3.3　仓储合同的种类及特点

1．仓储合同的种类

按照不同的仓储经营方式、仓储标的物是否为特定物或特定化的种类物，以及仓储活动是否移转所有权，仓储合同可以分为一般仓储合同、混藏仓储合同、消费仓储合同与仓库租赁合同。

（1）一般仓储合同。

一般仓储合同以特定物或特定化的种类物为标的物，当合同期限届满时，保管人要将仓储物返还给存货人。

（2）混藏仓储合同。

混藏仓储合同是指存货人将一定品质、一定数量的种类物交付仓储保管人储存保管，而在储存保管期限届满时，保管人需以相同种类、相同品质、相同数量的替代物返还给存货人的仓储合同。

（3）消费仓储合同。

消费仓储合同是指存货人不仅将一定品质、一定数量的种类物交付仓储保管人储存保管，而且与保管人相互约定，将储存物的所有权也移转给仓储保管人，在合同期限届满时，保管人以相同种类、相同品质、相同数量的替代品返还给存货人的仓储合同。消费式仓储合同的不同之处是将仓储物所有权转移给保管人，自然地，保管人需要承担所有人的权利和义务。消费式仓储经营人的收益，除了约定的仓储费（一般较低），更重要的是消费仓储物与到期购回仓储物所带来的差价收益。

（4）仓库租赁合同。

仓库租赁合同是指仓库所有人将所拥有的仓库以出租的方式开展仓储经营，由存货人自行保管商品时签订的合同。仓储人只提供基本的仓储条件，进行一般的仓储管理，如环境管理、安全管理等，并不直接对所存放的商品进行管理。仓库租赁合同严格意义上来说并不是仓储合同，只是财产租赁合同。但是由于仓库出租方具有部分仓储保管的责任，所以仓库租赁合同具有仓储合同的一些特性。

2．仓储合同的特点

仓储合同与一般保管合同的区别如前面所述，仓储合同有其法定的特点，所以在签订履行仓储合同时要注意自己权利和义务的内容、起始时间，这决定着承担的责任和合同生效的起始时间，如合同的生效时间不同，仓储合同成立时生效，一般保管合同交付时生效；仓储合同均有偿，而一般保管合同有偿与否由当事人自行约定。

（1）仓储货物的所有权不发生转移，只是货物的占有权暂时转移，而货物的所有权或其他权利仍属于存货人。

（2）仓储保管的对象必须是动产，不动产不能作为仓储合同的保管对象。这也是仓储合同区别于一般保管合同的显著特征。

（3）仓储合同的保管人必须具有依法取得的从事仓储保管业务的经营资格。

（4）仓储合同是诺成合同。仓储合同自成立时生效，这是仓储合同区别于一般保管合同的又一显著特征。

1.3.4　仓储合同的主要条款

仓储合同的主要条款是存货人与保管人双方协商一致而订立的，规定双方所持有的主要权利和承担的主要义务的条款，是合同的主要内容。仓储合同的主要条款是检验合同的合法性、有效性的重要依据。《中华人民共和国合同法》第 386 条所规定的仓单的有关事项都应当为仓储合同的主要条款。但是，仓储合同的主要条款又不能局限于此，仓储合同的主要条款如下：

（1）货物的品名或种类；

（2）货物的数量和质量、包装；

（3）货物验收的内容、标准、方法、时间；

（4）货物保管条件和保管要求；

（5）货物进出库手续、时间、地点、运输方式；

（6）货物损耗标准和损耗处理；

（7）计费项目、标准和结算方法、银行账号、时间；

（8）责任划分和违约处理；

（9）合同的有效期限；

（10）变更和解除合同的期限。

1.3.5　仓储合同订立的原则

1．平等的原则

当事人双方法律地位平等是仓储合同订立的基础，是任何合同行为都需要遵循的原则。任何一方采取恃强凌弱、以大欺小或行政命令的方式订立的合同都是无效合同。任何一方不能采取歧视的方式选择订立合同的对象。

2．等价有偿的原则

仓储合同是双务合同，合同双方都要承担相应的合同义务，享受相应的合同利益。保管人的利益体现在收取仓储费和劳务费两方面。在仓储过程中，保管人的劳动、资源投入的多少，决定了保管人能获得多少报酬。等价有偿的原则也体现在当事人双方合同权利和义务对等上。

3．自愿与协商一致的原则

生效合同是指当事人完全根据自身的需要和条件，通过协商，在整体上接受时所订立的合同。任何采取胁迫、欺诈等手段订立的合同都将是无效的合同。若合同未经协商一致，将来在合同履行过程中就会发生严重的争议，甚至会导致合同无法履行。

4．合法和不损害社会公共利益的原则

当事人在订立合同时要严格遵守相关法律法规，不得发生侵犯国家主权、危害环境、超越经营权、侵害所有权等违法行为。合同主体在合同行为中不得有扰乱社会经济秩序、妨碍人民生活、违背道德的行为。

1.3.6　仓储合同当事人的权利和义务

1．存货人的权利和义务

（1）存货人的权利。

根据《中华人民共和国合同法》（以下简称《合同法》）的规定，仓储合同中存货人享有以下权利。

① 提货权。

存货人拥有凭仓单提取仓储物的权利。如果在合同中约定了仓储时间，存货人有权提前提取仓储物。如果在合同中没有约定仓储时间，存货人仍有随时提取仓储物的权利。

② 转让权。

物品在储存期间，存货人有权将仓储物的权利转让给他人，但是必须办理仓单的背书手续。

③ 检查权。

物品在储存期间，仓储保管人负责保管存货人交付的仓储物，此时保管人对物品享有占有权，但仓储物的所有权仍然属于存货人，存货人为了防止货物在储存期间变质或发生货损货差，有权随时检查仓储物或提取样品，但在检查时不得妨碍保管人进行正常工作。

④ 索偿权。

因保管人的原因造成仓储物损坏、灭失的，存货人有权向其索赔。

（2）存货人的义务。

存货人在享有《合同法》规定的权利时，必须承担的相应义务如下。

① 如实告知货物情况的义务。

存货人要求仓储保管人储存易燃、易爆、有毒、有放射性等危险物品或易腐烂等特殊物品时，应当说明物品的性质和预防货物发生变质、危险的方法，同时提供有关的技术资料，并采取相应的防范措施。如果因存货人未将危险物品的情况如实地告知保管人而遭受货物损失，存货人应承担责任。

② 按约定交付货物的义务。

存货人应当按照合同约定的品种、数量、质量、包装等将货物交付给仓储保管人入库保管，并在验收期间向仓储保管人提供验收资料，存货人不能按此约定交付仓储物时，存货人应承担违约责任。

③ 支付仓储费和其他必要费用的义务。

仓储费是仓储保管人提供仓储服务应得的报酬。一般情况下，仓储费应在存货人交付仓储物前支付，而非储存货物后或提取货物时支付。所以存货人应依据仓储合同或仓单规定，将仓储费按时交纳给仓储保管人。其他必要费用是指为了保护存货人的利益或避免发生损失而支付的费用。如果仓储合同中规定的仓储费包括其他必要费用，存货人不必另外支付其他必要费用。

④ 按约定及时提取货物的义务。

仓储合同期限届满时，存货人应当凭仓单及时提取储存的货物，提取货物后应交回仓单。如果储存期限届满后，存货人不提取货物，保管人可以提存该货物。

2. 保管人的权利和义务

（1）保管人的权利。

根据《合同法》的规定，仓储合同中保管人享有以下权利。

① 有权要求存货人按合同规定及时交付标的物。

合同签署后保管人有权要求存货人按照合同约定的品种、数量、质量、包装等将货物交付给仓储保管人入库保管，如果存货人不能按此约定交付储存物，应承担违约责任。

② 有权要求存货人对货物进行必要的包装。

③ 有权要求存货人告知货物情况并提供相关的验收资料。

根据法律规定，存货人违反规定或约定，不提交特殊物品的验收资料时，保管人可以拒收仓储物，也可以采取相应措施以避免发生损失，由此产生的费用由存货人承担。

④ 有权要求存货人对变质或损坏的货物进行处理。

⑤ 有权要求存货人按期提取货物。

我国《合同法》第393条规定：储存期届满时，存货人或仓单持有人不提取仓储物的，仓储保管人可以催告其在合同期限内提取，逾期不提取的，仓储保管人可以提存仓储物。存货人延迟提取仓储物，仓储保管人员有权收取因延迟提取所产生的费用。

（2）保管人的义务。

保管人在享有《合同法》规定的权利时，必须承担的相应义务如下。

① 给付仓单的义务。

仓单是仓储保管人在收到仓储物时，向存货人签发的，表示已经收到一定数量的仓储物，并以此来代表相应的财产所有权利的法律文书。存货人或仓单持有人将以仓单内容向保管人主张权利，保管人也将以仓单所记载的内容向存货人或仓单持有人履行义务。

② 妥善保管仓储物的义务。

保管人应当严格按照合同规定提供合理的保管条件来妥善保管仓储物。如果仓储物属易燃、易爆、有毒、有放射性等危险物品的话，仓储保管人必须具备相应的仓储条件，如果不具备相应的仓储条件，仓储方不得接收危险物品作为仓储物。

③ 验收货物和危险通知的义务。

保管人在接收存货人交存的货物时，应当按照合同规定对货物进行验收。例如，验收货物的品名、规格、数量、外包装状态等。如果在验收时发现不良情况、仓储物变质、发生不可抗力损害或其他涉及仓储物所有权等情况，仓储保管人应及时通知存货人或仓单持有人。

1.3.7　仓储合同的违约责任

1．仓储合同中保管人的违约责任

（1）保管人验收仓储物后，如果在仓储期间发生仓储物的品种、数量、质量、规格、型号不符合合同约定，保管人承担违约赔偿责任；

（2）仓储期间，如果因保管人保管不善造成仓储物毁损、灭失，保管人承担违约赔偿责任；

（3）仓储期间，因约定的保管条件发生变化而未及时通知存货人，造成仓储物的毁损、灭失，由保管人承担违约赔偿责任。

2．仓储合同中存货人的违约责任

（1）因存货人没有按合同的约定对仓储物进行必要的包装或包装不符合约定要求，造成仓储物的毁损、灭失，存货人自行承担责任，并承担给仓储保管人造成的损失；

（2）因存货人没有按合同约定的仓储物的性质交付仓储物，或者超过储存期，造成仓储物的毁损、灭失，存货人自行承担责任；

（3）危险有害物品必须在合同中注明，并提供必要的资料，因存货人未按合同约定而造成损失，存货人自行承担民事和刑事责任，并承担由此给仓储人造成的损失；

（4）逾期储存，承担加收费用的责任；

（5）储存期满存货人不提取仓储物，经催告后仍不提取，存货人承担相应的违约赔偿责任。

1.4　我国仓储业的现状与发展趋势

随着电商和现代信息技术的飞速发展，国内经济不断进步，中国仓储行业异军突起，其管理技术也在不断提升。仓储行业迅猛发展，逐步形成了具有中国特色的多样化、多层次的仓储市场。

1.4.1　我国仓储行业运行情况分析

1．中国仓储指数

2018 年以来，受国际政治经济形势影响，我国宏观经济稳中有变，与此相应，仓储行业的发展也出现了新变化，业务规模扩大稳中趋缓，行业需求整体趋弱，企业盈利能力下滑、整体就业规模下降。但变中也有进，成本支出增速减缓、商品库存压力下降、企业预期情况良好。2018 年中国物流景气指数走势图如图 1-1 所示。

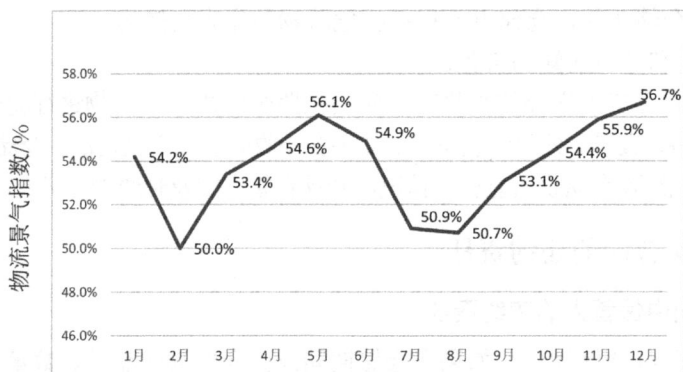

图 1-1　2018 年中国物流景气指数走势图

从 2017 年与 2018 年中国仓储指数走势对比图来看（见图 1-2），2018 年，2 月、6 月和 7 月的仓储指数均处于 50% 以下的收缩区间，其余各月的仓储指数均保持在扩张区间，而 2017 年仅有 7 月的仓储指数处于收缩区间，其余各月的仓储指数均保持在扩张期间。2018 年全年的仓储指数的均值为 51.3%，比 2017 年低 1.1 个百分点。

从 2018 年的中国仓储指数来看，1 月至 4 月的业务活动保持了较为明显的增长态势，其中 2 月的仓储指数落入收缩区间，主要受春节因素的影响，但随着节后生产经营活动的恢复，2 月至 4 月的仓储指数处于扩张区间的高位水平。但经历了高峰后连续多月都有明显的滑坡，主要受高温多雨的季节性回落影响。8 月起，随着经商环境的改善，受"金九银十"及中秋、国庆、"双十一"等节日的影响，旺季来临，仓储指数连续 4 个月保持在扩张区间，仓储物流行业整体走势良好。

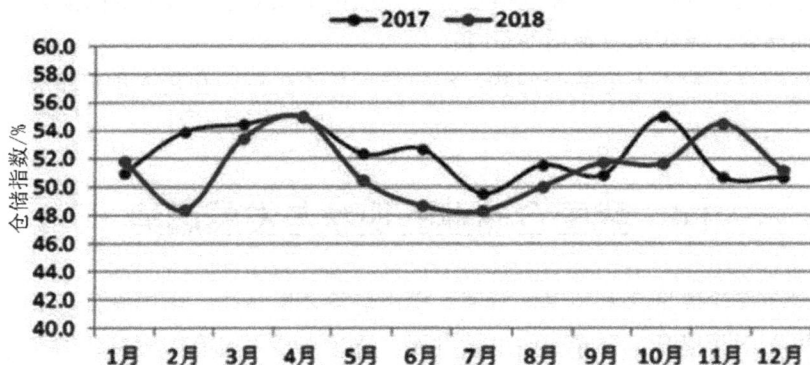

图 1-2　2017 年与 2018 年中国仓储指数走势对比图

2. 行业固定资产投资

近年来，我国仓储业发展迅速。中国经济的持续健康发展和中国物流业的崛起为仓储业的发展提供了巨大的市场需求，加上制造业、商贸流通业外包需求的释放和仓储业战略地位的加强，我国仓储业的整体市场不断扩大。

2014—2018 年中国仓储业固定资产投资完成额如表 1-1 所示。2018 年，我国仓储业固定资产投资完成额呈下降趋势，为 5273.68 亿元，比 2017 年同期减少 1.3%。

表 1-1　2014—2018 年中国仓储业固定资产投资完成额

年　　份	固定资产投资完成额（不含农户）——仓储业累计/亿元	固定资产投资完成额（不含农户）——仓储业累计同比增速/%
2014	5158.71	22.4
2015	6619.97	28.3
2016	6983.50	5.5
2017	6855.78	- 0.4
2018	5273.68	- 1.3

3. 行业供求情况

（1）行业需求整体趋弱。

从新订单指数的变化情况来看，2018 年全年新订单指数均值为 52.7%，较 2017 年下跌 2.4 个百分点。从 2018 年全年的走势来看，全年共有三个月的新订单指数低于 50%的荣枯线，分别是 3 月、6 月和 7 月，其中 6 月为 47.4%，是 2016 年 3 月以来的最低点。但是，2018 年上半年均值为 51.33%，下半年均值为 52.00%，较上半年回升 0.67 个百分点，显示仓储业受大宗商品传统消费旺季的来临，以及"双十一"等因素影响，行业需求稳步回升。

① 国内大宗商品市场对仓储业的需求仍有增长趋势。

经济的先行指标——制造业 PMI 在 2018 年 12 月跌破 50%的荣枯线，制造业景气度继续下降。在经济不景气的背景下，企业不仅面临销售端的低迷，而且面临着融资困难、成本提升的窘境，企业生存压力较大。由于债务负担从政府部门向居民转移，国内居民杠杆提高，房贷严重抑制消费能力；投资方面，国家供给侧改革的决心不会动摇，固定资产投资规模和房地产投资规模难有明显改善。2018 年，尽管房地产调控趋严，但在行业高利润、低库存的背景下，房地产投资仍然维持着较高增速。国家统计局的数据显示，2018 年 1～11 月，房地产投资累计完成额为 11 万亿元，同比增长 9.7%，增速较 2017 年同期提高 2.2 个百分点。基建方面，由于地方政府去杠杆，严控地方违规举债，基建投资增速大幅下滑。2018 年 1～11 月，基建投资（不含电力）增速仅为 3.7%，较 2017 年同期降低 16.4 个百分点，但可喜的是，制造业投资在整体固定资产投资增速持续下滑的背景下持续上升，并且显著高于固定投资增速，且这是 2012 年以来首次出现反弹迹象。但是，领导层多次提出补短板，加快西部地区基础设施建设，因此可以预期未来西部及农村地区的基建投资将是重点方向，轨道交通项目对大宗商品市场的支撑作用将会强化。中华人民共和国国家发展和改革委员会（以下简称发改委）批复了新建西安至延安铁路、广西北部湾经济区城际铁路建设规划，2018 年 12 月 19 日，发改委同时批复了上海轨道交通三期规划和杭州轨道交通三期的调整规划，这两地新增的投资项目金额预计将超过 3500 亿元，加上 12 月初重庆轨道交通三期规划和 12 月中旬的济南轨道交通一期规划，轨道交通项目总投资超过 5000 亿元。这些基础设施建设会对未来大宗商品市场的需求提供支撑，进而拉动仓储业的需求，提升仓储业的业务量。

② 电子商务对整体物流仓储租赁的需求将继续增加。

2018 年，在电商促销作用下，电商物流保持平稳快速发展。电商物流指数中，总业务量指数和农村业务量指数全年平均值为 132.4% 和 131%，电商物流总业务规模和农村业务规模同比增长均超过 30%，特别是在 6 月、"金九银十"及"双十一"等促销旺季，电商物流订单量剧增。以 11 月为例，电商物流总业务量规模环比增长近 60%，农村业务量规模环比增长超过 30%。

（2）业务量及设施利用率增速减缓。

2018 年，业务量指数平均水平为 52.7%，较 2017 年同期下降 0.8 个百分点，2018 年全年仓储业业务总量呈现稳中有降的态势，业务量增速有所减缓，受其影响，设施利用率增速也有所减缓，全年设施利用率指数均值为 53.0%，低于 2017 年同期 0.8 个百分点。从 2018 年业务量指数的全年走势来看，业务量指数自 8 月止跌回升至扩张区间后，年内持续保持在 51% 以上的高位，设施利用率指数除 7 月处于 50% 的荣枯线下以外，其余月份均保持在 50% 以上的扩张区间。

从仓储需求较为旺盛的年底来看，2018 年 12 月，全国 30 个城市的仓库平均空置率为 11.78%，环比上涨 1.35%，仓库需求增长有所减缓。其中，华东地区仓库空置率远低于其他 4 个大区。仓库空置率较高的城市为重庆、东莞、昆明，空置率均超过 26%。其中，重庆的仓库资源长期处于供大于求的状态，导致仓库空置率居高不下；东莞的部分新建仓库投入市场，如新夏晖东莞物流中心（2 万平方米）、广东东莞黄江镇高台库（16 万平方米）等，仓库供应量较大，导致仓库空置率明显上涨，增长约 9.88%。仓库空置率较低的城市为苏州、佛山、嘉兴，其空置率均低于 5%。受仓储用地规模压缩、拆违等影响，上海部分企业在嘉兴等周边城市寻求仓库资源，同时，"双十二"购物节也对嘉兴仓储市场具有一定的带动作用，使嘉兴仓库的需求增加、空置率降低。

（3）就业形势仍需关注。

从企业员工指数的变化情况来看，2018 年全年企业员工指数 6 次位于 50% 的荣枯线以下，特别是第一季度，受春节因素影响，各月均处于荣枯线以下。2018 年全年企业员工指数的均值为 49.4%，低于 2017 年 1.0 个百分点，反映出随着智慧物流的加速发展，特别是智能仓储、在线调度、全流程监测和货物追溯等新技术的广泛推广与应用，仓储业就业活动明显萎缩，仓储业解决就业的能力不断下降。

4．仓储企业经营规模

（1）企业数量。

当前，我国仓储业发展的基本格局是产业门槛低，投资进入较容易，但投资回报率相对较低，企业不容易做大。截至 2017 年底，我国营业性通用（常温）仓库面积达 10.38 亿平方米，同比增长 4%，其中立体库约占 26.4%，平房型库约占 58%，楼房库约占 15.6%；冷库总容量为 13531.87 万平方米，同比增长 12.7%，其中，冻结物冷库容量为 9671.62 万平方米，冷却物冷库（含气调库）容量为 3860.25 万平方米。

（2）库存情况。

2017 年和 2018 年中国库存指数走势图如图 1-3 所示。

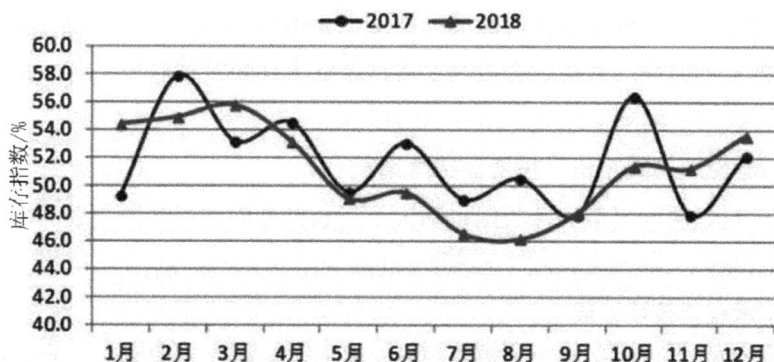

图 1-3　2017 年和 2018 年中国库存指数走势图

　　2018 年中国库存指数均值为 51.2%，低于 2017 年同期 0.6 个百分点；2018 年我国平均库存周转次数指数均值为 52.1%，与 2017 年同期基本持平。从数据来看，在周转效率保持高效的基础上，2018 年的库存水平有所下降，表明 2018 年大宗商品市场库存压力得到了有效缓解。

　　从大宗商品库存指数来看（见图 1-4），2018 年前三个季度，特别是上半年，在市场产销衔接顺畅、供需更趋平衡的推动下，商品库存有较为明显的下降。虽然第四季度受市场供大于求的影响，库存再次有所积聚，但从 2018 年整体来看，大宗商品流通环节的库存水平较 2017 年同期有所下降。2018 年 1 月至 12 月，大宗商品库存指数均值为 101.8%，较 2017 年同期下降 3.1 个百分点。第一季度至第四季度的均值分别为 104.4%、99.4%、101.5% 和 102.0%。

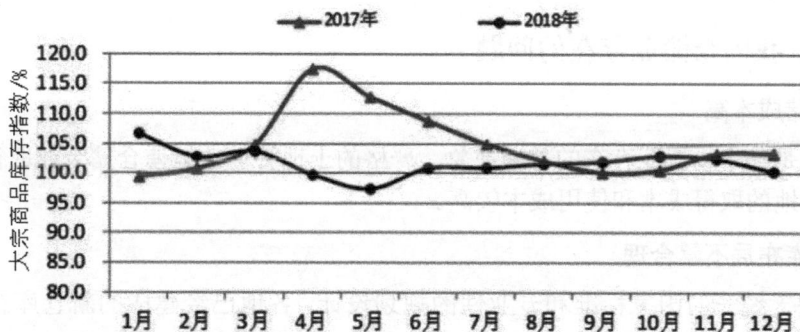

图 1-4　2018 年中国大宗商品库存指数走势图

1.4.2　我国仓储业的现状特点

在众多行业的发展过程中，我国的仓储业表现出了良好的发展势头，具体表现如下。

1. 仓储业务量增大，行业发展效益提高

随着电子商务的发展、社会需求的变化和物流的迅速崛起，我国仓储业务量不断增大，货物吞吐量、平均库存量、货物周转次数等指标都有明显的提高。储运业务效益的增长速度很快，仓储保管收入、运输配送收入、流通加工收入等的年增幅基本都在 10% 以上。行

业效益的提高得益于供给侧结构性改革的加快推进和市场营商环境的改善，经济的回升切实带来了企业效益的回升。而从社会效益上看，行业大环境持续转好，有效地带动了企业就业，就业稳定回升又促进了行业发展质量的提升。

2. 我国对仓储业的固定资产投资额持续增长

仓储业呈现良好的发展势头，我国也加大了对仓储业固定资产的投资力度，虽然近两年投资力度有所降低，但总体投资额仍不断增长。

3. 仓储技术获得较快发展

自动化技术和信息技术的应用成为仓储技术的重要支柱，自动货架、自动识别、自动分拣等系统，以及条码技术、RFID 等技术已经被越来越多的企业所关注和应用。供应商管理库存、零库存等技术也开始在一些企业中被使用。

4. 仓储企业之间的竞争加剧

国内的仓储设施无法满足物流活动的需要，原有的仓储企业缺乏改造基础设施需要的资金，外国的物流公司纷纷投资建库，我国的大型企业也不断建设现代化仓库作为发展物流的平台。这种趋势加大了仓储企业间的竞争力度。

5. 仓储企业多渠道转型与发展

我国传统仓储企业通过资源的整合不断确立发展方向，正在寻找适合自身的现代物流发展之路。传统仓储企业正在发挥自身的竞争优势，由传统仓储企业逐渐向专业型服务企业转变，并通过创新不断开拓传统业务以外的新业务。总体说来，仓储企业的多渠道转型已成为一种趋势，正是在这种趋势下，传统仓储企业逐渐迈向现代化物流。

1.4.3 我国仓储业存在的问题

1. 仓储成本高

仓储难是整个物流业存在的普遍现象，严格的土地管理政策使仓储企业取得土地的难度加大，土地的取得成本和使用成本较高。

2. 仓库布局不够合理

由于缺乏统一的国家标准和专业性的规划设计，各地已经建成的新仓库存在许多的问题。

3. 仓储设备和技术发展不平衡

由于仓储业的投资能力有限，面对急剧增长的仓储需求，新型库房数量短缺，配送车辆数量、集装技术、拣选技术、信息技术等急需提升。

4. 仓储企业规模偏小、经济效益偏低

近些年，我国的仓储企业虽然在业务量与主营收入方面有较大幅度的增加，但利润却较低。仓储企业单位平均占有资产仅为 2533 万元。物流主体企业的平均业务收入利润率仅为 8.77%。

5．仓储方面的人才缺乏

发展仓储业，既需要掌握一定专业技术的人才，也需要操作型人才，更需要仓储管理型人才，而近年来这些方面的人才都很匮乏。

6．仓储管理方面的法制法规不够健全

在仓储管理法制方面，我国的起步较晚，已经建立的仓储方面的规章制度随着生产的发展和科学水平的提高，已经不适合实际情况。至今，我国还没有一部完整的仓库法。同时，我国仓储管理人员的法制观念不强，不会运用法律手段来维护企业的利益。

1.4.4　我国仓储业的发展目标

经过多年的发展，目前我国仓储业已形成了一定的规模。但是，这与高速发展的经济和货物流通的需求仍不能相互适应，仓储能力和技术水平仍远未满足需求。当然，随着改革开放以来广泛的国际交流，国外许多先进的仓储技术和管理方法正在不断地被引进。我国仓储业未来的发展目标如下。

1．仓储功能专业化

社会化分工是生产力发展的必然结果，也是促进生产力发展的动力。我国仓储业需要通过分工和专业化的发展改变现状。社会对仓储的需求同对其他社会资源的需求一样，向着专业化、特性化、功能化、个性化的方向发展。同时，仓储企业在市场竞争中只有通过专业化的发展，充分利用企业资源，为用户提供个性化、差异化的产品，才能提高效益，形成竞争的良好态势。

2．仓储管理标准化

仓储管理标准化是指在仓储过程中采用法律法规规定的仓储标准或行业普遍实行的惯例。这不仅有助于实现仓储环节与其他环节的密切配合，也是提高仓库内部作业效率、充分利用仓储设施和设备的有效手段，是开展信息化、机械化、自动化仓储的前提条件。

仓储管理标准化主要包括包装标准化、标志标准化、托盘标准化、容器标准化、计量标准化、条形码作业工具标准化、仓储信息等技术标准化，以及服务、单证报表、合同格式、仓单等标准化。

整体物流标准化是实现无缝结合的重要手段，物流标准化的前提是仓储标准化。仓储标准化不仅可以实现仓储环节与其他环节的密切合作，同时也是提高仓储内部作业效率、充分利用仓储设施和设备的有效手段，是开展信息化、机械化、自动化仓储管理的基础。

3．仓储管理自动化

仓储管理自动化是指对仓储作业进行计算机管理和控制。在仓储作业中通过物流条码技术、射频通信、数据处理、仓储信息管理等技术，指挥堆垛机、传送带、自动导向车、自动分拣设备等自动化设备完成仓储作业，同时完成报表、单证的制作和传送。对于危险品仓储、冷库粮食等特殊仓储，采用温度、湿度自动控制技术和自动监控技术，确保仓储安全。

4．仓储管理信息化

仓储管理信息化是指通过计算机和相关信息输入、输出设备，对货物进行识别、理货、入库、保管、出库等操作管理，进行账目处理、货位管理、存储控制，制作各种报表并提供实时查询。仓储管理信息化是提高仓储效率、降低仓储成本的必要途径。物流中心和配送中心的库存品种繁多，存量差异巨大，出库、入库频率各不相同。要提高仓库利用率、保持高效率的货物周转、实施精确的存货控制，必须进行计算机信息管理。

5．仓储管理社会化

在市场经济环境中，任何社会资源只有在市场中进行自由交换才能充分体现其价值，也只有在自由交换体制的激励之下，才会更好地发挥其创造性。仓储企业需要以"产权明晰、权责明确、政企分开、管理科学"为原则进行现代企业改造，建立科学、先进的企业管理结构，成为自负盈亏、自主经营的市场竞争的主体，这样才能彻底改善我国仓储业的现状，进一步发展壮大仓储业。

我国传统的仓储管理模式是条块分割、自成体系，形成了以部门或地区为单位的仓储分布和组织形式，多数仓库不面向社会和市场。其结果是占用了大量的土地和资源，但仓库的利用率不高。随着市场经济的发展，条块分割的行政管理模式将被打破，很多行业和企业的仓库将直接参与市场竞争，面向社会、面向市场，提供合理、快速、安全的流通集散地是仓储业的社会化发展趋势。

6．仓储经营产业化

随着仓储业技术含量的提高，仓储在商品流通中提供的功能也随之增多，其所实现的价值也在不断增长，这必然会促使仓储业向产业化方向发展。大型的物流中心、配送中心的出现将承担起越来越多的连接生产商与销售商的中心节点的作用，流通加工、再包装等工作都将会在仓库中完成。

7．仓储管理科学化

仓储管理科学化是指在仓储管理中采用合理、高效、先进的管理模式和方法。仓储管理科学化是实现高效率、高效益仓储的保障。仓储管理科学化包括管理体制、管理组织、管理方法三个方面。根据不同的管理体制，仓储经营可以分为向社会提供仓储服务的商业仓储和为企业生产和经营提供服务的企业自营仓储。无论管理体制如何，仓储管理都需要进行科学化的管理，实现高效率、高效益的仓储。

为此，仓储企业内部应实现现代化企业管理制度，采用高效化的组织机构，实行规章化的岗位责任制，建立和健全促进生产率提高的动态的奖惩分配制度，实施有效和系统的职工教育培训制度，采取科学化的管理方法，形成积极向上的优秀企业文化，从而提高仓储企业的核心竞争力。

1.4.5　我国仓储业的发展趋势

根据国家对仓储业发展的要求及综合市场的需求，未来我国仓储业将呈现以下发展趋势。

1．创新推动，行业发展环境优化

创新是我国近些年来大力推进的发展理念，同时也是各行各业持续健康发展的重要原动力。仓储业属于传统行业，急需在传统服务模式上寻求多样化改变。而随着电商等行业的快速发展，人们的消费模式也在不断改变，企业想要充分立足于市场，就要建立一体化的仓储模式，实现服务内容的升级。与此同时，国家政策也在进一步推进现代化物流的发展，行业发展环境将不断优化。

2．信息数据的融合

随着互联网的发展，大数据、云存储等概念不断涌现，社会已逐步进入互联网时代，各种数据信息对各行各业的发展越发重要。仓储业作为服务业，对市场需求等数据的掌握有助于其提供更好的服务，也使企业能根据数据有目标性地选择仓库的位置，还使企业可以预估交货量较多的物流路线从而更有针对性地投入更多人力与财力，这不仅可以大幅度提升企业的效率，也可以减少不必要的浪费，符合国家大力推进的绿色发展道路。

3．指标体系与标准化体系的建立与完善

指标体系是仓储业健康发展的重要依托，科学的指标体系也是政府决策的依据。目前仓储业正处于高速发展阶段，政府及行业内部势必大力推动指标体系与标准化体系的建立与完善。同样，这两个体系的建立与完善将进一步促进行业可持续健康发展，两者相辅相成，这将是各行业未来的发展趋势。

综上所述，我国经济处于快速发展阶段，仓储业正处于高速发展转型阶段，仓储业未来将向着集约化、信息化、标准化及智能化的方向发展。

复习思考题

问答题

1．简述仓储管理的职能。
2．仓储管理与其他管理相比有哪些特征？
3．什么是仓储商务管理？它有什么特征？
4．加强仓储商务管理应遵循怎样的原则？要实现哪些目标？
5．简述仓储商务管理的内容。
6．简述仓储合同管理的含义及特征。
7．仓储合同的种类有哪些？
8．订立仓储合同应遵循哪些原则？
9．谈谈你所了解的我国仓储业的现状。
10．用自己的观点表述我国仓储业未来的发展趋势。

仓库布局

- 了解仓库的分类及功能
- 熟悉影响仓库选址的因素
- 掌握仓库合理布局需满足的要求及原则
- 熟悉仓储设备的分类

- 掌握仓库岗位的设置
- 能够对仓库的合理布局进行规划
- 掌握各种装卸设备的使用方法

全自动立体仓库快速普及，智能化无人仓储时代已来临

伴随着互联网科技的快速发展，物流仓储行业也逐渐向无人化和智能化的方向发展，为了适应更快的工业发展，降低人工成本，提升仓储效率和货物分发精准度，全自动立体仓库在不断升级中成功进入人们的视野。其中意欧斯更是凭借高标准的自动化设备作业和信息化调度成为物流仓储行业的引领者。

意欧斯全自动立体仓库（AS/RS）如图 2-1 所示。它主要由立体货架、有轨巷道堆垛机、操作控制系统，以及其他如电线电缆桥架配电柜、托盘、调节平台、钢结构平台等辅助设备组成，通过各设备间的协调作业实现仓库高层合理化、存取自动化、操作简便化等。

意欧斯全自动立体仓库采用的堆垛机按照欧洲最高安全等级，各部件均采用的是高安全等级的装置，关键部件及控制器来自欧洲高端品牌，安全性能在同类品牌中属于高端水平。巷道堆垛起重机的主要工作便是穿行于货架之间的巷道，完成存、取货的工作，而相比普通的堆垛机，意欧斯全自动立体仓库的堆垛机的功能则更加丰富，更能适应多样化的仓储需求。

图 2-1　意欧斯全自动立体仓库

意欧斯全自动立体仓库不仅能实现多位置分时操作，面对复杂货格的存储需求，它同样能满足。为了实现密集存储，充分利用仓储空间，意欧斯全自动立体仓库在堆垛机的设计上也经过精确衡量。意欧斯堆垛机的高度通常设计在 7~30 米左右，单台堆垛机可达到45~50 托/小时，加上高标准的软件配置，即使是在高速的曲线运行过程中，堆垛机也能保持平稳，保证货物安全。它不仅适用于密集存储、大批量、快进快出的物品，面对-25℃的冷库项目也同样适用。

在全自动立体仓库中，除堆垛机和立体货架等硬件设施外，操作控制系统等软件设施的配置更能体现一个品牌的技术。意欧斯全自动立体仓库在管理上采用计算机及条形码技术，通过先进的控制、总线、通信和信息技术，将集成化物流贯彻到底。基于 RFID 技术的WMS 仓库管理系统，意欧斯全自动立体仓库在传统仓库管理系统的基础上结合最先进的RFID（电子标签）实现即时的进货、出货、库存控制和发货，信息高度可视化、精准化。

全自动立体仓库的出现意味着物流仓储行业将步入全新的发展阶段，智能化、无人化仓储将逐渐得到普及，而意欧斯全自动立体仓库正是把握住这个时机，一开始就用高标准占领尖端市场，成为行业领袖。企业如果不能尽早应用全自动立体仓库，对仓储进行改革，在竞争异常激烈的市场环境下，最终很可能会被淘汰。任何一个行业的尖端企业都是那些走在科技前沿、不断探索新的发展方式的企业，拥抱科技、接受变化才是最快的占领市场的发展法则。

（资料来源：http://nb.ifeng.com/a/20190717/7646060_0.shtml）

思考题：仓库有哪些种类，它们的功能分别是什么？全自动立体仓库有什么特点？
仓库应该如何选址？又如何布局呢？

2.1　仓储与仓库

仓储是指通过仓库对物资进行储存、保管及相关储存活动的总称。仓储是指产品生产、流通过程中因订单前置或市场预测前置而使产品、物品暂时存放。仓库是集中反映工厂物资活动状况的综合场所，是连接生产、供应、销售的中转站，仓库对提高生产效率起着重要的辅助作用。同时，围绕仓储实体活动，需要制作清晰准确的报表、单据账目，因此，仓储是物流、信息流、单证流的集合。

2.1.1 仓库概述

仓库由储存物品的库房、运输传送设施（如吊车、电梯、滑梯等）、出入库房的输送管道和设备，以及消防设施、管理用房等组成。仓库按储存物品的形态可分为储存固体物品的、液体物品的、气体物品的和粉状物品的仓库；按储存物品的性质可分为储存原材料的、半成品的和成品的仓库；按建筑形式可分为单层仓库、多层仓库、圆筒形仓库等。

《诗经·小雅》中有"乃求千斯仓"，可知仓库建筑源远流长。现代仓库更多地考虑经营上的收益而不仅是为了储存。这是现代仓库同旧式仓库的区别所在。因此，现代仓库从运输周转、储存方式和建筑设施上都重视通道的合理布置、货物的分布方式及堆积的最大高度，并配置经济有效的机械化、自动化存取设施，以提高储存能力和工作效率。

为了提高仓储效率，降低仓储企业的成本，需要选择合理的仓储布局方式并合理使用仓储设备，那么首先应该了解仓库分类。

2.1.2 仓库分类

为了科学管理并有效利用仓库，可以按照不同的分类标准对仓库进行分类。

1. 按仓库用途分类

按照仓库在商品流通过程中所起的作用可以分为以下几种。

（1）批发仓库。

批发仓库主要用于储存从采购供应仓库调进或在当地收购的商品，这一类仓库一般离商品销售市场较近，规模同采购供应仓库相比一般要小一些，它既可以从事批发供货业务，也可以从事拆零供货业务。批发商业是流通的命脉，也是市场的主宰。批发商业要掌握商品资源，保证市场供应，就必须保持一定量的商品库存，搞好采购供应仓库的经营管理工作。

（2）采购供应仓库。

采购供应仓库主要用于集中储存从生产部门收购的和供国际间进出口的商品，一般这一类的仓库库场设在商品生产比较集中的大中型城市，或商品运输枢纽所在地。采购供应仓库的基本任务包括：

① 负责储存从工业生产企业、农业生产企业或工厂收购的商品；

② 根据供应政策和仓库经营方针，为零售企业组织商品供应，保证市场需求。

（3）加工仓库。

加工仓库是商品保管与加工相结合的流通仓库，其主要职能是根据市场的需要，对储存的商品进行选择、整理、分级、包装等简单的流通加工。目前，兼有加工功能的仓库是物流企业仓储服务的发展趋势。由于加工仓库承担着储存与加工的双重职能，所以，对某些商品必须进行加工整理后才可发运，如农副产品、中药材等可以设加工专用仓库，就库存商品进行挑选、整理、加工、包装、储运，然后出运。

（4）中转仓库。

中转仓库是物资流通的中转站，我国古代就存在着这种为物资流通中转服务的仓库。中转仓库处于货物运输系统的中间环节，存放那些等待转运的货物，一般货物在此仅做临时停放。这一类仓库一般设置在公路、铁路的场站和水路运输的港口码头附近，以方便货物在此等待装运。

（5）零售仓库。

零售仓库是指商品零售企业直接使用和管理的仓库。在商业领域，存在成千上万个零售企业，零售企业需要根据储备原则，建立必要的商品储存，用于为商业零售储存短期存货。这些零售企业为保证市场商品供应，满足消费者需求，一般提供店面销售。零售仓库的规模较小，所储存物资周转快。零售仓库的主要任务有：

① 按企业经营活动规划，及时接收购进商品，供应门市销售；

② 建立短期商品库存，调节供求关系；

③ 进行商品加工，将购进商品加工以适合销售需要，包括拆包、整理、加工、分类、分级、编配、分装等项目。将商品从生产分类转变为贸易分类，有利于商品储存保管，促进商品销售，加快商品的流通速度。

（6）储备仓库。

这类仓库一般由国家设置，以保管国家应急的储备物资和战备物资，如国家储备粮库、国家储备物资仓库等。货物在这类仓库中储存的时间一般比较长，并且储存的物资会定期更新，以保证物资的质量。储备仓库除了能保持物资的正常周转，对于以丰补歉、抗御灾害、应付突发事件、保证经济和社会稳定也有重要的意义。

储备仓库的选址定点应坚持的主要原则：

① 全国统一布局原则。储备仓库的建设既要着眼于未来战争，也要考虑国家经济发展的需要，必须统筹规划，合理布局。

② 确保安全和交通方便的原则。储备物资必须在确保安全的前提下，做到进得去，调得出，保证需要。

（7）保税仓库。

保税仓库是指由海关批准设立的供进口货物储存而不受关税法和进口管制条例管理的仓库。它是应国际贸易的需要，设置在一国国土之内，但在海关关境以外的仓库，进出口货物可以免税进出这类仓库，并且经过批准后，可以在保税仓库内对货物进行加工、存储、转口等作业。各国对保税仓库货物的堆存期限均有明确规定。设立保税仓库除了为贸易商提供便利，还可以促进转口贸易。

保税仓库按照使用对象不同分为公用型保税仓库、自用型保税仓库和专用型保税仓库。

① 公用型保税仓库：由主营仓储业务的中国境内独立企业法人经营，专门向社会提供保税仓储服务。

② 自用型保税仓库：由特定的中国境内独立企业法人经营，仅存储供本企业自用的保税货物。

③ 专用型保税仓库：专门用来存储具有特定用途或特殊种类商品的仓库。

2. 按存放的货物特性分类

（1）原料仓库（见图 2-2）。

原料仓库是用来储存生产所用的原材料的，这类仓库一般比较大。

图 2-2 原料仓库

（2）产品仓库。

产品仓库的作用是存放已经生产完成的产品，但这些产品还没有进入流通区域，这种仓库一般附属于产品生产工厂。

（3）冷藏仓库。

冷藏仓库用来储藏那些需要进行冷藏储存的货物，一般多是农副产品、生鲜产品、药品等对于储存温度有特殊要求的物品。水果保鲜冷藏库如图 2-3 所示。

图 2-3 水果保鲜冷藏库

（4）恒温仓库。

恒温仓库（见图 2-4）和冷藏仓库一样，也是用来储存对于储藏温度有特殊要求的产品。

（5）危险品仓库（见图 2-5）。

危险品仓库从字面上就比较容易理解，它是用于储存危险品的。由于危险品可能对人体及环境造成危害，所以以此类物品在储存方面一般会有特定的要求。例如，许多化学用品就是危险品，它们的储存都有专门的条例。

图 2-4　恒温仓库

图 2-5　危险品仓库

（6）水面仓库。

对圆木、竹排等能够在水面上漂浮的物品来说，它们可以储存在水面上。

3．按仓库的构造分类

（1）单层仓库（见图 2-6）。

图 2-6　单层仓库

单层仓库是最常见的仓库，也是使用最广泛的一种仓库，这种仓库只有一层，无须设置楼梯，适于储存金属材料、建筑材料、矿石、机械产品、车辆、油类、化工原料、木材及其制品等。水运码头仓库、铁路运输仓库、航空运输仓库等多用单层建筑，以加快装卸速度。单层仓库的总平面设计要求道路贯通，装运的汽车、铲车能直接进出仓库。这种仓库一般采用预制钢筋混凝土结构，柱网一般为 6 米，跨度为 12 米、15 米、18 米、24 米、30 米、36 米不等。地面堆货荷载大的仓库，跨度宜大。吊车的起重能力根据单件储存货物的最大重量确定。起重量在 5 吨以下的可用单梁式吊车或单轨葫芦，起重量大于 5 吨的用桥式吊车。单层仓库要求做好防潮措施，如供储存易燃品之用，应采用柔性地面层防止产生火花。单层仓库的屋面和墙面均应不渗水、不漏水。单层仓库的主要特点如下。

① 设计简单，所需投资较少；

② 地面承压能力比较强；

③ 各种附属设备（如通风设备、供水设备、供电设备等）的安装、使用和维护都比较方便；

④ 在仓库内搬运、装卸货物比较方便。

（2）多层仓库（见图2-7）。

图2-7　多层仓库

相对于单层仓库，必然有多层仓库。多层仓库一般占地面积较小，建筑成本可以控制在有效范围内。它一般建在人口稠密、土地使用价格较高的地区，常用来储存城市日常使用的、有高附加值的小型商品，如储存百货、电子器材、食品、橡胶产品、药品、医疗器械、化学制品、文化用品、仪器、仪表等。多层仓库的底层应有卸货、装货场地，装卸车辆可直接进入。货物的垂直运输一般采用载重量为1.5~5吨的运货电梯，应考虑装运货手推车或铲车能开入电梯间，以加快装卸速度。多层仓库常用滑梯卸货。滑梯多采用钢筋混凝土结构，水磨石打蜡作面层，也可用金属骨架，钢板作面层，但要防止钢板生锈或用不锈钢板作面层。多层仓库内一般不粉刷，原浆勾缝刷白即可；储存百货、药品、食品、服装的多层仓库内要进行粉刷，以防缝中藏虫。

由于多层仓库具有多层结构，所以一般使用输送设备来搬运货物，日常维护费用较大，存放成本稍高。多层仓库有以下几个特点：

① 多层仓库适用于各种不同的使用要求，例如，可以将办公室和库房分成两层，在整个仓库的布局方面比较灵活；

② 多层结构将库房和其他部门自然地进行隔离，有利于库房的安全和防火；

③ 多层仓库作业需要的垂直运输重物技术已经日趋成熟。

（3）立体仓库（见图2-8）。

立体仓库又被称为高架仓库，它也是一种单层仓库，但与一般的单层仓库不同。立体仓库利用高层货架来储存货物，而不是简单地将货物堆积在库房地面上。在立体仓库中，由于货架一般比较高，所以存取货物需要采用与之配套的机械化、自动化设备。一般在存取设备自动化程度较高时，也将这样的仓库称为自动化仓库，其特点如下。

① 立体仓库一般都较高。其高度一般在5米以上，最高可达40米，常见的立体仓库的高度在7~25米之间。

② 立体仓库必然是机械化仓库。由于其货架在5米以上，人工操作难以对货架进行进出货操作，所以必须依靠机械设备进行作业。立体仓库中的自动化立体仓库是当前技术水平较高的一种立体仓库的形式。

③ 立体仓库中配置有多层货架。由于货架较高，所以立体仓库又称为高架仓库。

（4）简仓。

简仓是用来存放散装的小颗粒或粉末状货物的封闭式仓库。这种仓库一般被置于高架上，例如，经常用来存储粮食、水泥和化肥等的仓库。水泥简仓如图2-9所示。

图 2-8　立体仓库

图 2-9　水泥简仓

（5）迷你仓库（见图2-10）。

图 2-10　迷你仓库

现阶段，中国出现了以寄存物品为业务的迷你仓库。一些大的仓库提供小面积的存储服务，这类服务一般将物品堆放在大仓库里，物与物之间没有明显的间隔，因此缺乏安全性和隐秘性。大部分地区都不具备发展迷你仓库的条件，现阶段，迷你仓库只在上海、北京、深圳等一线城市悄然走俏。

（6）圆筒形仓库（见图2-11）。

圆筒形仓库一般储存散装水泥、干矿渣、粉煤灰、散装粮食、石油、煤气等。圆筒形仓库的建筑设计根据储存物品的种类和装卸料方式确定。库顶、库壁和库底必须防水、防潮，库顶应设吸尘装置。为便于日常维修，要设置吊物孔、人孔（库壁设爬梯）、量仓孔和起重吊钩等。圆筒形仓库一般采用现浇预应力钢筋混凝土结构，用滑模法施工。储油库和储气库则采用金属结构。要注意仓库的通风，每层仓库的外墙上应设置百叶窗，百叶窗外应加金属网，以防鸟雀。危险品库，如储油（气）或储化工原料的仓库必须防热、防潮，加隔热层或设计防爆屋面，应在出入口设置防火隔墙，仓库地面应用不产生火花的材料，一般可用沥青地面。储油库要设置集油坑，食品仓库要防蚁、防蜂。

（7）露天堆场（见图 2-12）。

露天堆场是用于露天堆放货物的场所。一般堆放大宗原材料，或者不怕受热或受潮的货物。

图 2-11 圆筒形仓库   图 2-12 露天堆场

4．按仓库的经营主体分类

按仓库的经营主体分类，仓库可以分为以下几类。

（1）自用仓库。

自用仓库是指某个企业建立的供企业自身使用的仓库，这种仓库一般由企业自行管理。

（2）公用仓库。

公用仓库是一种面向社会、专业从事仓储经营业务、收取一定费用的仓库。

2.1.3 仓库的功能

1．保管储存功能

保管储存功能是仓库的首要功能。仓库具有一定的空间，用于储存物品，并根据储存物品的特性配备相应的设备，以保持物品的完好性。例如，储存挥发性溶剂的仓库，必须设有通风设备，以防空气中挥发性物质含量过高而引起爆炸。储存精密仪器的仓库，需防潮、防尘、恒温，因此，应设立空调等恒温设备。在仓库作业时，还有一个基本要求，即避免搬运和堆放货物时碰坏、压坏货物，因此，搬运器具和操作方法也在不断改进和完善，使仓库真正起到储存和保管的作用。

2．配送加工功能

现代仓库的功能正在由保管型向流通型转变，即仓库由储存、保管货物的中心向流通、销售货物的中心转变。仓库不仅要有储存、保管货物的设备，还要增加分拣、配套、捆绑、流通加工、信息处理等功能，以扩大仓库的经营范围，提高物质的综合利用率，还可以方便消费，提高服务质量。

3．调节运输功能

各种运输工具的运输能力是不一样的，船舶的运输能力很大，海运船一般是万吨级，内河船舶的载重量也有几百吨至几千吨。火车的运输能力较小，一般每节车皮能装运 30～60 吨货物，一列火车的运输量最多几千吨。汽车的运输能力相对来说更小，一般每辆汽车能装运 4～10 吨货物。各种运输工具之间的运输衔接难度很大，这种运输能力的差异一般是通过仓库进行调节和衔接的。

4．调节供需功能

创造物质的时间效用是物流的基本职能之一，物流的这一职能是由物流系统的仓库来完成的。现代化大生产的形式多种多样，从生产和消费连续的角度来看，每种产品都有不同的特点，有些产品的生产是均衡的，而其消费是不均衡的，还有一些产品的生产是不均衡的，而其消费却是均衡不断地进行的。要使生产和消费协调，就需要仓库来起"蓄水池"的调节作用。

5．信息传递功能

以上功能的改变，导致了对仓库的信息传递功能的需求。在处理与仓库活动有关的各项事务时，需要依靠计算机和互联网，通过电子数据交换（EDI）和条形码技术来提高仓储物品的信息传输速度，及时而准确地了解仓储信息，如仓库利用水平、进出库的频率、仓库的运输情况、顾客的需求及仓库人员的配置等。

6．延长产品生命周期的功能

根据美国物流管理协会 2002 年 1 月发布的物流的定义：物流是在供应链中，以满足客户要求为目的，对货物、服务和相关信息在产出地和销售地之间实现高效率、低成本的正向和理想化逆向的流动和储存所进行的计划、执行和控制的过程。可见现代物流包括产品从"生"到"死"的整个生产、流通和服务过程。因此，仓储系统应对产品在整个生命周期内提供支持。

2.1.4　仓库岗位设置

仓储部门的主要岗位有仓库主管（部门经理）、仓库保管员、信息统计员和装卸搬运人员。仓储管理对保证在库物品的使用价值至关重要，把好入库、出库关，控制库存，防止不合格产品进入生产或流通环节，加强养护工作，减少自然损耗，健全管理制度，防止人为损失，是仓储部门人员的主要工作职责。

1．仓库主管的工作要求

（1）具有责任心。

仓库主管应贯彻执行企业及所属部门的各项工作制度。

（2）具有执行能力。

仓库主管应依照企业整体的销售计划或销售目标开展工作，并根据实际情况对现行的各项工作制度进行修订，以求不断完善。

（3）具有丰富的商品知识。

仓库主管应充分熟悉所经营管理的商品，掌握其理化性质和保管要求，能有针对性地采取措施对其进行保管和养护。

（4）掌握现代仓储管理技术。

仓库主管应充分掌握并熟练运用仓储管理技术，特别是现代信息技术。

（5）熟悉仓储设备。

仓库主管应能合理、高效地安排仓储设备的使用。

（6）有效管理仓储成本。

仓库主管应重视研究仓储技术，提高仓储的利用率，降低仓储物的耗损率，确保对库存产品进行安全合理的储存，及时申报受损产品及滞销产品。

（7）基础工作扎实。

仓库主管负责仓库的日常管理工作，检查仓库管理制度的落实情况，确保库存产品的安全储存；监督仓库收发过程的实施，审核各类流程单据的真实性、有效性；对仓库日常、月度、年度盘点工作进行主持与安排。

（8）协调能力。

仓库主管应配合协调与其他部门间的工作。

2．仓库保管员的工作要求

（1）严格遵守仓库管理的规章制度和工作规范。

仓库保管员应认真履行岗位职责，及时做好入库验收、保管保养和出库发运工作；严密各项手续制度，做到收有据、发有凭，及时准确地登记销账，使库存货物手续完备，账物相符，把好收、发、管三关。

（2）熟悉仓库的结构、布局、技术定额及规划。

仓库保管员应熟悉堆码、堆垛技术，掌握堆垛作业要求。仓库保管员应做到妥善安排货位，合理高效地利用仓库容量，堆垛整齐、稳固，间距合理，方便进行清数、保管、检查和收发作业等。

（3）熟悉仓储物的特性和保管要求。

仓库保管员应对各类仓储物有针对性地进行保管，避免货损、货差，提高仓储质量；仓储保管员应熟练地填写表格、制作单证，妥善处理各种单证业务，了解仓储合同的义务约定，完整地履行义务；妥善处理风、雨、雪、冷冻等自然灾害对仓储物的影响，防止并减少损失。

（4）加强业务学习和训练。

仓库保管员应掌握各类计量、衡量、测试用具和仪器的使用方法；掌握货物的特性、质量标准、保管知识、作业要求和工艺流程；及时掌握仓库管理的新技术、新工艺，适应仓储自动化、现代化、信息化的发展，不断提高仓储管理水平；了解仓储设备和设施的性能和要求，督促进行设备维护和维修工作。

（5）严格执行仓库安全管理的规章制度。

仓库保管员应时刻保持警惕，做好防火、防盗、防破坏、防虫害、防鼠害等安全防护工作，防止各种灾害和人身伤亡事故，确保人身、物资、设备的安全。

3．信息统计员的工作要求

（1）遵守企业及部门的各项规章制度；

（2）负责企业销售及仓储物流各环节的相关原始资料和数据的管理；

（3）负责向财务、总公司及中心仓提交各项原始资料和数据；

（4）每日按时完成对各种资料档案的统计汇总工作；

（5）负责对各种原始资料、数据、信息进行整理并归档；

（6）每月按时向上级部门及财务提交月报；

（7）按时完成上级交付的其他任务。

4．装卸搬运人员的工作要求

（1）遵守公司及部门的各项工作制度；

（2）负责仓库区域的打扫清洁工作；

（3）负责协助仓储调整及整理仓库等工作；

（4）负责发货员发货时的搬运工作；

（5）负责必要时外派跟车的搬运工作；

（6）完成上级交付的其他任务。

2.2　仓库选址与布局

不同类型的仓库对于选址及布局都有不同的要求，考虑的因素也多种多样，但无论哪种仓库，首要考虑的都是经营收益，因此从运输周转、储存方式和建筑设施上都应重视通道的合理布置。

2.2.1　仓库选址

1．仓库选址的含义

仓库选址是指在一个具有若干供应点及若干需求点的经济区域内，选一个地址建立仓库的规划过程。合理的选址方案应该将商品通过在仓库进行汇集、中转、分发，使需求点获得全过程的最高效益。因为仓库的建筑物及设备投资太大，所以进行仓库选址时要慎重，如果选址不当，损失不可弥补。

2．仓库选址的重要性

仓库选址对于提高物资管理能力，充分发挥仓库的功能，降低仓储配送成本具有重要意义。不管是公司还是企业，盲目地进行仓库选址与规划都会造成巨大的损失。规划是指在整体设计的观念上，事先对全部程序进行周详的、系统的分析，再定一个明晰的架构。显然在仓储系统规划层面需解决的核心问题是对仓库在市场区域的布局与规模的把握，仓库选址的好坏会直接影响企业的服务和工作效率。仓库选址还对商品的流通速度和流通费用有直接的影响，并关系到企业对顾客的服务水平和服务质量，最终影响企业的销售和利润。一旦仓库选址不当，将给企业带来很多不良后果，且这些后果难以改变。因此，在进行仓库选址时，应综合考虑各种因素，在充分调查研究的基础上对各备选方案进行综合评估，以确定最佳库址。

3．影响仓库选址的因素

（1）自然因素。

① 地质地形条件。主要考虑土壤的承载能力。仓库是大宗商品的集结地，货物会对地面形成较大的压力，如果仓库地下存在淤泥层、流沙层、松土层等不良地质环境，则不适宜建设仓库。另外，仓库应建在地势高、地形平坦的地方，尽量避开山区及陡坡地区，最好选择长方形地形。

② 气象水文条件。主要考虑的气象水文条件有年降水量、温湿度、风力、无霜期长短、冻土厚度等。要认真搜集选址地区近年来的气象水文资料，仓库选择需远离容易泛滥的大河流域和容易上溢的地下水区域，地下水位不能过高，故河道及干河滩也不可选。

（2）经营因素。

① 政策背景。选择建设仓库的地方是否有优惠的物流产业政策对物流产业进行扶持，这将对物流业的效益产生直接影响，当地的劳动力素质的高低也是需要考虑的因素之一。

② 周边环境。第一，仓库周边不能有火源，不能靠近住宅区；第二，要考虑仓库所在地的周边地区的经济发展情况是否对物流产业有促进作用。

（3）基础设施。

① 交通条件。仓库的位置必须交通便利，最好靠近交通枢纽，如港口、车站、交通主干道（国道或省道）、铁路编组站、机场等，应该有两种运输方式衔接。

② 公共设施。要求仓库位置的道路畅通，通信发达，有足够的水、电、气、热的供应能力，有处理污水和垃圾的能力。

（4）商品及服务。

① 商品特性。经营不同类型商品的仓库应该布局在不同地域，如生产型仓库的选址应与产业结构、产品结构、工业布局紧密结合进行考虑。

② 服务效率。物流服务水平是影响物流产业效益的重要指标之一，所以在选择仓库地址时，要考虑送达时间，这就要求仓库建在接近物流服务需求地附近，如大型工业、商业区等，这样不仅可以满足客户在任何时候向仓库发出的需求，还可以缩短运输距离，降低物流费用。

4．仓库选址的原则

仓库选址应该同时遵循可行性原则、适应性原则、经济性原则、战略性原则、协调性原则和可持续发展原则。

（1）可行性原则。

仓库选址要充分考虑到建设的可行性。仓库选址一定要建立在现有的生产发展水平基础上，要考虑到实际需求，最终实现既定目标。

（2）适应性原则。

仓库选址需与国家及地区的经济发展方针、政策相适应，与国家物流资源分布和需求分布相适应，与国民经济和社会发展相适应。

（3）经济性原则。

在建设仓库的过程中，仓库选址的费用主要包括建设费用及物流费用（经营费用）两部分。仓库选址定在市区、近郊区或远郊区，其未来物流辅助设施的建设规模及建设费用，以及运费等物流费用是不同的。进行仓库选址时，应以总费用最低作为仓库选址的经济性原则。

（4）战略性原则。

仓库选址应遵循战略性原则。既要考虑全局，又要考虑长远规划。局部要服从全局，眼前利益要服从长远利益，既要考虑目前的实际需要，又要考虑日后发展的可能。

（5）协调性原则。

仓库选址应将区域物流网络作为一个大系统来考虑，使仓库的设施、设备在地域分布、物流作业生产力、技术水平等方向互相协调。

（6）可持续发展原则。

可持续发展原则主要指在环境保护方面充分考虑长远利益，维护生态环境，促进城乡一体化发展。

5．仓库选址的步骤和方法

仓库选址可分为两个步骤：第一步为分析阶段，具体包括需求分析、费用分析、约束条件分析；第二步为筛选及评价阶段，即根据所分析的情况选定具体地点，并对所选地点进行评价，具体操作方法如下。

（1）分析阶段。

分析阶段包括以下内容：

① 需求分析。根据物流产业的发展战略和产业布局，对某一地区的顾客及潜在顾客的分布进行分析。

② 费用分析。主要包括工厂到仓库之间的运输费、仓库到顾客之间的配送费、与设施和土地有关的费用及人工费等，所需车辆数、作业人员数、装卸方式、装卸机械费、运输费等会随着距离的变化而变动，而设施费、土地费是固定的，人工费是根据业务量的大小确定的。必须对以上费用进行综合考虑并进行费用分析。

③ 约束条件分析。仓库选址应靠近铁路货运站、港口、公路主干道；仓库选址附近的道路应通畅，应符合城市或地区的规划；仓库选址应符合政府的产业布局，应有一定的法律制度约束等。

（2）筛选及评价阶段。

分析活动结束后，得出综合报告，根据分析结果在本地区内初选几个仓库地址，然后对初选的几个地址进行评价，确定一个可行的地址，编写选址报告，并将选址报告报送主管领导审批，评价方法有以下几种。

① 量本利分析法。

任何选址方案都有一定的固定成本和变动成本，不同的选址方案的成本和收入会随仓库储量的变化而变化。利用量本利分析法，可采用作图或进行计算比较数值的方法进行分析。进行计算比较数值的方法要求计算各方案的盈亏平衡点的储量及各方案总成本相等时的储量，然后在同一储量点上选择利润最大的方案。

② 加权评分法。

对影响选址的因素进行评分，把每个地址各因素的得分按权重累计，通过比较各地址的累计得分来判断各地址的优劣。具体步骤：确定有关因素；确定每个因素的权重；为每个因素确定统一的数值范围，并确定每个地址的各因素的得分；累计各地址的每个因素与权重相乘的和，得到各地址的总评分；选择总评分值最高的方案。

③ 重心法。

重心法是一种选择中心位置，从而使成本降低的方法，它把成本看成运输距离和运输数量的线性函数。此种方法将物流系统中的需求点和资源点看作分布在某一平面范围内的物流系统，将需求量和资源量看作物体的重量，将物流系统的重心作为物流网点的最佳设置点，利用求物流系统重心的方法来确定物流网点的位置。

6. 仓库选址的策略

（1）市场定位策略。

市场定位策略是指将仓库地址选在离最终用户最近的地方，使仓库的地理位置接近主要的客户，这样会增加供应商的供货距离，却缩短了向客户进行第二程运输的距离，从而提高客户服务水平。

市场定位策略常用于食品分销仓库的建设，这些仓库通常接近所要服务的各个超级市场，实现了多品种、小批量库存补充的经济性。将制造业生产物流系统中的零部件或常用工具存放在生产线旁也是市场定位策略的应用，它可以保证适时供应。

影响仓库选址的因素主要包括运输成本、订货周期、产品敏感性、订货规模、当地运输的可获得性和要达到的客户服务水平等。

（2）制造定位策略。

制造定位策略是指将仓库地址选在接近产地的地方，通常用来集运制造商的产成品。产成品从工厂被移送到仓库中，再将全部种类的物品从仓库运送给客户，这些仓库的基本功能是支持制造商采用集运费率运输产成品。

对于产品种类多的企业，运输的经济性来源于大规模整车运输和集装箱运输。同时，如果一个制造商能够利用仓库以单一订单的运输费率为客户提供服务，还能产生竞争差别优势。

影响仓库选址的因素主要包括原材料的保存时间、产成品组合中的品种数量、客户订购的产品种类和运输合并率。

（3）中间定位策略。

中间定位策略是指把仓库地址选在最终用户和制造商之间的中间位置，采用中间定位策略的仓库的客户服务水平通常高于采用制造定位策略的仓库的客户服务水平，但低于采用市场定位策略的仓库的客户服务水平。如果企业提供由几个不同供应商制造的产品，还要保证较高的客户服务水平，那就需要采用这种策略，为客户提供库存补充和集运服务。

仓库选址所要考虑的因素在某些情况下是非常简单的，而在某些情况下却异常复杂，尤其是在进行关系国计民生的战略储备仓库的选址时，这种复杂性就更加突出。

2.2.2　仓库布局

仓库布局是在一定区域或库区内，对仓库的数量、规模、地理位置，以及仓库设施和道路等各要素进行的科学规划和总体设计。应在充分利用现有仓库内部空间的情况下，根据储存物资的特点、公司的财务状况、市场竞争环境和顾客需求情况来适时改变仓库布局。

1. 仓库布局的要求

合理的仓库布局需满足的要求如下。

（1）提高仓库产出率；

（2）使仓库成本费用最低；

（3）仓库位置应便于货物入库、装卸和提取，提高仓库内存储物资的流动速度，库内区域应划分明确、布局合理。

（4）集装箱货物仓库和零担仓库应尽可能分开设置，库内货物应按发送货物、中转货物、到达货物分区存放，并分线设置货位，以防事故的发生；要尽量减少货物在仓库内的搬运距离，避免任何迂回运输，并最大限度地利用空间。

（5）有利于提高装卸机械的装卸效率，满足装卸工艺和设备的作业要求。

（6）仓库应配置必要的安全、消防设施，以保证安全生产。

（7）仓库货门的设置既要考虑集装箱和货车集中到达时同时进行装卸作业的要求，又要考虑由于增设货门而造成的堆存面积的损失。

2. 影响仓库布局的因素

影响仓库布局的因素有很多，主要有以下几点。

（1）工农业生产布局。

流通部门的工农业仓库受工农业生产布局的制约，工农业仓库的布局必须以我国资源的分布情况、工农业生产部门的配置、不同地区的生产发展水平及发展规划为依据。也就是说，在进行仓库布局时要充分研究工农业生产布局，注意各地区的生产特点和产品的特点，以及产品进入流通过程的规律，以适应工农业产品收购、储存和调运的需要。

（2）货物需求量的分布。

我国各地区经济发展很不平衡，人民的生产消费水平也各不相同，所以各地区对各种货物的需求量也有所不同，对生活消费品的需求更是五花八门。研究不同地区的消费特征，考虑各种货物的销售市场的分布及销售规律，是仓库布局的另一个重要依据。也就是说，仓库的分布与商品的销售市场的分布应保持一致。

（3）经济区域条件。

经济区域是结合了生产力布局、产销联系、地理环境等自然条件形成的经济活动区域的简称。所以，按照经济区域组织流通，合理分布仓库对于加快物流速度、缩短运输路线、降低物流费用等都有重要的意义。

（4）交通运输条件。

交通运输条件是组织物流活动的基本条件之一，交通不便势必给货物储存和交通运输带来困难。因此，在仓库布局上，要特别重视交通运输条件，仓库选址应尽量选择在具有铁路、公路、水路等运输方便的地方，这是合理组织物流的基础。

（5）其他相关因素。

仓库布局还应考虑组织流通的需要，以及我国现有仓库设施、批发网点和零售网点的分布状况等。

总之，仓库布局是在综合考虑上述因素的基础上，根据有利于生产、加快物流速度、方便消费和提高物流效益的原则，统筹规划，合理安排，这对于提高物流系统的整体功能有重要的意义。

3．仓库布局的原则

（1）提高资产利用率。

提高资产利用率应尽可能地采用造价低、性价比高的仓储设备。尽量减少通道所占用的空间，以提高仓储作业区域的使用率，充分利用仓库的高度，多使用高层货架或托盘进行多层堆放，提高储存量，增加可使用的仓储空间。

（2）实现批量操作。

实现批量操作应尽量配置高效的物料搬运设备并优化操作流程，以满足大批量作业。为了降低单件货品的流动距离，提高流动效率，一般的做法是批量操作，不到最后关头不拆散货物。整托盘操作比拆成单箱操作更加节省成本，且更加有效。在所有货物都必须频繁移动的仓库中，批量储存能使货物快速移动，也能减少库位不足造成的不便。

（3）加强拣货区管理。

需要快速移动的货品要尽量靠近拣货区，以便减少货品的搬运次数。拣货区域可按货品流动速度区分或按货品的订货发生频率区分。在仓库中，使用最多的区域是拣货作业区域，此处最容易出错，最容易影响服务水平，其人员也最集中，所以关注货品流动速度也应该把重点放在此区域。

（4）提高运作效率。

提高运作效率需要保持货物在出入库时进行单向或直线运动，避免逆向操作和大幅度变向的低效率运作。

4．仓库布局的目标

（1）保护目标。

我们可以制定一些通用的指导方针来实现保护目标：第一，应该把危险物品，如易爆、易燃、易氧化的物体与其他物体分开，以减小损坏的可能性；第二，应该保护需要特殊安全设施的产品，以防被盗；第三，应该对需要温控设备（如冰箱或加热器）的物品进行妥善安置；第四，仓库人员应该避免将需要轻放和易碎的物品与其他物品叠放，以防损坏。

（2）效率目标。

效率目标有两个：第一，要有效利用仓库空间，即利用现有设施的高度，减少过道的空间；第二，仓库里台架的布局要合理，以减少人工成本和搬运成本。

（3）适度机械化。

机械化系统的使用大大提高了分销效率。机械化通常在以下情况下最为有效：物品形状规则、容易搬运时；订单选择活动较频繁时；产品数量波动很小且大批量移动时。在投资机械化、自动化仓库时，我们应考虑相关的风险，包括因技术的快速变化而引起的设备的磨损和贬值，以及大规模投资的回报问题。

5．仓库的内部布局

仓库的内部布局就是根据库区场地条件、仓库的业务性质和规模、商品储存要求及技术设备的性能和使用特点等因素，对仓库的主要建筑物、辅助建筑物、货场、站台等固定设施和库内运输线路进行合理安排和配置，以最大限度地提高仓库的储存和作业能力，并降低各项仓储作业费用。

仓库的内部布局和规划是仓储业务和仓库管理的客观需要，其合理与否会直接影响仓库各项工作的效率和储存商品的安全。仓库的内部布局的主要任务就是如何合理地利用库房面积。在库房内不但要储存商品，而且需要进行其他作业，想要提高库房储存能力就必须尽可能地增加储存面积；想要方便库内作业，就必须尽可能地适应作业要求，相应地安排必要的作业场地。但是，库房内部的面积是有限的，所以仓库的内部布局所要解决的中心同题就是设法协调商品储存和库内作业对库房面积的需要，保证库房面积得到充分的利用，仓库的内部布局主要包括仓库总平面布局、仓库作业区布局和库房内部布局。

（1）仓库总平面布局。

仓库总平面布局包括库区的划分，建筑物、构筑物平面位置的确定，运输线路的组织与布置，库区安全防护，以及绿化和环境保护等。

仓库总平面布局应满足以下要求。

① 方便仓库作业和商品储存安全。

② 最大限度地利用仓库面积。

③ 防止重复搬运和迂回运输。

④ 有利于充分利用仓库设施和机械设备。

⑤ 符合安全保卫和消防工作的要求。

⑥ 要具有前瞻性。

应综合考虑当前仓储业务的需要和公司未来的发展，尽量减少将来仓库扩建对正常业务造成的影响。

（2）仓库作业区布局。

仓库作业区布局应以主要库房为中心对各作业区加以合理布局，力求作业路线最短，尽量缩短库房内货物的运输距离并减少道路占用面积，以降低作业费用并有效地提高仓库面积的利用率。仓库作业区布局应考虑以下因素。

① 货物吞吐量。对于吞吐量较大的库房和货场，应使它们尽可能地靠近铁路专用线或库内运输干线，以减少搬运和运输距离。

② 机械设备的使用特点。必须从合理使用机械设备的角度出发，确定库房、货场在作业区内及与铁路专用线的相对位置。

③ 库内道路。尽可能地减少运输作业的混杂、交叉和迂回，最大限度地减少道路的占地面积，并相应地扩大储存面积。

④ 仓库业务及其作业流程。必须按照各个作业环节之间的内在联系对作业区进行合理

布置，使各作业环节之间紧密衔接。

（3）库房内部布局。

库房内部布局的主要目的是提高库房内作业的灵活性，并有效利用库房的内部空间。库房内部布局要在保证货物储存需要的前提下，协调储存和作业的不同需要，合理地利用库房空间。

按照库房作业的主要内容来分类，可把库房分为储备型库房和流通型库房两大类。储备型库房以货物保管作业为主，其内部布局的突出特点是强调提高储存面积占库房总面积的比例；流通型库房以货物收发作业为主，其内部布局的特点是要充分提高作业效率，缩小储存区，增加拣货及出库准备区。

2.3 仓储设备分类

仓储设备是指能够满足储藏和保管物品需要的技术装置和器具，它是仓储与物流技术水平高低的主要标志，也反映了现代仓储与物流技术的发展水平。仓储设备主要包括货架、装卸设备、集装设备、保管设备、计量设备、养护检验设备、通风照明设备、消防安全设备、劳动防护设备及其他用途的设备和工具等。本节主要介绍货架、装卸设备和集装设备。

2.3.1 货架的分类

提起货架可能大家都很熟悉，从中国古老的中药店里的药柜到现代商场店铺里所用的各种货架，再到大型立体仓库里的钢筋或由更为先进的材质所制成的货架，都是人们所耳熟能详的，但是再深层次地从专业的角度来讲货架，可能就没有多少人知道了。

货架是现代化仓库提高效率的重要工具，货架存储不仅方便快捷，还可以提高仓库的存储效率。随着电商、物流的飞速发展，对货架的需求也越来越高。目前，企业仓储库房所用到的货架越发趋于专业化、自动化、智能化。

1. 货架的作用及功能

（1）对于用钢材或钢筋混凝土制成的货架，可通过提升货架高度来扩大仓库的储存能力。

（2）货架可以避免货物之间接触、挤压，以减少货损。

（3）方便存取货物，采用计算机管理易实现先进先出。

（4）可采用防潮、防尘、防盗、防破坏等措施来提高货物的储存质量。

（5）很多新型货架的结构及功能有利于实现仓库的机械化及自动化管理。

2. 货架的分类

对于仓储的规划，首先是对货架进行分类，了解各个方向的空间使用情况，接着评估其在各方面的权重取舍，确定权重后再进行设计布置。倘若保管空间已受限却无法进行规划设计变更，则要寻求以何种方法来把现成的保管空间的利用率发挥到极限。这就对货架提出了更高的要求。现代化仓库的出现，带动了货架的发展。

（1）按发展分类可以分为传统货架和新型货架。

传统货架包括：层架、层格式货架、抽屉式货架（见图 2-13）、橱柜式货架、悬臂式货架、鞍架（见图 2-14）、栅架（见图 2-15）、气罐钢筒架、轮胎专用货架等。

  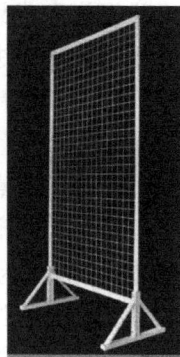

图 2-13　抽屉式货架　　　　　图 2-14　鞍架　　　　　图 2-15　栅架

新型货架包括：旋转式货架、移动式货架、穿梭车货架、装配式货架、调节式货架、托盘货架、进车式货架、高层货架、阁楼式货架、重力式货架、屏挂式货架等。

（2）按存取方式分类可以分为人工存取货架和机械存取货架。

人工存取即采用人力存取货物的方式，一般隔板式货架、层板式货架均采用此种存取方式。至于机械存取则指使用叉车、穿梭车等机械进行存取，如横梁式货架、驶入式货架、穿梭式货架等均采用此种存取方式。

（3）按货架的适用性可以分为通用货架和专用货架。

（4）按货架的封闭程度分为敞开式货架、半封闭式货架、封闭式货架等。

（5）按货架的结构特点分为层架、层格式货架、橱柜式货架、抽屉式货架、悬臂式货架、三脚架、栅架等。

（6）按货架的移动性分为固定式货架、移动式货架、旋转式货架、组合货架、可调式货架、流动储存货架等。

（7）按货架的制造材料可分为钢货架、钢筋混凝土货架、木制货架、钢木合制货架等。

（8）按货架的载货方式可以分为悬臂式货架、橱柜式货架、栅板式货架等。

（9）按货架高度可分为：低层货架，高度在 5 米以下；中层货架，高度为 5～15 米；高层货架，高度在 15 米以上。

（10）按货架重量分为：重型货架，每层货架的载重量在 500 千克以上；中型货架，每层货架的载重量为 150～500 千克；轻型货架，每层货架的载重量在 150 千克以下。

3．常用货架的结构和特点

在现代化仓库中，常用的货架结构形式有贯通式货架、托盘式货架、重力式货架、阁楼式货架、悬臂式货架、横梁式货架、流利式货架等。

（1）贯通式货架（见图 2-16）。

贯通式货架分为通廊式货架和驶入式货架（见图 2-17）。贯通式货架可供叉车驶入通道以存取货物，适用于品种少、批量大类型的货物存储。贯通式货架靠近通道的货位，由于叉车需要进入货架内部存取货物，通常单面取货建议不超过 7 个货位深度。为提高叉车的运行速度，可根据实际需要选择配置导向轨道，与货位式货架相比，这种结构形式可使叉车的作业通道和货品的存储空间共用，大大提高了仓库的空间利用率，但同一作业通道内的货品不能做到先进先出，适合于批量大、品种少或作业通道内的货品一起流向同一客户的货品存储，如饮料、乳制品、烟草、低温冷冻仓储、标准规格的家电、化工、制衣等行业。

贯通式货架的特点：①货物存储通道亦为叉车作业通道，是存储密度较高的一种货架。②通常用于品种少、批量大，且对货物拣选要求不高的货物存储。③以普通叉车的提升高度，贯通式货架层数为三层货物的常规方案计算，仓库的有效存储容量可增加 100%以上，相比之下投资成本得到控制，效益显著提升。从全局存储成本计算，一般三年内所增加的存储容量效益即可抵消投资成本。④货物遵循先进后出的原则，适用于大多数搬运机械储运作业。

图 2-16　贯通式货架

图 2-17　驶入式货架

（2）托盘式货架（见图 2-18）。

托盘式货架又称横梁式货架，或称货位式货架，通常为重型货架，在国内的各种仓储货架系统中，托盘式货架最为常见。它既适用于品种多、批量小的物品，又适用于品种少、批量大的物品。此类货架在高位仓库和超高位仓库中应用较多。

托盘式货架的特点：①货架跨度大，承载高。托盘式货架的跨度（长度）主要由托盘大小决定，一般一层货架可放置两个常规托盘。②货架结构稳定。托盘式货架底脚必须安装膨胀螺钉，以保证托盘式货架的稳定性。③货架无须安装层板。一般来说，托盘式货架只需横梁上安装跨梁即可，每个托盘位一般安装两根跨梁。这样可以最大程度地节约成本。④货架层数自定。层数可根据仓库的房高、每托盘货位的高度等条件来确定。底层可以不用横梁，托盘可直接放置于地面。⑤托盘式货架的利用率高，存取灵活方便，辅以计算机管理或控制，托盘式货架基本能达到现代化物流系统的要求。

（3）重力式货架（见图 2-19）。

重力式货架又叫自重力货架，属于重型货架，是由托盘式货架演变而来的。重力式货架的结构是在横梁上安装滚筒式轨道，轨道倾斜 3°～5°，托盘内的货物需要用叉车搬运至货架进货口，利用自重，托盘从进口自动滑行至另一端的取货口。重力式货架采用的是先进先出的存储方式，货架深度及层数可按需而定，重力式货架的空间利用率极高，适用于品种少、批量大的同类货物的存储。

重力式货架的特点：①货物由高的一端存入，滑至低端，从低端取出。滑道上设置有阻尼器，用于控制货物的滑行速度，使其速度保持在安全范围内。②货物遵循先进先出原则，重力式货架具有柔性配合功能且存储密度高。③重力式货架适用于以托盘为载体的存储作业，货物堆栈整齐，为大件重物的存储提供了较好的解决方案，仓储空间利用率在 75% 以上，而且只需要一个进出货通道。④重力式货架非常环保，全部采用无动力形式，无能耗、噪音低、安全可靠、可满负荷运作。

图 2-18 托盘式货架

图 2-19 重力式货架

（4）阁楼式货架（见图 2-20）。

阁楼式货架通常利用中型搁板式货架或重型搁板式货架作为主体支撑，加上楼面板。楼面板通常选用冷轧型钢楼板、花纹钢楼板或钢格栅楼板，可做二层阁楼或三层阁楼，以增加存储空间，宜存取一些轻泡及中小件货物，适于品种多、批量大或品种多、批量小的货物存储。存取货物时通常用叉车、液压升降台或货梯将货物送至二楼、三楼，再用轻型小车或液压托盘车将货物送至某一位置。

阁楼式货架的特点：①可以提升货架高度，更好地利用仓储空间。②阁楼式货架楼面铺设的专用钢楼板具有承载能力强、整体性好、层载均匀、表面平整等特点。③阁楼式货架充分考虑人性化设计，设计美观、结构大方，安装、拆卸方便，阁楼式货架可根据实际情况灵活设计。④阁楼式货架适合存储多种类型的物品。

图 2-20 阁楼式货架

（5）悬臂式货架（见图 2-21）。

悬臂式货架是一种重要的货架，其悬臂采用方管，可以是单面方管或双面方管，货架立柱多采用 H 型钢或冷轧型钢，悬臂与立柱间采用插接式或螺栓连接式，底座与立柱间采用螺栓连接式。加了搁板后，悬臂式货架特别适合空间小、高度低的库房，其管理方便，视野宽阔，悬臂式货架的利用率比普通货架更高。

悬臂式货架的特点：①悬臂式货架有单臂和双臂之分，可以高效存储木料、管材、长条物等产品，所以多用于机械制造业和建材超市等。悬臂式货架可由单个立柱片单元配以悬臂通过水平拉杆、斜拉杆等连续组成多个单元系统。②悬臂式货架在质量、安全性和管理方面是行之有效的存储系统。立柱片由立柱和底座构成，立柱由两片特殊设计的 C 型钢对焊而成，这种结构充分利用了材料的抗载容量，有承载大、造价低的特点。③悬臂式货架的高度通常在 2 米以内，如果由叉车存取货物则可高达 6 米，悬臂长度在 1.5 米以内，每臂载重通常在 800 千克以内。④悬臂式货架具有结构稳定、载重能力强、空间利用率高等特点。

图 2-21　悬臂式货架

（6）横梁式货架（见图 2-22）。

横梁式货架是以存取托盘货物为目的的专业仓库货架（每个托盘为一个货位，因此又被称为货位式货架）。横梁式货架由立柱和横梁组成，横梁式货架结构简单、安全可靠。

横梁式货架的特点：①横梁式货架结构简单、安全可靠，可任意调整组合，出入库不受物品先后顺序的限制。横梁式货架广泛应用于以托盘存储、叉车存取的仓储模式。②横梁式货架可由立柱、横梁规格的大小决定层载要求，具有惯性矩大、层载能力强、抗冲击性能强等特点。③横梁式货架可有效地提高仓库的存储高度，提高仓库的空间使用率，适合存储各类货品。④横梁式货架的外形更安全，为防止叉车碰撞还可以增加立柱护脚、防撞杆等。⑤横梁式货架造价低，安装和操作都很方便，易于查找货位，适用于任何搬运工具，因而是被广泛应用的一种货架。

（7）流利式货架（见图 2-23）。

流利式货架又称滑移式货架，采用滚轮式铝合金、钣金等流利条，利用货架的自重，从一边通道存货，从另一边通道取货，从而实现先进先出，存储方便，还能实现一次补货多次取货。流利式货架存储效率高，适合大量货物的短期存放和拣选。流利式货架可配电子标签，从而实现货物的轻松管理，常用的滑动容器有周转箱、零件盒及纸箱，流利式货架广泛应用于配送中心、装配车间及出货频率较高的仓库。

流利式货架的结构特点：①采用滚轮式铝合金等流利条，利用货物自重实现货物先进先出。②存取方便，适用于装配线两侧、配送中心等场所。③适用于大批量同类货物的存储，空间利用率较高，尤其适合汽配工厂使用。④可配电子标签，对货物实现信息化管理。

图 2-22　横梁式货架

图 2-23　流利式货架

2.3.2　装卸设备分类

装卸设备是指用来搬移、升降、装卸和进行短距离输送物料或货物的机械。装卸设备是实现装卸搬运作业机械化的基础，是物流设备中重要的机械设备。它不仅可用于完成船舶与车辆运载货物的装卸，还可用于完成库场货物的堆码、拆垛、运输，以及舱内、车内、库内货物的起重、输送和搬运。装卸设备种类较多，具体分类如下。

1. 按作业性质分类

按装卸及搬运两种作业的性质不同可分成装卸机械、搬运机械及装卸搬运机械 3 类。

（1）装卸机械。

在这个领域中，只具有装卸或搬运单一作业功能的机械有很多优点，即机械结构较简单，多余功能较少，专业化作业能力强，因而作业效率高，作业成本较低，但在使用上会受局限。具有单一装卸功能的机械种类不多，手拉葫芦（见图 2-24）最为典型，固定式吊车如卡车吊、悬臂吊等吊车虽然也有一定的移动半径，可以进行搬运，但基本上还是被看成具有单一功能的装卸机械。

（2）搬运机械。

具有单一搬运功能的机械种类较多，如各种搬运车、手推车，斗式输送机、刮板式输送机（见图 2-25）等。

图 2-24　手拉葫芦

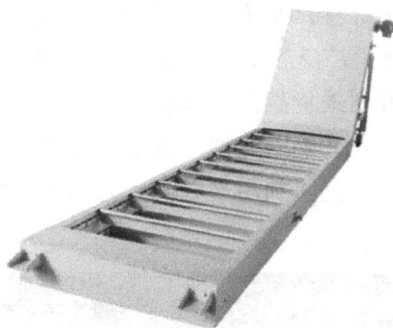

图 2-25　刮板式输送机

（3）装卸搬运机械。

物流领域很注重装卸、搬运两功能兼具的机械，这种机械可将两种作业合二为一，因而有较好的系统效果。属于这类机械的主要有叉车、港口用跨运车（见图 2-26）、车站用的龙门吊车（见图 2-27）及气力装卸输送设备等。

图 2-26　港口用跨运车

图 2-27　龙门吊车

2. 按有无动力分类

按照机械本身有无动力，可将其分为动力式装卸搬运机械和非动力式装卸搬运机械。

（1）动力式装卸搬运机械。

动力式装卸搬运机械配有动力装置，按照其驱动方式不同又可分为内燃式及电动式两种，大多数装卸搬运机械都属于此类。

（2）非动力式装卸搬运机械。

非动力式装卸搬运机械多用人力进行作业，主要有小型机械、手动叉车、手车、手推车、手动升降平台等。

3．按工作原理分类

按装卸搬运机械的工作原理可将其分为叉车类、吊车类、输送机类、作业车类和管道输送设备类。

（1）叉车类，包括各种通用叉车和专用叉车。

（2）吊车类，包括门式吊车、桥式吊车、履带式吊车、汽车式吊车、岸壁式吊车、巷道式吊车等各种吊车。

（3）输送机类，包括辊式输送机、轮式输送机、皮带式输送机、链式输送机、悬挂式输送机等各种输送机。

（4）作业车类，包括手车、手推车、搬运车、无人搬运车、台车等各种作业车辆。

（5）管道输送设备类，包括液体/粉体装卸搬运一体化的以泵、管道为主体的一类设备。

2.3.3　集装单元分类

集装单元化设备是指用集装单元化的形式进行储存、运输作业的物流设备，它主要包括集装箱、集装袋、托盘等。

1．集装箱

集装箱是指具有一定强度、刚度和规格，专供周转使用的大型装货容器。使用集装箱转运货物，可直接在发货人的仓库装货，运到收货人的仓库卸货，中途更换车船时，无须将货物从箱内取出换装。

集装箱最大的优点在于其产品的标准化及由此建立的一整套运输体系。能够让一个载重几十吨的庞然大物实现标准化，并且以此为基础逐步实现全球范围内的船舶、港口、航线、公路、中转站、桥梁、隧道、多式联运相配套的物流体系，这的确是非常伟大的奇迹。

集装箱的种类很多，分类方法多种多样，常见的有以下几种。

（1）按货物种类划分：干货集装箱、散货集装箱、液体货集装箱、冷藏箱集装箱，以及一些特种专用集装箱，如汽车集装箱、牧畜集装箱、兽皮集装箱等。

（2）按箱体重量划分：30 吨集装箱、20 吨集装箱、10 吨集装箱、5 吨集装箱、2.5 吨集装箱等。

（3）按箱体结构划分：固定式集装箱、折叠式集装箱、薄壳式集装箱。

（4）按集装箱的用途划分：冷冻集装箱、挂衣集装箱、开顶集装箱、框架集装箱、罐式集装箱、平台集装箱、通风集装箱、保温集装箱等。

（5）按箱体规格划分：20 尺货柜，外尺寸为 20 英尺×8 英尺×8 英尺 6 英寸，即 6.096m（长）×2.438m（宽）×2.591m（高）；40 尺货柜，外尺寸为 40 英尺×8 英尺×8 英尺 6 英寸，即 12.192m（长）×2.438m（宽）×2.591m（高）。

2．集装袋（见图 2-28）

集装袋又称吨装袋、太空袋等，是集装单元器具的一种，配以起重机或叉车，就可以实现集装单元化运输，它适用于装运大宗散状物料和面粉粒状物料。集装袋是一种柔性运输包装容器，其主要特点是柔软、可折叠、自重轻、密闭隔绝性强。它的使用范围很广，主要用于水泥、粮食、石灰、化肥、树脂类等易变质且易受污染并会污染其他物品的粉粒状物料的装运。在液体物品方面，集装袋适用于装运液体肥料、表面活性剂、动物油、植物油、醋等。

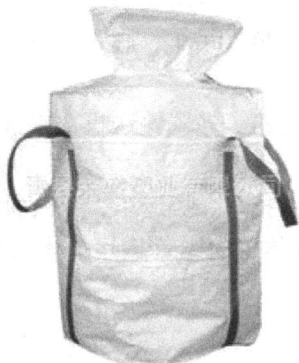

图 2-28　集装袋

3．托盘

《中华人民共和国国家标准：物流术语》对托盘的定义：用于集装、堆放、搬运和运输的放置作为单元负荷的货物和制品的水平平台装置。托盘又名栈板、夹板，作为与集装箱类似的一种集装设备，托盘现已广泛应用于生产、运输、仓储和流通等领域，被认为是 20 世纪物流产业中两大关键性创新之一。

托盘作为物流运作过程中重要的装卸、储存和运输设备，与叉车配套使用在现代物流中发挥着巨大的作用。托盘给现代物流业带来的效益主要体现在：可以实现物品包装的单元化、规范化和标准化，保护物品，方便物流和商流。

托盘按作用至少可以分为两种：一种为日常所说的托盘，即端饭菜时放置碗盏的盘子；另外一种是物流用的托盘。物流用的托盘，按材质、用途、台面、叉车的叉入方式和结构区分，可以分为多种类型，如钢制托盘、木托盘（见图 2-29）、塑料托盘、硬纸托盘、胶合板免熏蒸托盘、四向托盘、双面托盘、欧标托盘、方墩托盘、单面胶合板托盘、双面胶合板托盘等。另外还有各种专用托盘，如平板玻璃集装托盘、轮胎专用托盘、长尺寸物托盘和油桶专用托盘等。

图 2-29　木托盘

在一些要求快速作业的场合，由于托盘作业效率高、安全稳定，所以托盘的使用率越来越高。

复习思考题

问答题

1. 简述仓库的种类。
2. 仓库有哪些岗位？各有什么职责？
3. 仓库选址需要考虑哪些因素？
4. 仓库选址应遵循什么原则？
5. 简述合理布局仓库需满足的要求及遵循的原则。
6. 仓库内部应如何布局？
7. 请说说你所见过的仓储设备有哪些。
8. 简述货架的作用及功能。
9. 装卸设备是如何分类的？
10. 简述集装单元化设备有哪些，各有什么用途。

第 3 章

仓储作业管理

知识目标：

- 熟悉货品入库的基本流程
- 掌握仓储存储管理的原则及措施
- 掌握仓储分拣作业的方法
- 掌握仓储补货的方式及时机
- 掌握货品出库的基本要求和形式

能力目标：

- 能够编制货品入库计划并进行分析
- 辨析不同形式的接运卸货工作及注意事项
- 能够进行入库时的验收作业并做好入库信息处理
- 掌握仓储分拣作业的策略
- 熟悉货品出库的流程

导入案例

苏宁智能化仓储"解放双手"提高效率 打造高品质服务

随着物流企业的高速发展，快速准时地收到快递成为满足消费者需求的关键指标之一。"智慧物流"成为当下物流行业的高频词汇。"6·18"前夕，记者探访了位于南京雨花物流基地的苏宁云仓。

进入苏宁云仓，记者在苏宁工作人员的指引下最先参观的是储存区，进入储存区后，24 米高的储存货架映入眼帘。在工作区，记者并没有看到工作人员进行传统操作的身影，只有机器在进行智能操作。

据苏宁物流研究院副院长栾学锋介绍，储存区的 24 米高的"巨型智能机器人"解放了一线操作员工的双手，改变了传统储存货物的模式，操作员只需把商品放在机器上，机器就会自动识别并存放商品。取货时按照货物码，这位"巨型智能机器人"可以自主寻找货物，并将货物传送到智能分拣区。

　　从事搬运工作三年多的刘坤亮是苏宁雨花物流基地的一名操作员，他每天开着他的"老搭档"——叉车穿梭在水饮区，搬运消费者购买的酒水、饮料等，高峰时，他每天需搬1000多箱酒水。"在物流基地工作三年多，体会到整个物流行业的变化，仓库刚开始是平面仓，现在是高密度智能储存仓库。"刘坤亮在仓库内看着眼前高高的仓库P告诉记者。

　　据栾学锋介绍，苏宁云仓雨花物流基地于2016年11月投产，建筑面积为20万平方米，小件商品的存储能力为2000万件，可存储150万SKU，出货能力日峰值为181万件。"该云仓的投入使用加强了本企业在中小件商品上的仓储配送能力。"栾学锋说。

　　货物拣选是物流系统的核心工作，这一环节充分展示了苏宁云仓的智能化。库内应用货到人拣系统，作业人员不需要移动，只要站在固定位置，系统即可自动把相应的货物送到作业人员面前，人均拣选效率为1200件/小时，日出货能力为28万件，其拣选效率是传统方式的10倍以上。

　　在苏宁云仓雨花物流基地，智能化物流随处可见。栾学锋告诉记者，2018年5月，无人快递车"卧龙一号"落地北京、南京、成都三城，并开始进行社区配送，2018年完成了20 000多单无人配送测试。目前，苏宁不仅完成了"末端配送机器人—支线无人车调拨—干线无人重卡"的三级智慧物流运输体系的构建，更完成了全流程无人化的布局，实现了无人物流技术应用的闭环。

　　苏宁物流相关负责人表示，苏宁多个智能化仓库都实现了拣选、分拣智能化，下一步工作将重点围绕装车环节开展，目标是实现卸货、拣选、包装、分拣、装车物流全环节的无人化。

　　早在苏宁成立之初，苏宁控股集团董事长张近东就将物流发展放在了集团战略高度，多年来苏宁持续投入大量物资用于物流建设。苏宁物流从2014年起正式对外开放，并将过去所积累的物流基础设施、经验和价值向全社会开放。

　　据苏宁官方消息，截至目前，苏宁物流联合天天快递拥有的相关配套仓储合计面积达到964万平方米；拥有24个大型自动化小件平行仓，64个大件仓，46个冷链仓，开通了6大跨境口岸和6座海外仓，拥有465个城市配送中心，拥有26 700个快递网点，物流网络覆盖全国351个地级城市、2849个区县城市；在全国范围内，拥有超过10万辆运输车辆，干线、支线网络超过4000条，可以在全国95%以上的区域实现24小时内送达。

　　服务是苏宁的唯一产品，以用户体验为核心，苏宁物流将加速末端服务场景的建设，丰富最后100米布局，打造全场景、多层次的末端服务网络建设，通过"苏宁小店生活帮+智能自提柜+社区快递点"三大基础站点组合，实现更智能、更绿色、更便捷的社区服务，守护更多人的美好生活。

　　（资料来源：http://www.js.chinanews.com/news/2019/0605/188657.html）

　　思考题：苏宁物流在智能化仓储管理上有哪些优势？它是如何做到智能化分拣与补货的？苏宁物流的智能化仓库方案提供了怎样的综合仓储模式？

3.1　仓储入库作业

　　仓储入库作业是指仓储部门按照存货方的要求合理组织人力、物力等资源，仓储人员应按照仓储入库作业程序，认真履行仓储入库作业各环节的职责。对仓储入库作业进行合理安排和组织，需要掌握仓储入库作业的基本业务流程，仓储入库作业的基本业务流程包括入库申请、入库作业计划及分析、入库准备、接运卸货、核查入库凭证、物品验收、办理交接手续、入库信息处理。图3-1所示为仓储入库作业的基本业务流程图。

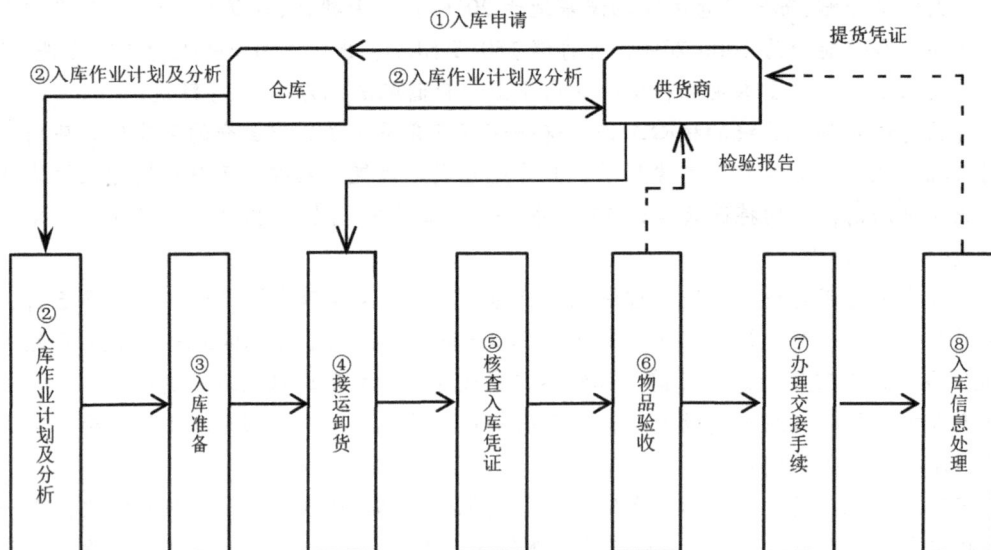

图3-1　仓储入库作业的基本业务流程图

3.1.1　入库申请

入库申请是指存货人对仓储服务产生需求，并向仓储企业发出需求通知。仓储企业接到入库申请后，对此项业务进行评估并结合仓储企业自身的业务状况做出反应：如拒绝该项业务并做出合理解释，以求得客户的谅解；或接受此项业务并制订入库作业计划，并将入库作业计划分别传递给存货人和仓库部门，做好各项准备工作。所以，入库申请是生成入库作业计划的基础和依据。

3.1.2　入库作业计划及分析

入库作业计划是存货人发货和仓库部门进行入库准备的依据。入库作业计划主要包括到货时间、接运方式、包装单元与状态、存储时间，物品的名称、品种、规格、数量、单件体积与重量，以及物品的物理特性、化学特性、生物特性等详细信息。

仓库部门应对入库作业计划的内容进行分析，并根据物品的入库时间和货物信息，合理安排货位。仓库部门对入库作业计划进行分析后，即可处理入库信息，并进行物品入库准备工作。

对于第三方仓储物流企业来说，处理入库信息一般由直接面对客户的商务部来完成。商务部将客户入库通知（可能来自电话、电子邮件、传真等）的关键信息转化成公司内部统一的入库作业计划单，即生成入库订单。入库订单作为一笔入库作业的凭证，将传递给仓库保管员和收货人员，并作为他们进行入库准备的依据。

3.1.3　入库准备

入库准备就是按照物品的不同性质由仓库管理人员根据实际情况将物品进行分区分类，并为商品划分存放位置，具体方法如下。

1．按物品的种类和性质分类储存

按物品的种类和性质分类储存是大多数仓库所采用的分区分类储存方法。它要求按照物品的种类及性质将其分类存放，便于物品的保养。一般应将存储和保养方式相同的物品放置在同一区域，将互相影响或保管条件相抵触的物品分开储存。

2．按物品的危险性质分类储存

按物品的危险性质分类储存的方式主要适用于储存危险品的特种仓库。它按照物品的危险性质，对易燃、易爆、易氧化、有腐蚀性、有毒害性、有放射性的物品进行分类存放，避免这些物品互相接触，防止燃烧、爆炸、腐蚀、毒害等事故的发生。

3．按物品的归属单位分类储存

按物品的归属单位分类储存的方法适用于专门从事保管业务的仓库。根据物品的归属单位对其进行分区保存，可以提高物品出入库的作业效率，同时减少差错的发生。

4．按物品的运输方式分类储存

按物品的运输方式分类储存的方法主要针对储存期短而进出量较大的中转仓库或待运仓库。它依据物品的发运地及运输方式进行分类储存。具体做法是先按运输方式把物品划分为公路运输的物品、铁路运输的物品、水路运输的物品，再按物品的到达车站、港口路线分类储存。

5．按物品储存作业特点分类储存

按物品储存作业特点分类储存。例如，将出入库频繁、需严格按照先进先出的原则储存的物品存放在车辆进出方便、装卸搬运容易、靠近库门的区域；将储存期较长、无须严格按照先进先出的原则储存的物品储存在库房深处或多层仓库的楼上。

3.1.4　接运卸货

货物到达仓库的形式不同，除了小部分货物由供货单位直接运送到仓库交货，大部分货物要经过铁路、公路、航运、空运、短途运输等运输工具进行转运。凡经过交通运输部门转运的物品，都必须经过仓库接运后，才能进行入库验收。因此，货物的接运是入库作业流程的第一道作业环节，也是仓库直接与外部发生联系的环节，它的主要任务是及时而准确地向交通运输部门提取入库货物。因此在进行接运卸货时应手续清楚、责任分明，为仓库验收工作创造有利条件。

做好货物接运业务管理的主要意义在于防止把在运输过程中或在运输前已经发生的物品损害和各种差错带入仓库，减少或避免经济损失，为验收、保管、保养货物创造良好的条件。

1. 专用线接货

专用线接货是指仓库备有铁路专用线，承担大批量的货物接运。一般铁路专用线都会与公路干线联合使用。在这种联合运输的形式下，铁路承担长距离的货物运输，公路承担直接面向收货方的短距离的货物运输。

（1）接车卸车准备。接货人员在接到车站到货的预报后，首先应确定卸车的位置，力求缩短场内搬运距离，并准备好卸车所需人员和设备，确保能够按时完成卸车作业。在接到货物到站的确切报告后，接货人员要及时赶到现场，引导货车停靠在预定位置。

（2）卸货前检查及卸货作业。在进行卸货作业前，接货人员要先对车中的货物进行大致的检查，以防误卸，划清物品运输事故的责任。检查货物后，接货人员就可以安排相关人员进行卸车作业了。

（3）卸货后进行现场清理。检查车内物品是否已经全部卸完，然后关好车门、车窗，并通知车站取车。

（4）填写到货台账。到货台账中应该包括到货名称、规格、数量、到货日期、货物发站、发货单位、货物有无异状等信息。

（5）办理内部交接手续。此时，接货人员应将到货台账及其他有关资料与收到的货物一并交给仓库管理人员，并让仓库管理人员为货物办理入库手续。

2. 车站、码头提货

车站、码头提货是由外地托运单位委托铁路、水运、民航等运输部门或邮递货物到达本埠车站、码头、民航、邮局后，仓库依据货物通知单派车提运货物的作业活动，具体步骤如下。

（1）安排接运工具。应根据货物的特性、单件重量、外形尺寸等信息，选择并安排接运工具。

（2）前往承运单位。接货人员应带领接运人员前往承运单位，准备接货。

（3）出示领货凭证。接货人员应向车站出示收到的由发货人寄来的领货凭证。如果没有收到领货凭证，接货人员也可凭单位证明或在货票存查联上加盖单位提货专用章，将货物提回。

到码头提货的手续与到车站提货的手续稍有不同，接货人员需事先在收到的提货单上签名并加盖单位公章或附上单位提货证明，然后到港口货运处取得货物运单，并到指定的仓库提取货物。

（4）检查货物状况。接货人员应先根据货物运单和有关资料认真核对物品的名称、规格、数量、收货单位等，然后仔细对货物进行外观检查。如果发现疑点或与货物运单记载不相符的情况，接货人员应当与承运部门当场检查确认，并让其开具文字证明。

（5）装载并运回货物。对于检查无误的货物，应安排装卸人员进行装卸，并将货物运回仓库。

（6）办理内部交接。将货物运到仓库后，接货人员应对货物进行逐一清点，将货物交给仓库管理人员，并办理相应的交接手续。

3. 自提货

自提货是指接货人员到供货单位提货,此时验收与提货同时进行。自提货应按以下要求办理。

(1)提货人员在提货前要了解和掌握所提货物的品名、规格、数量及与入库验收相关的要求和注意事项,准备好提货所需的设备。

当供货单位点交所提货物时,提货人员要负责查看货物的外观质量,点验货物件数和重量,并验看供货单位的质量合格证等有关证件。

(2)现场点交,办理签收手续。将货物提运到库后,保管人员、提货人员、随车装卸工人要密切配合,对货物进行逐件清点交接。同时核对各项凭证、资料是否齐全,最后由保管人员在送货单上签字,并及时组织复验。

4. 送货到库

送货到库是指供货单位或其委托的承运单位将物品直接送达仓库的一种供货方式。当物品到达仓库后,接货人员及验收人员应直接与送货人员办理接货工作,当面验收并办理交接手续,如有差错,接货人员与验收人员应会同送货人员查实,并由送货人员出具书面证明,签章确认,以留作处理问题时的依据。

3.1.5 核查入库凭证

入库物品必须具备如下凭证。

(1)入库通知单和订货合同副本(仓库接收物品的凭证)。

(2)供货单位提供的材质证明书、装箱单、磅码单、发货明细表等。

(3)物品承运单位提供的运单,若在入库前发现物品有残损情况,还要有承运部门提供的货运记录或普通记录,作为向责任方交涉的依据。

核查入库凭证,也就是将上述凭证加以整理并进行全面核对。要将入库通知单、订货合同与供货单位提供的所有凭证逐一核对,相符后,才可进行下一步实物验收。仔细核查入库凭证是为了保证与入库物品有关的单证齐全、无差错、无短缺,核查入库凭证是实物验收的基础。

3.1.6 物品验收

1. 验收准备

仓库接到到货通知后,应根据物品的性质和批量提前做好验收前的准备工作。验收准备工作大致包括以下内容。

(1)人员准备。安排好负责质量验收的技术人员或用料单位的专业技术人员,以及仓库管理人员、仓库调度人员及装卸搬运人员。

(2)资料准备。收集并熟悉待验物品的有关文件,如技术标准、仓储合同、订货合同、合同未涉及的惯例资料等。

(3)器具设备。准备好验收需要用的检验工具,如衡器、量具等,并检验其准确性。

(4)货位准备。确定货物验收入库后的存放货位,计算和准备堆码苫垫材料、货架等。

（5）设备防护用品的准备。大批量物品的数量验收必须要有装卸搬运机械的配合，应进行设备的申请调用。此外，对于某些特殊物品的验收，如有毒物品、腐蚀性物品、放射性物品等，还要准备相应的防护用品。

2. 实物检验

（1）检验物品包装。

对物品包装进行检验是检验物品质量的一个重要环节。物品包装的完整程度及干湿状况与内装物品的质量有着直接的关系。通过观察物品包装的外观，可以有效地判断出物品在运送过程中可能出现的损伤，并据此对物品制定进一步的检验措施。因此，在验收物品时，仓库管理人员首先需要对包装进行严格的检验。

通常在初验时主要检验物品的外包装，包括有无开缝、污染、破损、水渍等不良情况。同时，还要检查包装是否符合有关标准要求，包括包装选用的材料、规格、制作工艺、标志、打包方式等。

（2）验收货物数量。

验收货物数量是保证货物数量准确不可缺少的重要步骤，是在初验的基础上，于质量验收之前，对货物数量进行进一步验收的工作，即细数验收。按照货物性质和包装情况，验收货物数量可以分为三种形式：计件、检斤和检尺求积。

计件是指对按件数供货或以件数为计量单位的货物，在进行数量验收时清点货物件数。在一般情况下，计件货物应全部逐一清点，对于运输包装完好、销售包装数量固定的货物一般不拆包，只清点大包装数量，在特殊情况下可拆包抽查，若有问题则扩大抽查范围，直至全查；对于固定包装的小件货物，如包装完好，打开包装对保管不利，则可采用抽查方式；其他情况只检查外包装，不拆包检查。

检斤是指对按重量供货或以重量为计量单位的物品进行数量验收时的称重。金属材料、某些化工产品一般采用检斤验收。按理论换算供应物品的重量，先要进行检尺，然后按规定的换算方法换算重量。对于进口物品，原则上应全部检斤，但如果订货合同规定按理论换算重量，则按合同规定执行。对于所有检斤的货物，都应填写磅码单。

检尺求积是对以体积为计量单位的物品，如木材、竹材、砂石等，先检尺后求体积所进行的数量验收。凡是经过数量检验的物品，都应该填写磅码单，在进行数量验收之前，还应根据物品来源、包装好坏或有关部门规定，确定到库商品是采取抽验方式还是全验方式。在一般情况下，数量检验应全验，即对以件数为计量单位的货物全部进行清点，对按重量供货的货物全部进行检斤，对按理论换算重量的货物全部进行检尺，再换算重量，以实际检验结果的数量作为实收数。如果物品管理机构有统一规定，则可按规定办理；若合同有规定，则按合同规定办理。

（3）验收货物质量。

验收货物质量是指检验物品的质量是否符合规定。仓库对到库物品进行质量验收需根据仓储合同约定来实施，合同没有约定的，则按照物品的特性和惯例来实施。

感官验收法是用感觉器官，如视觉、听觉、触觉、嗅觉，来检查物品质量的一种方法。它简便易行，不需要专门设备，但此法有一定的主观性，容易受检验人员的经验、环境等因素的影响。

理化检验是对物品的内在质量、物理性质和化学性质所进行的检验，一般主要对进口物品进行理化检验。对物品内在质量进行检验，要求具备一定的技术和手段，大多数仓库并不具备这些条件，所以一般由专门的技术检验部门进行理化检验。例如，检验羊毛的含水量，花生、谷物中的黄曲霉素等。

对于不需要进行进一步质量检验的物品，仓库管理人员在完成上述检验并判断物品合格后，就可以为物品办理入库手续了。而对于那些需要进一步进行内在质量检验的物品，仓库管理人员应该通知质量检验部门对产品进行质量检验，待物品检验合格后才能办理物品的入库手续。

3. 验收常见问题处理

（1）包装问题。

在清点大件物品时，若发现包装有水渍、损坏、变形等情况，应进一步检查物品的内在数量和质量，并由送货人员开具包装异状记录，或在送货单上注明。同时，通知保管人员单独堆放此物品，以便处理。

（2）数量不符。

如果经验收后发现物品的实际数量与凭证上所列的数量不一致，应由收货人在凭证上做好详细记录，按实际数量签收物品，并及时通知送货人和发货方。

在验收物品的过程中，如发现物品数量与入库凭证不符、质量不符合规定、包装出现异常等情况，必须做好详细记录。同时将有问题的物品另行堆放，并采取必要的措施，防止损失扩大，并立即通知业务部门或邀请有关单位进行现场查看，以便及时处理问题。

（3）质量问题。

在与铁路、交通运输部门进行初步验收时，如果发现质量问题，应向承运方清查点验，并由承运方编制商务记录或出具证明书，作为索赔的依据。如果确认责任不在承运方，也应做好记录，由承运方签字，以便作为联系供货方进行处理的依据。

如果在拆包进一步验收时发现物品有质量问题，则应将有问题的物品单独堆放，并在入库单上标记，然后通知供货方，以划清责任。

3.1.7　办理交接手续

交接手续是指仓库对收到的物品向送货人进行确认，表示已经接收物品的工作。办理完交接手续意味着划分清楚运输部门、送货部门和仓库的责任。完整的交接手续包括以下流程。

1. 接收物品

仓库通过理货、查验物品，将不良物品剔除、退回或编制残损单证等，以明确责任，确定收到物品的数量准确、物品表面的状态完好。

2. 接收文件

接收文件是指接收送货人送交的物品资料、运输的货运记录，并随货在运输单证上注明接收文件的名称、文号等，如图纸、准运证。

3．签署单证

仓库与送货人或承运人共同在送货人交来的送货单上签字，并留存相应单证。当送货单与交接清单不一致，或者物品与文件有差异时，还应附上事故报告或说明，并由相关当事人签字，等待处理。

3.1.8　入库信息处理

1．登记明细账

物品入库后，应登记明细账，以详细记录物品的存储状况。登记物品的出入库情况和结存情况，用以记录库存物品的动态。

2．设置物品保管卡

物品保管卡又称货卡、货牌，是一种实物标签。物品入库或上架后，应将物品名称、规格、数量或出入库状态等内容填在物品保管卡上，将物品保管卡插放在货架或货垛的明显位置。当新物品入库时，应为其设置专门的物品保管卡；当物品入库、出库、盘点后，要立即在物品保管卡上的相关位置填写具体信息；当某物品清库后，要将物品保管卡收回，并将其放置于该物品的档案中。

3．建立档案

建立档案是对货物入库作业全过程的相关资料进行整理、核对，可以为货物的保管及出库作业创造良好的条件。

3.2　仓储存储作业

仓储存储作业是指根据不同的仓储环境通过合理、安全、科学的方式对存储的物品进行有效的管理。

3.2.1　仓储存储概述

仓储储存是指在把将来要使用或要出货的货物保管好的前提下，经常对库存进行检查、控制和管理。其目标是最大限度地利用空间，有效地利用劳力和设备，安全、经济地搬运货物，妥善地管理和保管货物。

3.2.2　仓储存储管理原则

在仓储存储管理中，必须特别注意如下几个重要原则，否则作业效率与库存货物的保管质量都会受到严重的影响。

1．先进先出原则

在仓储存储管理中，先进先出是一项非常重要的原则，尤其对于有时效性的产品，如果不以先进先出原则进行管理，很可能会导致储存货物过期或变质，从而影响整个仓库的保管效益。

2．零数先出原则

在仓库中，时常会有拆箱零星出货的情形发生。因此，在出货时，必须考虑优先将零数或已经拆箱的货物出货。

3．重下轻上原则

在储存规划时，如果仓库是多层楼房，应该考虑将较重的货物存放在楼下，而将较轻的货物存放在楼上。当使用料架堆叠货物或直接将货物平放在地面时，则应该考虑将较重的货物存放在下层容易进出的地方，而将较轻的货物存放在上层位置。如此规划布置，才能避免较轻的货物被较重的货物压坏，同时也可以提高仓库的作业效率。

4．A、B、C 分类布置原则

在货物规划布置上，首先应该以货物的畅销情况排序，将货物分为 A、B、C 三类。在规划布置时，把畅销的 A 类货物规划在靠近门口或通道的位置，把最不畅销的 C 类货物规划在角落或离门口较远的地方，将 B 类货物堆放在 A 类货物与 C 类货物之间。

5．将特性相同的货物存放在一起

在仓库保管中，往往会将许多种类的货物存放在一起，但是每一种货物的特性通常不一样，有些货物存放在一起会产生变质的情形。例如，有些货物会散发气味（香皂、香水等），有些货物会吸收气味（茶叶等），有些货物既会散发气味也会吸收气味（香烟等）。若把会散发气味的货物与会吸收气味的货物存放在一起，则会使货物的质量发生变化，因此在进行仓储存储时，一定要注意此项原则。

3.2.3　仓储货位安排

1．货位概述

货位是指仓库在装车前和卸车后暂时存放一辆货车装载的商品或者集结同一个到站或同一个方向的货物所需要的场地。整车货物通常是一车货物占一个货位，一个货位的面积通常为 $80m^2 \sim 100m^2$。零担货物是根据仓储设备的特点和运量情况划分的，可以一车货物占一个货位，也可以几个货位共同容纳一车货物。

2．货位选择的原则

货位选择是在商品分区分类的基础上进行的，所以货位选择应遵循方便吞吐发运、确保商品安全、力求节约仓容的原则。

（1）方便吞吐发运的原则。

货位选择应遵循方便吞吐发运的原则，要方便商品出入库，尽可能地缩短收发货作业时间。除此之外，还应该兼顾以下几方面。

① 收发货方式。对于采取送货制的商品，由于分喽理货、按车排货、按车发货等作业需求，其储存货位应靠近理货、装车场地；对于采取提货制的商品，其储存货位应靠近仓库出口，便于外来提货车辆进出。

② 货物吞吐快慢。不同仓储商品的流转速度不同，因此不同仓储商品会有不同的活动

规律。对于快进快出的商品，要选择车辆进出库方便的货位；对于滞销久储的商品，其货位不宜靠近库门；对于整进零出的商品，要考虑零星提货的条件；对于零进整出的商品，要考虑集中发运的能力。

③ 操作方法和装卸设备。不同商品具有不同的包装形态、包装质地和体积重量，因此不同商品需要采用不同的操作方法和装卸设备。

（2）确保商品安全的原则。

为确保商品安全，在进行货位选择时，应注意以下几方面。

① 对于怕冻的商品，应选择不低于0℃的货位。

② 对于怕光、怕热、易溶的商品，应选择低温货位。

③ 对于怕潮、易霉、易锈的商品，应选择干燥或密封的货位。

④ 对于性能相互抵触、有挥发性、易串味的商品，不能同区存储。

⑤ 对于易燃、易爆、有毒、有腐蚀性、有放射性的危险品，应存放在郊区仓库，并进行分类专储。

⑥ 对于消防灭火方法不同的商品要分开储存。

⑦ 对于同一货区储存的商品，要考虑有无虫害感染的可能。

⑧ 对于同一货区储存的商品，存放外包装含水量过高的商品会影响邻垛商品的质量。

（3）力求节约仓容的原则。

货位选择还要符合力求节约仓容的原则，以最小的仓容最大限度地储存商品。在货位负荷量和高度基本固定的情况下，应考虑不同商品的体积、重量，综合考虑货位与商品的重量、体积。应将轻泡商品安排在负荷量小和空间高的货位上；将实重商品安排在负荷量大且空间低的货位上。

除此之外，在进行货位选择和具体使用时，还可以根据仓储商品吞吐快慢不一的规律，针对其操作难易不一的特点，把热销和久储、操作困难和简单的商品，搭配在同一货区储存，这样，不仅能充分发挥仓库的使用效能，还能克服各个储存区域间忙闲不均的现象。

3. 货位的分布形式

货位的分布形式有直线式、曲线式和斜线式三种。

（1）直线式货位。

直线式货位是指货架和通道呈现矩形分段布置形式，它主要适用于超级商场和大型百货商店。直线式货位的优点是顾客易于寻找货位，易于采用标准化货架；其缺点是容易造成冷淡气氛，易使顾客产生被催促的感觉，使顾客自由浏览商品受到限制。

（2）曲线式货位。

曲线式货位的货位分布和顾客通道都呈现不规则的曲线形式。它是开架销售常用的形式，主要适用于大型百货商店、服装商店等。其优点是能创造活跃的商店气氛，便于顾客选购浏览、任意穿行，可增加顾客随意购买的机会；其缺点是浪费场地面积，使顾客寻找货位不够方便。

（3）斜线式货位。

斜线式货位是指货架和通道呈现菱形分段的布置形式。其优点是可以使顾客看到更多的商品，气氛也比较活跃，顾客的活动不受拘束；其缺点是这种形式的通道不如直线式通道利用场地面积充分。

4．货位编号

仓库的货位布置可根据仓库的条件、结构、需要，根据已确定的商品分类保管的方案及仓容定额加以确定。有多种货位编号的方法，可灵活运用各种方法，但无论采用何种方式编号，货位的摆放往往都需要与主作业通道垂直，以便存取货物。

（1）货位编号的要求。

货位编号就是商品在仓库中的"住址"，必须符合"标志明显易找，编排循规有序"的原则。在进行货位编号时，应符合以下要求。

① 制作标志要规范。如果货位编号的标志随心所欲、五花八门，很容易造成单据串库、商品错收、商品错发等事故。统一使用阿拉伯数字制作标志，可以避免以上弊病。为了将库房及货场内的走道、支道、段位等加以区别，可通过字码大小、颜色进行区分，也可通过在字码外加上括号、圆圈等符号加以区分。

② 编号顺序要一致。整个仓库范围内的库房以及货场内的走道、支道、段位的编号，一般都符合以进门的方向为基准左单右双或自左向右顺序编号的规则。

③ 标志设置要适宜。货位编号的标志设置要适宜，应采用适当的方法，选择适当的地方。在无货架的库房内，走道、支道、段位的标志一般设置在水泥或木板地坪上；在有货架的库房内，货位标志一般设置在货架上。

④ 段位间隔要恰当。段位间隔的宽窄应取决于货物种类及货物批量的大小。

走道、支道不宜经常变更位置、变更编号，因为这样不仅会打乱原来的货位编号，还会导致保管员不能迅速收发货。

（2）货位编号的方法。

目前，仓库中货位编号常用的方法有以下几种。

① 仓库内储存场所的编号。若整个仓库内的储存场所包括库房、货棚、货场等，则各类场所可以按一定的顺序（自左向右或自右向左），各自连续编号。库房的编号一般写在库房的外墙上或库门上，字体要统一、端正，色彩要鲜艳、清晰醒目、易于辨认。货场的编号一般写在场地上，书写的材料要耐磨损、耐雨淋、耐日晒。书写货棚的编号的地方，可根据具体情况而定，总之应让人一目了然。

② 库房编号。多层库房的货位编号常采用三位数编号、四位数编号或五位数编号。三位数编号用三个数字或字母依次表示库房、楼层和仓间，如编号 131 表示 1 号库房 3 层楼 1 号仓间。四位数编号用四个数字或字母依次表示库房、楼层、仓间和货架，如编号 1331 表示 1 号库房 3 层楼 3 号仓间 1 号货架。五位数编号用五个数字或字母依次表示库房、楼层、仓间、货架、货格，如编号 13311 表示 1 号库房 3 层楼 3 号仓间 1 号货架 1 号货格。

③ 货位编号。货位布置的方式不同，其编号方式也不同，货位布置的方式一般有两种，横列式和纵列式。横列式即货位横向摆放，常采用横向编号；纵列式即货位纵向摆放，常采用纵向编号。

（3）货位编号的应用。

① 当商品入库后，应将商品所在货位的编号及时登记在账册上或输入计算机中。货位输入的准确与否，直接影响出货的准确性，操作人员应认真仔细操作，避免差错。

② 当商品所在的货位发生变动时，该商品账册上的货位编号也应进行相应的调整。

③ 为提高货位利用率，一般同一货位可以存放不同规格的商品，但必须配备区别明显的标识，以免造成差错。

3.2.4 仓储管理措施

1. 通风措施

通风是指利用自然通风、机械通风、制冷通风等方式，加大空气流通的保管手段。可以利用大量流通的干燥空气降低货物的含水量，还可以利用低温空气降低货物温度。通风不仅能增加空气中的含氧量，还具有消除货物散发的有害气体（如可能造成窒息的二氧化碳，以及使金属生锈的二氧化硫等酸性气体）的作用。当然，通风也会将空气中的水分、尘埃、海边空气的盐分等带入仓库，影响货物质量。

2. 温度控制

除冷库外，仓库的温度直接受天气温度的影响，库存货物的温度会随天气温度同步变化。天气温度高时，货物会融化、膨胀、软化，容易发生腐烂变质、挥发、老化、自燃等现象，甚至发生物理爆炸。天气温度太低时，货物会变脆、冻裂，从而损害货物。一般来说，绝大多数货物在常温下能保持正常的状态。

3. 湿度控制

湿度分为货物湿度和空气湿度（大气湿度）。一般来说，湿度表示含水量的多少。货物通常采用百分比表示含水量；空气湿度则分为绝对湿度和相对湿度；空气中的水汽形成水珠的温度用露点来表示。

4. 特殊情况下的保留

为了保证货物的质量，除了温度、湿度、通风控制，仓库还应根据货物的自身特性采取相应的保管措施，如在货物表面涂刷油漆、涂料等，以达到除锈、加固、封包、密封等目的。当发生虫害时要及时杀虫，实施使用防霉药剂等针对性保护措施，必要时应采取转仓处理，将货物转入具有特殊保护条件的仓库，如冷库。

3.3 仓储分拣作业与仓储补货作业

商品拣选作业是将客户订购的商品从配送中心挑选出来准备配送的业务活动，是配送中心成功实施配送活动的重要环节，也是不同配送企业在送货时提高自身经济效益和竞争力的重要环节。商品拣选作业包括仓储分拣作业与仓储补货作业。

3.3.1　仓储分拣作业

仓储分拣作业是将物品按品种、出入库的先后顺序分门别类地进行堆放的作业。仓储分拣作业是完善送货、支持送货的准备性工作，是不同配送企业在送货时进行竞争和提高自身经济效益的必然延伸，因此，也可以说仓储分拣作业是送货向高级形式发展的必然要求。仓储分拣作业是整个配送中心作业系统的核心之一，合理规划与管理仓储分拣作业，对配送中心作业效率的提高具有决定性的影响。

1. 仓储分拣作业的方式

仓储分拣作业是指物流配送中心依据顾客的订单要求或配送计划，迅速、准确地将商品从其货位或其他区位拣取出来，并按一定的方式进行分类、集中。仓储分拣作业的方式有订单拣取、批量拣取及复合拣取三种方式。

（1）订单拣取。

订单拣取是指针对每一份订单，分拣人员按照订单所列的商品及数量，将商品从储存区域或分拣区域拣取出来，然后集中在一起的拣货方式。

订单拣取的特点：订单拣取方式比较简单，接到订单可立即拣货，其作业前置时间短，作业人员责任明确。但对于商品品项较多的情况，订单拣取方式的拣货行走路径较长，拣取效率较低。

订单拣取的适用场合：订单拣取适合订单大小差异较大、订单数量变化频繁、商品差异较大的情况，如化妆品、家具、电器、百货、高级服饰等。

（2）批量拣取。

批量拣取是将多张订单集合成一批，按照商品类别加总后再进行拣货，然后依据不同客户或不同订单分类集中的拣货方式。

批量拣取的特点：批量拣取可以缩短拣取商品时的行走时间，增加单位时间的拣货量。但是，由于只有将订单累积到一定数量时，才做一次性的处理，所以这种方式会产生停滞时间。

批量拣取的适用场合：批量拣取适合订单变化较小、订单数量稳定的配送中心，适合外形较规则的商品出货，需进行流通加工的商品也适合先批量拣取，再进行批量加工，再分类配送，这样有利于提高拣货及加工效率。

（3）复合拣取。

为克服订单拣取和批量拣取的缺点，配送中心也可以采取将订单拣取和批量拣取组合起来的复合拣取的方式。

复合拣取的适用场合：复合拣取是根据订单的品种、数量及出库频率，确定哪些订单适合采用订单拣取，哪些订单适合采用批量拣取，从而分别采取不同的拣取方式。

2. 仓储分拣作业的策略

仓储分拣作业的策略是影响仓储分拣作业效率的关键，主要包括分区、订单分割、订单分批、分类 4 个因素，这 4 个因素相互作用可产生多个策略。

（1）分区。

分区是指将分拣作业场地进行区域划分。主要的分区原则有以下 3 种。

① 按拣货单位分区。如将拣货单位分为箱装拣货区、单品拣货区等，基本上按拣货单位分区与按存储单位分区是相对应的，其目的在于将存储单位与拣货单位分类统一，以便拣取与搬运单元化。

② 按物品流量分区。这种方法先按各种货物出货量的大小及拣取次数的多少进行分类，再根据各组群的特征决定合适的分拣设备及分拣方式。这种分区方法可以减少不必要的重复行走，提高分拣效率。

③ 按工作分区。这种方法是指将拣货场地划分为几个区域，由专人负责各个区域的货物拣选。这种分区方法有利于拣货人员记住货物存放的位置、熟悉货物品种，从而缩短分拣时间。

（2）订单分割。

当订单所订购的商品种类较多，或设计一个要求及时快速进行分拣的分拣系统时，为了能在短时间内完成分拣处理，需要将一份订单分割成多份子订单，将子订单交给不同的拣货人员同时进行拣货。需要注意的是订单分割要与分区原则结合起来，才能取得较好的效果。

（3）订单分批。

订单分批是指将多张订单集中起来进行分批拣取的作业，订单分批的方法有多种。

① 按总合计量分批。在进行分拣作业前将所有订单中的订货量按品种进行累计，然后按累计的总量进行拣取，其好处在于可以缩短拣取路径。

② 按时窗分批。在存在紧急订单的情况下可以开启短暂而固定的 5min 或 10min 的时窗，然后将这一时窗的订单集中起来进行拣取。这一方式非常适合密集频繁的订单，且能应付紧急插单的需求。

③ 固定订单量分批。在这种分批方式下，将订单按照先到先处理的原则积累到一定量后即可开始分拣作业，这种分批方式可以维持较稳定的作业效率。

④ 智能型分批。将订单输入计算机后，将拣取路径相近的各订单集合成一批，这种方法可以减少重复行走的距离。

（4）分类。

如果采用分类的拣货策略，必须明确相应的分类方法，分类的方法主要有两种。

① 拣货时分类。在拣取货物的同时将其分类到各订单中。

② 分拣后集中分类。先批量拣取，再分类，可以通过人工集中分类，也可以利用自动分类机进行分类。

3．仓储分拣作业的方法

配送中心的作业内容不同，拣选商品的方法也不同，具体有以下几种方法。

（1）按一次作业的订单数量划分。

① 单一分拣法。每次作业只拣选一张订单所需的货物，待该单所需货物全部拣选配齐后，再进行下一张订单的货物的拣选。

② 批量分拣法。先将要拣选商品的客户订单汇总，再按各种拣选商品的总量实施拣选，再按不同的客户进行分货，直至配齐所有客户的订货。

③ 混合分拣法。将单一拣选法和批量拣选法搭配使用。对于客户需求品种少、数量大

的订单实施单一拣选；对于品种多、批量小的订单实施批量拣选。

（2）按配货人员的作业方法划分。

① 人工分拣法。分拣作业由人来进行，作业人员、货架、集货设备（货箱、托盘等）配合完成分拣作业，在分拣作业过程中，由作业人员一次巡回或分段巡回于各货架之间，按各分店的需求拣货，直至配齐货物。

② 人工＋手推作业车拣选法。分拣作业人员推着手推车一次巡回或分段巡回于各货架之间，按分店需求进行拣货，直至配齐货物。它与人工拣选法基本相同，二者的区别在于该方法借助半机械化的手推车进行作业。

③ 机械分拣法。分拣作业人员利用回转货架或自动分拣机等机械设备将货物取出，再将货物运到指定地点。

④ 传动运输带拣选法。分拣作业人员只在附近几个货位进行拣选作业，传动运输带不停地运转，或分拣作业人员按指令将货物取出并将货物放在传动运输带上或放入传动运输带上的容器内。传动运输带运转到末端时把货物卸下来，放在指定货位上待装车发货。

（3）按分拣商品时的作业程序划分。

① 一人拣选法。一个人按照一张订单的要求，进行拣选、配货。

② 分程传递法。由数人分拣，首先决定每个人所分担的货物种类和货架范围，然后每个人拣选货单中仅属于自己所承担的货物品种。拣选完毕后将货单依次转交给下一个配货人员。

③ 分类拣选法。先将不同形状、不同尺寸、不同重量的货物分类保管，然后按商品类别进行分拣、配货。

④ 区间拣选法。先确定每个人所承担的货物种类和货架范围，然后各自从个人所在区间的货架上进行自己所承担的货物的拣选，之后进行汇总，按单配货。

（4）按常用的组合拣选作业划分。

① 播种法。播种法是借用类似稻田插秧的技术进行拣取货物的一种拣货方法。

播种法工作流程如下：

a. 理货人员在理货场所按要货单位所要货物的数量，确定好各要货单位的配送商品暂存待运处；

b. 拣货人员对某批订单上的同种商品进行累计；

c. 进入存储仓位，将商品集中拣出；

d. 搬运商品至理货场所；

e. 按各要货单位所需数量将商品放入理货人员事先指定的配送商品暂存待运处；

f. 重复 b～e，取出该批订单的全部商品。

播种法的优点：适合订单数量庞大的系统；可以缩短拣取的行走搬运距离，增加单位时间的拣取量；适于数量少，批次多的配送。

播种法的缺点：对订单的到来无法进行及时反应，只有在订单达到一定数量时才能进行一次性处理，因此会产生停滞时间。

② 摘果法。摘果法是借用类似从果树上采摘果实的技术进行拣取货物的一种拣货方法。

摘果法工作流程如下：

a. 理货人员在理货场所按要货单位所要货物的数量，确定好各要货单位配送商品暂存待运处；

　　b．拣货人员携带要货单位的订单进入存储仓位；

　　c．一次巡回于各存储仓位间，依次拣选出该订单上的所有商品；

　　d．将所拣商品搬运至理货场所，将商品放入理货人员事先指定的配送商品暂存待运处；

　　e．重复b～d，逐次完成所有订单的拣货工作。

摘果法的优点：作业方法简单；订单处理前置时间短；容易导入且弹性大；作业人员责任明确，分工容易、公平；拣货后不必再进行分拣作业，适用于数量大、品种少的订单处理。

摘果法的缺点：当商品品种多时，用摘果法拣货行走路线过长，拣取效率降低；当拣取区域大时，设计搬运系统比较困难；进行数量少、批次多的拣取时，会造成拣货路径重复、费时、效率降低等问题。

为了提高拣选效率、降低成本，应充分研究上述两种办法的优点和缺点，甚至可以根据两种办法各自的适用范围，将两者有机结合。例如，当储存区面积较大时，拣选作业中的行走时间占很大比重，此时一人一单拣选到底的方法并不适用。如果适当分工，按商品的分区储存，每个拣选人员各拣选订单中的一部分，如一层库房、一个仓间或几层货架等，既能减少拣选人员的往返，又能使拣选人员驾轻就熟，事半功倍，多个拣选人员所费工时之和往往低于一个拣选人员的总工时。

4．仓储分拣作业的基本过程

仓储分拣作业的基本过程包括以下4个环节。

（1）仓储分拣信息的形成。

仓储分拣作业开始前，必须先处理完指示仓储分拣作业的单据或信息。有些配送中心直接将顾客订单或公司交货单作为分拣指示，这种传票的形式容易使单据在拣货过程中受到污损而产生错误。因此多数分拣方式仍需将原始传票转换成拣货单或电子信号，使拣货员或自动拣取设备进行更有效的拣货作业，但这种转换仍是仓储分拣作业中的一大瓶颈。

因此，利用EOS（Electric Ordering System）、POT直接将订货资讯通过计算机快速、及时地转换成拣货单或电子信号是现代配送中心必须解决的问题。

（2）行走与搬运。

在进行仓储分拣作业时，分拣作业人员或机器需直接接触并拿取货物，这样就形成了分拣过程中的行走与搬运，这一过程有两种完成方式。

① 人-物方式，即拣货人员以步行或搭乘拣货车辆的方式到达货物储位。这一方式的特点是物静而人动。拣取者包括拣货人员、自动拣货机、拣货机器人。

② 物-人方式，这种方式与第一种方式相反，拣取人员在固定位置作业，而货物保持动态的储存。这种方式的特点是物动而人静，适用于轻负载自动仓储、旋转自动仓储等。

（3）拣货。

无论是人工拣货还是机械拣货都必须首先确认被拣货物的品名、规格、数量等内容是否与拣货信息一致，既可以通过人工目视读取信息，也可以利用无线传输终端机读取条码，由计算机进行对比，后一种方式可以大幅度降低拣货的错误率。拣货信息被确认后，拣货的过程可以由人工或自动化设备完成。

（4）分类与集中。

配送中心在收到多个客户的订单后，可以进行批量拣取，然后根据不同的客户或送货路线分类集中，有些需要进行流通加工的商品还需根据加工方法进行分类，加工完毕后再按一定方式分类出货。多品种分货的工艺过程较复杂，难度也大，容易发生错误，因此必须在统筹安排形成规模效应的基础上提高作业的准确性，分类完成后，经过查对、包装便可以出货了。

3.3.2 仓储补货作业

当仓库模式为存拣分离的时候，会有对应的仓储补货作业。仓储补货作业是将货物从仓库保管区搬运到拣货区的工作，包括确定所需补充的货物、领取商品、做好货物上架前的各种打理工作和准备工作、补货上架。

1. 仓储补货作业的方式

常见的仓储补货作业的方式主要有以下几种。

（1）整箱补货。

整箱补货的保管区为货架储放区，其动管拣货区为两面开放式的流动棚。拣货时，拣货员从拣取区拣取单品放入物流箱中，然后将货物运至出货区。而当拣取货物后发觉动管拣货区的存货已低于规定的水平时，就要进行补货的动作，其补货方式为作业员至货架保管区取货箱，以手推车载箱至拣货区，在流动棚的后方（非拣取面）补货。这种补货方式较适合体积小、数量少、品种少的货品。

（2）托盘补货。

托盘补货以托盘为单位进行补货。托盘由地面堆放保管区运到地面堆放动管区，拣货时把托盘上的货箱置于中央输送机上送到发货区。当存货量低于设定标准时，应立即补货，使用堆垛机把托盘由保管区运到动管拣货区，也可把托盘运到货架动管区进行补货。这种补货方式适用于体积大或出货量多的货品。

（3）由货架上层的保管区补货至货架下层的动管区。

此补货方式的前提是保管区与动管区属于同一货架，上层作为保管区，下层作为动管区。当动管区的存货水平低时，可将上层保管区的货品搬至下层动管区补货。这种补货方式较适合体积不大，每种货品的存货量不高，且出货多属中小量（以箱为单位）的货品。

2. 仓储补货作业的时机

仓储补货作业发生与否主要看拣货区的货物存量是否符合需求，因此究竟何时补货要看拣货区的货物存量，以免出现在拣货时才发现拣货区货量不足需要补货的情况，而影响整个仓储拣货作业。通常，仓储补货作业可采用批次补货、定时补货或随机补货三种方式。

（1）批次补货。

拣取每一批次货物之前，应经计算机计算所需货品的总拣取量和拣货区的货品量，计算出差额并在拣货作业开始前补足货品。这种补货原则比较适用于一天内作业量变化不大、紧急追加订货不多，或需事先掌握每一批次的拣取量的情况。

（2）定时补货。

将每天划分为若干个时段，补货人员在每个时段内检查拣货区货架上的货品存量，如果发现货物不足，马上予以补足。这种定时补货的补货原则较适合分批拣货时间固定且处理紧急追加订货的时间也固定的情况。

（3）随机补货。

随机补货是一种需指定专人从事补货作业的补货方式，被指定的人员随时巡视拣货区的分批存量，发现货物不足应随时补货。此种随机补货的补货原则较适用于每批次拣取量不大、紧急追加订货较多，以至于很难事先掌握一天内的作业量的情况。

3．仓储补货流程

在营业高峰前和结束营业前容易缺货，店长应要求店员及时关注商品缺货情况，并进行补货。补货以补满货架、端架或促销区为原则，尽量不堵塞通道，不妨碍顾客自由购物，补货时要注意保持卖场的清洁。

（1）补货前。

补货前要先对系统的库存数量进行确认，在确定缺货时，应将暂时缺货标签放置在货架上。补货时依促销品项、主力品项、一般品项的重要等级依次补货上架。有保质期限的商品和食品必须遵循先进先出的原则。

（2）补货时。

补货时要注意检查商品的质量、外包装及条形码是否完好，以及价格标签是否正确，依货架的顺序进行补货，店员应在不改变陈列位置的前提下进行补货。

（3）补货后。

补货后要及时清理通道的垃圾和存货，将垃圾送到指定点，将存货送回库存区。

4．补货的注意事项

在进行仓储补货时需注意的事项有以下几点：

（1）严禁出售已变质、受损、破包、受污染、过期、条码错误的商品；

（2）补货前必须先整理排面，清洁陈列柜；

（3）补货时要利用工具（平板车、五段车、周转箱等）进行补货，以减少体力支出，提高工作效率；

（4）对于叠放在栈板上的货品，应注意将重量及体积大的货品放在下层，将体积小的、易坏的货品放在上层，将货品摆放整齐；

（5）补货完毕后应迅速将工具、纸箱等整理干净；

（6）补货完毕后需检查价格是否与商品对应；

（7）补货时要轻拿轻放商品，避免因重摔而影响商品质量；

（8）不能混淆补货和配货的概念。

5．智能补货

现代企业在进行补货的时候，为了摆脱无所依据的盲目采购方式，往往将智能化的库房管理软件自动生成的补货单作为补货的依据，这种依靠库房管理软件自动生成补货单而不再人工制作补货单的补货方式叫作智能补货。智能补货可以应用在多个行业中，如超市零售行业、五金批发行业、建筑建材行业、化妆品批发行业等。

（1）智能补货系统。

智能补货系统即自动补货系统（Automatic Replenishment Programs, ARP），它利用销售信息、订单经 EDI 连接合作伙伴，合作伙伴之间必须有良好的互动关系，并且利用交换电子信息等方式给上下游提供信息。也就是说，ARP 是一种库存管理方案，它以掌控销售信息和库存量作为进行市场需求预测和解决库存补货的方法，根据销售信息得到消费需求信息，从而使供应商可以更有效地计划、更快速地对市场变化做出反应，因此 ARP 可以用作降低库存量、改善库存周转、维持库存量的最佳方案，而且供应商与批发商可以通过 ARP 分享重要信息，从而使双方改善需求预测、补货计划、促销管理和运输装载计划等。

（2）智能补货系统的特点。

智能补货系统能使供应商对其所供应的所有货物及各种货物在其销售点的库存情况了如指掌，从而自动跟踪补充各个销售点的库存，提高了供应商的灵活性和预见性，使供应商能够监管零售店里的全部货物的库存，大大降低零售商的零售成本。

（3）智能补货的作用。

采用智能补货对现代企业的发展有很大的促进作用，也使企业管理更加轻松，具体作用如下。

① 节省人力资源。

随着知识经济的到来和现代人力资源管理理论的发展，人力资源管理成本的理念悄然替代了人事管理成本的理念。在传统的人事管理中，企业以努力降低人事管理成本、减少人事管理费用作为核心任务，只注重当期费用的支出和表面的、可量化的成本花费，忽视了人力资源作为一种特殊的资本能够长期带来的源源不断的收益，也忽视了人力资源成本发展变化的趋势。企业人力资源的增加也会带来企业人力成本的增加，企业采用智能补货方式，在很大程度上，不再需要人力去进行货物统计，也不再需要人力分析采购数据，这就为企业节省了人力资源。

② 提高仓库补货效率。

传统企业的进货方式往往都是先利用人工去仓库进行货物盘点，然后进行数据统计，接下来再进行复杂的数据分析，最后还需依靠得出的数据制作补货单，每一次仓库补货都需要好几个工作日。现代企业的生存法则为时间就是利润，效率关乎企业的存亡。缓慢的补货方式对企业来说是一笔很大的损失。而智能补货方式的出现弥补了以上弊端，管理者只需要简单地操作库房管理软件就可以打印出非常合理的补货单，智能补货，一步到位。

③ 减小企业风险。

在当今复杂多变的全球环境下，了解企业面临的风险的内在关联性并采取更为动态的策略进行风险管理已经成为企业管理者面临的首要任务。如何处理企业的风险问题对于今天的企业管理者来说非常重要，传统手工补货单的制作往往依靠盘查货物得出数据分析，或者依靠管理者的一些经验得出数据分析。这些方式并不科学，容易造成补货不合理的情况，甚至会给企业带来很大的库存风险和销售风险。

智能补货方式可以依靠库房管理软件得出科学的补货数据，使补货不再有盲目性，在一定程度上减小了企业的风险。

3.4 仓储出库作业

仓储出库作业是仓储作业管理的最后环节，它使仓储作业与运输部门、物品使用单位直接发生联系。因此，做好仓储出库作业对改善仓储作业管理、降低仓储作业费用、提高服务质量有重要的作用。

3.4.1 仓储出库作业的含义

仓储出库作业是仓库根据业务部门或存货单位开具的商品出库凭证（提货单、调拨通知单等），按其所列商品的编号、名称、规格、型号、数量等项目，组织商品出库的一系列工作的总称。出库的商品必须包装完整、标记正确、数量准确。

商品出库是储运业务流程的最后阶段，也是物资储存阶段结束的标志，它标志着物资实体转移到了生产领域。

3.4.2 仓储出库作业的依据

仓储出库作业必须依据货主开出的商品调拨通知单进行。无论在何种情况下，仓库都不得擅自动用、变相动用或外借货主的库存商品。

商品调拨通知单的格式不尽相同，无论采用何种格式，商品调拨通知单都是符合财务制度要求的有法律效力的凭证，要坚决杜绝凭信誉发货或无正式手续发货。

3.4.3 出库管理的基本要求

货物出库要做到"三不、三核、五检查"："三不"即未接单据不翻账，未经审单不备货，未经复核不出库；"三核"即在发货时，要核对凭证、核对账卡、核对实物；"五检查"即对单据和实物要进行品名检查、规格检查、包装检查、数量检查、重量检查。具体地说，货物出库应严格执行各项规章制度，杜绝差错事故，提高服务质量，让用户满意。

3.4.4 出库的主要形式

1. 送货

送货是指仓库根据货主单位预先送来的商品调拨通知单，通过发货作业，把应发商品交由运输部门送达收货单位，这种发货形式就是通常所说的送货制。仓库实行送货，要划清交接责任。仓储部门与运输部门的交接手续是在仓库现场办理的，运输部门与收货单位的交接手续根据货主单位与收货单位签订的协议办理，一般在收货单位指定的到货地点办理。

送货具有"预先付货、接车排货、发货等车"的特点。由仓库实行送货具有多方面好处：仓库可预先安排送货作业，缩短送货时间；收货单位可避免因人力、车辆等问题而发生的取货困难的问题；在运输上，仓库可以合理使用运输工具，减少运费。

仓库实行送货业务应考虑货主单位的经营方式和供应地区的距离，既可向外地送货，也可向本地送货。

2．自提

自提是指由收货人或其代理持商品调拨通知单直接到库提取商品，仓库凭单发货，这种发货形式就是通常所说的提货制。自提具有"提单到库，随到随发，自提自运"的特点。为划清交接责任，仓库发货人与提货人应在仓库现场当面交接清楚出库商品，并办理签收手续。

3．过户

过户是一种就地划拨的形式，商品虽未出库，但是商品的所有权已从原存货户转移到新存货户。仓库必须根据原存货单位开出的正式过户凭证办理过户手续。

4．取样

取样是指货主单位出于对商品质量检验、样品陈列等需求，到仓库提取货样。仓库必须根据正式取样凭证发给其样品，并做好账务记载。

5．转仓

货主单位因为某些原因，需要将某批库存商品从甲库转移到乙库，这就是转仓。仓库必须根据货主单位开出的正式转仓单办理转仓手续。

6．代办托运

代办托运简称托运，是指仓库会计根据货主事先送来的发货凭证开具货物出库单或备货单，并将货物出库单或备货单交给仓库管理员做好货物的配送、包装、集中、理货、待运等准备作业。有理货员的仓库应由理货员负责集中理货和待运工作，管理员和理货员之间要办理货物交接手续；然后由仓库管理员（或理货员）与运输人员办理点验交接手续，以明确责任；最后由运输人员负责将货物运往车站或码头。简而言之，托运是指仓库接受客户的委托，依据货主开具的出库凭证上所列的货物的品种、规格、质量、数量、价格等办理出库手续，通过运输部门，如公路、铁路、水路、航空等，把货物发运到客户指定地点的一种出库方式。

托运较为常见，是仓库推行优质服务的措施之一，适用于大宗货物运输或长距离的货物运输。

3.4.5　出库前的准备工作

不同仓库在出库的准备操作程序上有所不同，操作人员的分工也各不相同，但就整个出库作业的过程而言，出库前的准备工作一般包括以下几方面。

1．做好出库计划工作

出库计划工作即根据货主提出的出库计划或出库请求预先做好货物出库的各项安排，包括货位、机械设备、工具、工作人员的准备和安排等，以提高人、财、物的利用率。

2. 做好出库货物的具体准备工作

（1）整理包装、重刷标志。

多次装卸、堆码、翻仓、拆检会使部分货物的包装受损，受损货物不适宜运输。仓库应清理受损货物，清除积尘污垢；对包装已残损的货物要更换其包装；如果提货人员要求重新包装、灌包或加固，仓库要及时安排包装作业。

仓库应对原包装标志脱落、标志不清的货物进行补刷补贴标志；如果提货人要求标注新标志，则仓库应在提货日之前标注新标志。

（2）对零星货物进行组配、分装。

为了方便作业，有时需要对零星货物进行配装，即使用大型容器收集零星货物或将零星货物堆装在托盘上，以免提货时遗漏零星货物；有些货物依货主要求需拆零后出库，所以仓库应备足零散货物；有些货物需要拼箱，所以仓库要事先做好挑选、分拣、分类、整理等准备工作。例如，整箱螺钉为 1000 个，客户习惯每次提取 200 个螺钉，仓库可以将1000 个螺钉平均分装在 5 个周转箱内，循环补货。在实际工作中，如果供应方是生产单位，则无须将 200 个螺钉一个不差地数出来，每个螺钉的价值很低，没有必要浪费人力去进行检斤和数数。

（3）准备好包装材料、作业工具及相关用品。

对需要包装、拼箱或改装的货物，仓库在发货前应根据货物的性质和运输部门的要求，准备各种包装材料及相应的衬垫物，以及刷写包装标志的记号笔、封签、标签胶带、剪刀，以及钉箱、打包等所需的各种工具。

（4）转到备货区备运。

预先将要出库的货物借助装卸搬运设备搬运到备货区，以便及时装运。

① 备货时。

在备货时如发现有下列情况的货物，则要立即与货主或仓单持有人联系，只有货主或仓单持有人认为可以出库，并在正式出库凭证上签注意见后，才可备货出库；否则不备货、不出库。具体情况包括票证不齐的货物，入库验收时发现的问题尚未解决的货物，质量异常的货物。

② 备货中。

在备货中如发现出库货物的包装有破损、断绳、脱钉等情况，仓库要负责加固修理，严格禁止包装破损的货物出库。

当提货的客户较多时，仓库应尽量按照受理时间先后，合理安排货物的出库顺序。考虑到出库作业是一项涉及人员多、处理时间紧、工作量大的工作，进行合理的人员（仓库管理员、分拣员、叉车司机、辅助工人等）组织和机械（叉车等）协调安排非常必要。

3.4.6　出库作业

不同仓库的商品的出库操作流程有所不同，操作人员的分工也有粗有细，但就整个出库作业而言，一般都随着商品在库内的流向或出库单的流转而构成各个工种的衔接。出库作业流程图如图 3-2 所示。出库作业采用何种方式，主要决定于收货人。

核单备料 ▸ 复核 ▸ 包装 ▸ 点交 ▸ 登账 ▸ 清理

图 3-2　出库作业流程图

1. 核单备料

发放商品必须有正式的出库凭证，严禁无单或白条发料。保管员接到出库凭证后，应仔细核对出库凭证，这就是出库业务的核单（验单）工作。首先，要审核出库凭证的合法性和真实性；其次，核对商品的品名、型号、规格、单价、数量、收货单位、银行账号；最后，审核出库凭证的有效期等。如商品属自提商品，还须检查出库凭证上是否有财务部门准许发货的签章。

在对商品调拨通知单所列的项目进行核查之后，才能开始备料工作。出库商品应附有质量证明书或抄件、磅码单、装箱单等。机电设备等配件产品的说明书及合格证应随货同到。仓库备料时应本着"先进先出、易霉易坏先出、接近失效期先出"的原则，根据领料数量下堆备料或整堆发料。备料时实行"以收代发"，即入库检验时一次性清点货物，不再重新过磅。备料后要及时更改料卡的余额数量，填写货物实发数量和实发日期等。

2. 复核

为防止出现差错，备料后应立即进行复核。复核的主要内容包括商品的品种数量是否准确，商品质量是否完好，配套是否齐全，技术证件是否齐全，商品的外观质量和包装是否完好等。复核后保管员和复核员应在商品调拨通知单上签名。

出库的复核形式主要有专职复核、交叉复核和环环复核三种。除此之外，在出库作业的各个环节上，都贯穿着复核工作。例如，理货员核对单货，门卫凭票放行，账务员（保管会计）核对账单（票）等。这些分散的复核形式起到了分头把关的作用，有助于提高仓库出库作业的工作质量。

（1）复核的内容。

复核的内容主要包括以下几方面。

① 认真审查正式出库凭证填写的项目是否齐全，出库凭证的抬头、印鉴、日期等是否符合要求，复核货物的名称、规格、等级、产地、重量、数量、标志、合同号等是否正确。

② 将正式出库凭证上所列的项目与备好的货物逐一进行对照，逐项复核，对于经反复核对确实不相符的货物，应立即调换并将错误货物的标志去掉，退回库房。

③ 检查货物的包装是否有破损或污染，检查货物的标志、箱（包）号是否清楚，检查货物的标签是否完好，检查货物的配套设施是否齐全，检查货物的技术证件是否齐全。

④ 对于需要计重、计尺的货物，仓库方要与提货人员一起过磅，可以根据货物的具体情况抽磅或根据理论换算重量，一起检尺。仓库方要填写磅码单或尺码单，并会同提货人员签字。

⑤ 复核结余货物的数量或重量是否与保管账目、货物保管片上的结余数量相符，发现

不符应立即查明原因。

复核的目的是使出库货物手续完备、交接清楚、不错发、不错运，复核无误后，方可发运货物。

（2）复核的方法。

复核是保证单货相符、避免差错、提高服务质量的关键，是进一步确认拣取作业是否有误的处理工作。因此，必须认真复核，找出产生差错的原因，采取措施避免产生差错。复核的方法有人工复核法、条形码复核法和重量计算复核法 3 种。

① 人工复核法。人工复核法是由人工将出库货物逐个点数，查对货物的条形码、货号、品名，并逐一核对出货单，进而检验出库货物质量及出库货物状况的方法。

② 条形码复核法。使用条形码复核法首先必须导入条形码，让条形码始终与货物同行。在复核时，只需扫描条形码，计算机便会自动进行对比，查对是否有数量和号码上的差异，在出货前再由人工进行整理和检查。

③ 重量计算复核法。重量计算复核法是把货单上的货物重量相加求和，然后称出出库货物的总重量，把两个数值进行对比即可检查发货是否正确。

3. 包装

如果出库货物的包装不符合运输要求，应对出库货物进行包装。根据出库货物的外形特点，选用适宜的包装材料，以便装卸和搬运。出库商品的包装应干燥、牢固。如包装破损、潮湿、捆扎松散等，不能保障商品在运输途中的安全，仓库应负责加固整理，做到破包破箱不出库。此外，对于各类包装容器，若外包装上有水渍、油迹、污损等，均不许出库。另外，在包装过程中严禁将互相影响或性能互相抵触的商品进行混合包装；包装后，要写明货物的收货单位、发货号、本批总件数、发货单位等。

4. 点交

经复核后，如果商品是本单位内部领料，则将商品和单据当面点交给提货人，办清交接手续；如果是送料或调出本单位办理托运的商品，则与送料人员或运输部门办理交接手续，当面将商品交接清楚。交接清楚商品后，提货人员应在出库凭证上签字盖章。

5. 登账

点交后，保管员应在出库单上填写实发数、发货日期等内容并签名，再将出库单连同有关证件资料及时交给货主，以便货主办理货款结算。保管员应把留存的一联出库凭证交给实物明细账登记人员登记做账。

6. 清理

经过出库的一系列流程之后，实物、账目和库存档案等都发生了变化，应对其进行彻底清理，使保管工作重新趋于账、物、资金相符的状态。现场清理包括清理库存商品、库房、场地、设备和工具等；档案清理是指对收发货物、保养情况、盈亏数量和垛位安排等进行分析。具体的清理工作主要包括下列内容。

（1）按出库单核对结存数，做到单货相符、单单相符。

（2）如果一批货物全部出库，应查实损耗数量，对在规定损耗范围内的货物进行核销，对超过损耗范围的货物查明原因，进行处理。

（3）一批货物全部出库后，可根据该批货物出入库的情况、采用的保管方法和损耗数量等总结保管经验。

（4）收集苫垫材料，并妥善保管苫垫材料以备再用。

（5）清洁现场，使环境保持洁净的状态，把整理、整顿、清扫进行到底，使工作人员在仓库的工作环境中心情愉快、积极乐观。

（6）办理文件、单据和实物等移交工作，并将其存入仓库档案，妥善保存，以备日后查用。

（7）将仓储的装卸搬运工具、存储设备、包装工具和材料等放置在原规划区域内，将其有序摆放并进行适当的保养与维护，保持库内整洁，使仓储工具设备处于正常工作状态。

在整个出库作业流程中，复核和点交是两个非常关键的环节。复核是防止出现差错必不可少的措施，点交则是理清仓库方和提货方两者责任的必要手段。

3.5　仓储成本控制

仓储企业的经营目的是在满足市场需求的情况下实现利润最大化，而仓储成本的高低直接影响仓储企业的经济效益。因此，降低仓储成本，使仓储成本处于同类企业的领先水平，是仓储企业增强竞争力、求得生存和发展的保障。

3.5.1　仓储成本

1．仓储成本的含义

仓储成本是指仓储企业在开展仓储业务活动中，以货币计算投入的各种要素的总和。仓储成本是物流成本的重要组成部分，对物流成本的高低有直接影响。

2．仓储成本的构成

与库存成本不同，仓储成本主要是指保管货物的各种支出，其中一部分为仓储设施和设备的投资，另一部分则为仓储保管作业中的人力劳动或物化劳动的消耗，主要包括工资和能源消耗等。根据保管货物过程中的支出，可以将仓储成本分为以下几类。

（1）保管费。

保管费为存储货物所支出的货物养护费用和货物保管费用等，它包括用于保管货物的货架、货柜的费用开支，以及仓库场地的房地产税等。

（2）仓库管理人员的工资和福利费。

仓库管理人员的工资一般包括固定工资、奖金和各种生活补贴；福利费可按标准提取，一般包括住房公基金、医疗保险、退休保险、养老保险等费用的支出。

（3）折旧费或租赁费。

有些仓储企业以自己拥有所有权的仓库及设备对外承接仓储业务，还有些仓储企业以向社会承包租赁的仓库及设备对外承接仓储业务。对于自营仓库的固定资产，每年需要提取折旧费，对于对外承包租赁的固定资产，每年需要支付租赁费。仓储费或租赁费是仓储企业一项重要的固定成本。对仓库的固定资产应按折旧期分年提取折旧费，主要包括库房、堆场等基础设施的折旧费和机械设备的折旧费等。

（4）修理费。

修理费主要用于设备、设施和运输工具的定期大修理，每年可以按设备、设施和运输工具投资额的一定比率提取。

（5）装卸搬运费。

装卸搬运费是指在货物入库、堆码和出库等环节发生的装卸搬运费用，包括搬运设备的费用和支付给搬运工人的工资。

（6）管理费。

管理费指仓储企业或仓储部门为管理仓储活动或开展仓储业务而发生的各种间接费用，主要包括仓储设备的保险费、办公费、人员培训费、差旅费、招待费、营销费、水电费等。

（7）仓储损失。

仓储损失是指货物因在保管过程中损坏而需要仓储企业赔付的费用。造成货物损失的原因一般包括仓库本身的保管条件，管理人员的人为因素，货物本身的物理性质、化学性质，搬运过程中的机械损坏等，应根据具体情况，按照企业的制度标准分清责任，将仓储损失合理计入成本。

3. 仓储成本分析

仓储成本分析对于物流企业来说意义重大。

（1）仓储成本分析可以为企业制订仓储经营管理计划提供依据。

仓储经营管理计划是仓储企业为适应经营环境的变化，对仓储经营活动的内容、方法和步骤进行的明确、具体的设想和安排。在制订仓储经营管理计划时，仓储企业必须考虑自身的经营能力，仓储成本正是评价仓储企业经营能力的重要指标，因此通过对仓储成本进行分析，能帮助仓储企业对不同的经营方案进行比较，选择成本最低、收益最大的方案制订仓储经营管理计划，开展仓储经营。

（2）仓储成本分析可以为制定仓储费提供依据。

仓储企业的根本目的是追求利润最大化。仓储企业在为社会提供仓储服务时，需要有明确的服务价格，即仓储费。从长远看，仓储企业必须保证仓储费高于仓储成本，才能保证自身的生存与发展，仓储成本是制定仓储费的主要依据。

（3）仓储成本分析有利于加速仓储企业的现代化建设。

仓储成本分析有利于推动仓储技术革新，充分挖掘仓库的潜力，为改进仓储设施和设备提供依据。仓储企业要提高仓储能力和仓储效率必然要进行技术革新，改进仓储设施和设备，但是对仓储设施和设备的投资必须获得相应的产出回报，因此必须进行准确的成本核算和预测。

（4）仓储成本分析可以为仓储企业的劳动管理提供依据。

劳动力成本是仓储成本的重要组成部分，但是劳动力成本与其他成本之间可能存在替代关系，也可能存在互补关系，收益是确定劳动力的决定性因素，一般以能够获得总成本最低或总收入增加为原则确定劳动力的使用量。同时，成本因素还是劳动考核、岗位设置、劳动报酬设置的参考依据。

总之，仓储成本分析有利于仓储企业提高经济效益，减少仓储生产经营中的各种浪费，同时也可以将企业的经济利益与职工的经济利益紧密地联系起来，提高仓储企业经营者的自觉性，从而提高仓储企业的经营管理水平和经济效益。

3.5.2　仓储成本控制

1．含义

仓储成本控制是指运用以成本会计为主的各种方法，预定仓储成本限额，按限额分配仓储成本和储存费用，将实际仓储成本与仓储成本限额进行比较，衡量仓储活动的成绩与效果，纠正不利差异，以提高工作效率，完成或超额完成仓储成本限额的目标。

2．仓储成本控制的重要性

仓储成本控制的重要性主要体现在以下几方面。

（1）仓储成本控制是企业增加盈利的第三利润源，直接服务于企业的最终目标。

（2）仓储成本控制是企业加强竞争力、求得生存和发展的主要保障。

（3）仓储成本控制是企业持续发展的基础。降低仓储成本可以削减售价，从而提高产品销量，提高销量后经营会更稳定，经营稳定后企业才有力量去提高产品质量，创新产品设计，寻求新的发展。

3．仓储成本控制的原则

（1）经济性原则。

经济性原则是指进行仓储成本控制而发生的费用应少于缺少仓储成本控制而损失的收益。和销售、生产、财务活动一样，任何仓储管理工作都追求经济效益。为了建立某项严格的仓储成本控制制度，需要产生一定的人力或物力支出，但这种支出不能太大，不应该超出建立这项制度所能节约的成本。经济性原则主要强调仓储成本控制要起到降低成本、纠正偏差的作用，并控制费用支出。

（2）利益协调原则。

从根本上说，降低仓储成本对国家、企业、消费者都是有利的，但是，仓储企业必须避免在仓储成本控制过程中采用不适当的手段损害国家和消费者的利益。因此，仓储企业在进行仓储成本控制时要注意国家利益、企业利益和消费者利益三者之间的协调。

（3）全面性原则。

全面性原则要求仓储企业在进行仓储成本管理时，不能片面地强调仓储成本控制，做好仓储服务才是企业长远发展的根本，因此，仓储企业要兼顾质量和成本的关系，在保证服务质量的前提下，适当地控制仓储成本，从而保证仓储企业低成本、高效率、高质量地运行。同时由于仓储成本涉及企业管理的方方面面，所以，仓储成本控制要进行全员控制、全过程控制、全方位控制。

（4）例外管理原则。

例外管理原则是成本效益原则在仓储成本控制中的体现。仓储成本控制所产生的经济效益必须大于因进行仓储成本控制而产生的成本耗费，如建立仓储成本控制系统的耗费，保证仓储成本控制系统正常运转的耗费等。不可能每一项仓储企业实际发生的费用都和预算完全一致，如果无论成本差异大小，都要予以详细记录并查明原因，将增加很多工作量。因此，根据例外管理原则，仓储成本控制应将精力集中在非正常的、金额较大的例外事项上。

4．仓储成本控制的措施

仓储成本控制是仓储企业管理的基础，对提高整体管理水平和经济效益有重大影响，但是由于仓储成本与物流成本的其他构成要素（如运输成本、配送成本），以及服务质量和服务水平之间存在二律背反的现象，所以要在保证物流总成本最低、不降低企业的总体服务质量和目标水平的前提下降低仓储成本，常见的措施如下。

（1）采用先进先出的方式，减少仓储物的保管风险。

先进先出是储存管理的准则之一，它能保证仓储物的储存期不至过长，减少仓储物的保管风险。有效的先进先出的方式如下。

① 采用贯通式（重力式）货架系统。利用货架形成贯通的通道，从货架的一端存入物品，从货架的另一端取出物品，物品在通道中自行按先后顺序排队，不会出现越位等现象。贯通式货架系统能非常有效地保证物品先进先出。

② 双仓法储存。给每种仓储物都准备两个仓位或货位，轮换进行存取，再配以必须在一个货位中出清货物后才可以补充货物的规定，从而保证实现先进先出。

③ 计算机存取系统。采用计算机管理，存货时向计算机输入时间记录，编入一个简单的、按时间顺序输出的程序，取货时计算机就能按时间给予指示，从而保证先进先出。这种计算机存取系统还能将先进先出、保证不进行超长时间的储存和快进快出结合起来，即在保证先进先出的前提下，将周转快的物资随机存放在便于存储之处，以加快周转，减少劳动消耗。

（2）提高储存密度，提高仓容利用率。

提高储存密度，提高仓容利用率可以减少对储存设施的投资，提高单位存储面积的利用率，以降低仓储成本、减少土地占用面积。具体有下列3种方法。

① 采取高垛的方法，增加储存的高度。与一般的堆存方法相比，采用高层货架仓库、集装箱等能大大增加储存高度。

② 缩小库内通道的宽度以增加有效储存面积。具体方法有采用窄巷道式通道，配以轨道式装卸车辆，以减少车辆运行的宽度要求；采用侧叉车、推拉式叉车，以减少叉车转弯所需的宽度。

③ 减少库内通道数量以增加有效储存面积。具体方法有采用密集型货架；采用不依靠通道即可进车的可卸式货架；采用各种贯通式货架；采用不依靠通道的桥式起重机装卸技术等。

（3）采用有效的储存定位系统，提高仓储作业效率。

储存定位的含义是确定仓储物的位置。如果储存定位系统有效，能大大节约寻找、存放、取出货物的时间，节约物化劳动及活劳动，而且能防止差错，便于清点货物。储存定位系统可以采用先进的计算机管理系统，也可以采用人工进行管理，下面举例说明几种行之有效的方式。

① 四号定位方式。四号定位方式是用一组四位数字来确定存取位置的固定货位方法，是我国手工管理中采用的方法。这四个号码分别代表库号、架号、层号、位号。这就使得每个货位都有一个编号，在物资入库时，要按要求对物资编号，并将编号记录在账卡上，这样在提货时按四位数字的指示，很容易将货物拣选出来。采用这种定位方式可以对仓库存货区事先进行规划，就能很快地存取货物，有利于提高仓储效率，减少差错。

② 电子计算机定位系统。电子计算机定位系统利用电子计算机储存容量大、检索迅速的优势，当物资入库时，将存放货位输入计算机，当物资出库时向计算机发出指令，并按计算机的指示人工或自动寻址，找到物资的存放货位。电子计算机定位系统一般采取自由货位方式，计算机指示入库货物存放在就近且易于存取之处，或根据入库货物的存放时间和特点，指定合适的货位，使取货更加方便。这种方式可以充分利用每个货位，不需要专位待货，有利于提高仓库的储存能力。当吞吐量相同时，采用这种方式可以减少建筑面积。

（4）采用有效的监测清点方式，提高仓储作业的准确程度。

监测储存物资的数量和质量有利于掌握仓储的基本情况，也有利于科学地控制库存。在实际的仓储工作中稍有差错，就会使账物不符，所以必须及时且准确地掌握实际储存情况，经常与账卡核对，确保仓储物资完好无损，这是人工管理或计算机管理必不可少的工作。此外，经常监测清点货物也是掌握被存货物状况的重要工作。监测清点的有效方式如下。

① 五五化堆码。五五化堆码是我国手工管理中常采用的一种方法。堆垛时，以五为基本计数单位，将货物堆成总量为五的倍数的垛形，如梅花五等。堆垛后，有经验者可过目成数，大大加快了人工清点的速度，减少差错。

② 光电识别系统。在货位上设置光电识别装置，通过该装置扫描仓储物的条形码或其他识别装置（如芯片等），并自动显示准确数目。采用这种方式无须人工清点就能准确掌握库存数量。

③ 电子计算机监控系统。通过电子计算机指示存取货物可以避免人工存取货物容易出现差错的弊端，如果在仓储物上采用条形码技术，使识别计数和计算机结合，每次存取货物时，识别装置都会自动识别条形码并将其输入计算机，计算机会自动进行存取记录。这样只需利用计算机查询，就能了解所存物品的准确情况，因此无须再建立一套监测仓储物实有数量的系统，减少查货工作和清点工作。

（5）加速周转，提高单位仓容产出。

现代化储存的重要课题是将静态储存变为动态储存，加快周转速度，这样会带来一系列的好处，如资金周转快、资本效益高、货损货差小、仓库吞吐能力增加、成本下降等。采用单元集装存储或建立快速分拣系统等都有利于实现快进快出、大进大出。

（6）采取多种经营方式，盘活资产。

仓储设施和设备需要巨额投入，只有在充分利用仓储设施和设备的情况下，仓储企业才能获得收益。如果不能将仓储设施和设备投入使用或只是低效率地使用仓储设施和设备，就会造成仓储成本的增加。仓储企业应及时决策，采取出租、借用、出售等多种经营方式盘活资产，提高仓储设施和设备的利用率。

（7）加强劳动管理。

工资是仓储成本的重要组成部分，合理使用劳动力，是控制人员工资的基本原则。我国是具有劳动力优势的国家，人力成本较低，较多地使用劳动力是合理的选择。对劳动进行有效的管理，避免人浮于事、出工不出力或效率低下是劳动管理的重点。

（8）降低经营管理成本。

经营管理成本是企业经营活动和管理活动的费用和成本支出，包括管理费、业务费、交易成本等。加强成本管理，减少不必要支出，也能降低经营管理成本。当然，经营管理成本费用的支出时常不能产生直接的收益和回报，但也不能忽视其重要性。

复习思考题

问答题

1. 货品入库前要做好哪些准备工作？
2. 如何做好接运卸货工作？
3. 在验收过程中会遇到哪些问题？如何解决这些问题？
4. 什么是仓储存储？其管理原则有哪些？
5. 进行仓储管理时有哪些措施？
6. 在仓库中拣选货品有哪些策略及方法？
7. 仓储作业应该在什么时候补货？可以采取哪些补货方式？
8. 简述出库的含义及要求。
9. 货物可以以什么形式出库？
10. 货物的出库流程有哪些？

第4章

商品的养护与保管

知识目标：

- 掌握商品养护的含义
- 熟悉商品养护的任务及目的
- 掌握商品养护的基本要求
- 了解库存商品的变化情况
- 掌握金属制品的保管方法与养护方法

能力目标：

- 辨析引起商品发生变化的因素
- 掌握控制商品温度和湿度的方法
- 掌握防治商品发生虫害和霉变的办法
- 掌握危险品的保管方法

导入案例

深圳恒温仓库的日常养护

恒温仓库是指能够调节温度并保持某一温度的仓库。恒温仓库常用来储存葡萄酒、红酒、罐头、食品、水果、蔬菜、鲜花等物品。在寒冷、酷热的地区和季节，上述物品需要在恒温状态下保管。例如，深圳一年四季天气炎热，许多产品在恒温仓库中才能长久储存。电商的快速发展使恒温仓库成为跨境电商的好伙伴。例如，深圳市嘉禾云仓储运有限公司使用的就是专业的恒温仓库。恒温仓库不仅可以储存葡萄酒等对温度敏感的产品，还可以储存食品。恒温仓库的温度规定为 22℃±5℃，湿度规定为 30%～70%。由于具有较高的要求，所以恒温仓库的日常维护保养非常关键。下面就来说说恒温仓库的日检、周检和月检。

（1）日检。

① 检查各紧固件的螺栓、弹簧垫是否紧固、齐全。

② 检查电动机、开关等电气设备的声音是否正常，温度是否超限。

③ 检查并处理电缆接线中的鸡爪子、羊尾巴、明接头等问题。

④ 检查信号照明系统的性能及电缆接线情况是否符合标准，并保持系统灵敏可靠。

⑤ 检查并维护采煤机电缆、电缆夹板及底槽电缆，不得有电缆受力和从底槽挤出的情况。

⑥ 检查试验馈电开关、移动变电站，检查馈电开关的漏电、过流、接地三大保护是否灵敏、可靠、齐全，并填写试验记录。

⑦ 每班必须检查一次煤电钻综合保护装置，并做好记录。

⑧ 检查备用电气设备是否处于完好状态。

⑨ 清扫设备，如实认真填写检修记录。

（2）周检。

① 检查电动机的接线柱是否紧固，有无烧伤痕迹。

② 检查电动机的绝缘状况，并做好记录。

③ 检查各控制设备腔内的螺栓是否紧固，检查是否有烧伤痕迹，更换损坏元件并做好记录。

④ 检查各种设备元件和接线端子是否有松动现象。

⑤ 检查采煤机、电动机、电控箱等元器件的工作状况，以及是否有螺栓松动、受潮锈蚀等现象。

⑥ 如实认真填写检修记录。

（3）月检。

① 检查各电气设备开关、接线盒电缆插销、防爆面清洁度、防爆间隙是否符合规定，并进行除锈工作。

② 测量电动机、开关、变压器的绝缘电阻值，对继电器保护装置进行检查和整定。

③ 测量低压网络的绝缘电阻值，更换绝缘程度低和轴承损坏严重的电动机。

④ 给电动机轴承注油。

⑤ 检查移动变电站高压侧和低压侧各接线极及电气设备是否完好，检查有无烧痕，更换损坏元件。

⑥ 如实认真填写检修记录。

恒温仓库如果能做好以上日常维护，那么其一定是一个合格的恒温仓库。

（资料来源：https://www.toutiao.com/a6641478805741371911/?tt_from=mobile_qq&utm_campaign=client_share&timestamp=1551944007&app=news_article&utm_source=mobile_qq&iid=64737258824&utm_medium=toutiao_android&group_id=6641478805741371911）

思考题：什么是仓库保养？进行库存商品保养的任务是什么？不同的库存商品有哪些养护方法？

4.1 商品养护概述

商品由生产部门进入流通领域后，针对不同性质的商品、不同的储存条件，需要采取不同的养护措施，以防止其质量劣化。不同商品的构成原料不同、性质各异，各种商品受到相关自然因素影响而发生质量变化的规律与物理、化学、生物、微生物、气象、机械、电子、金属等多门学科均有密切联系，因此从事仓储行业的工作人员要掌握相关知识，才能保护好商品。

4.1.1　商品养护的含义、任务及目的

1. 商品养护的含义

商品养护是指在储存过程中对商品所进行的保养和维护。从广义上说，从商品离开生产领域到商品进入消费领域之前的这段时间内对商品进行的保养与维护工作，都称为商品养护。商品养护是项综合性、科学性很强的应用技术工作。"预防为主，防治结合"是商品养护的基本方针。

2. 商品养护的任务

商品养护的任务是面向库存商品，根据库存数量的多少、发生质量变化的速度、危害程度、季节变化，按轻重缓急分别研究制定相应的技术措施，保持货物质量不变，以求最大限度地避免和减少商品损失，降低保管损耗。

要做好商品养护工作，首先必须研究导致商品在物流过程中发生质量变化的两个因素：① 商品本身的自然属性，即商品本身的结构、成分和性质，这是导致商品发生质量变化的内因；② 商品所处的环境，包括温度、湿度、氧气、阳光、辐射、微生物等，这是导致商品发生质量变化的外因。

商品养护的基本任务主要有两个方面：① 研究商品在物流过程中受内因和外因的影响情况及其发生质量变化的规律；② 研究保障商品质量安全的科学养护方法，以维护商品的价值，避免或减少商品损失。

3. 商品养护的目的

商品养护的目的就是认识商品在储存期间发生质量变化的内因、外因及其变化规律，研究并采取相应的控制技术，以维护其使用价值，避免或减少商品损失，保障企业的经济效益。

随着社会主义现代化建设事业的蓬勃发展，我国的国际地位不断提高，特别是我国加入 WTO 后，对外贸易大幅增长。在这种情况下，保证和维护商品质量不仅是商品管理工作的重要内容，而且关系到我国商品的声誉和市场前景。因此，商品养护的重要性日益增强。

由于科学技术日新月异，新商品层出不穷，对商品养护的要求也越来越高，所以仓储人员需要不断地学习和了解各种新产品、新材料的性质，学习和借鉴各种新的养护技术与方法，推动商品养护技术的科学化进程，保证商品的质量安全。这既能提高员工的素质，也是企业适应学习型社会的重要体现。

4.1.2　商品养护的意义

近年来，市场竞争的加剧给物流生产企业带来的压力迫使物流生产企业不得不提高自身产品的质量和服务，并在这一过程中最大限度地降低生产成本、提高生产效率。毕竟物

流生产企业是生产企业而不是专业的物流企业，而且物流生产企业对商品养护问题并没有深刻的认识，商品养护问题已经逐渐成为大部分物流生产企业的发展瓶颈，没有选择合理的商品养护措施会削弱物流生产企业的核心竞争力，商品养护是开展物流活动的关键环节，也是重点发展的产业之一，其发展势头和潜力是巨大的。商品养护在政府实施宏观调控政策的推动下，提升了其运作效率和管理水平，突显了良好的发展势头。

1. 商品养护投入加大，业务收入增长速度较快

随着物流的迅速发展和社会需求的变化，企业的营运业务量不断增大，货物吞吐量、平均库存量、货物周转次数等指标明显提高。商品物流企业业务收入的增长速度很快，仓储保管收入、运输配送收入、流通加工收入等年增幅基本都达到了20%。

2. 商品养护技术获得快速发展

自动化技术和信息技术已经成为仓储技术的重要支柱，自动货架、自动识别和自动分拣等系统，以及条码技术、RF 技术等已经被越来越多的企业关注和应用。供应商管理库存、零库存等技术也开始在一些大型企业中被使用。

3. 商品物流企业之间的竞争加剧

目前许多企业的物流设施无法满足其物流活动的需要，原有的商品物流企业缺乏改造基础设施的资金。许多国外的物流公司纷纷投资建库，许多大型企业也不断建设现代化仓库作为发展物流的平台。这种趋势加大了商品物流企业间的竞争力度。

4. 商品物流企业的业态划分格局更加清晰明细

根据市场需要和企业自身优势，商品物流企业将进一步明确、细化企业定位，重新进行理性思考，根据发达国家的成熟经验、市场环境与自身资源条件选择合适的经营业态，市场上将会涌现一批专业化的公共物流商品养护中心、规模化的配送中心、辐射功能强大的集散中心、合同式的原材料供应中心和逐渐专业化的商品养护中心。

4.1.3 商品的属性

要做好商品养护工作，首先要知道商品的属性。每一种商品的属性不尽相同，如金属类的商品，其养护工作主要有防锈、防腐、防尘、防变形、防氧化等，对于此类商品就要采取一些上机油、包塑料膜等防护措施。

商品的品种繁多、特征各异，仓储时有必要按照商品的特性将商品科学归纳为不同的类、组、品目、品种，便于进行商品养护。分类是十分重要的工作，既要达到分类的目的，又要明显地区分商品的类别。

1. 按商品的自然特性分类

（1）易吸潮商品。

易吸潮商品是指能吸收空气中的水蒸气或水分的物品，如茶叶、香烟、糖、香菇等。

（2）易吸味商品。

易吸味商品是指容易吸附外界异味的商品，如茶叶、香烟、大米、木耳、饼干等。

（3）易吸尘商品。

易吸尘商品是指容易吸收周围环境中的灰尘的商品，如纤维商品、液体商品、食品等。

（4）扬尘性商品。

扬尘性商品是指极易飞扬尘埃的商品，如矿粉、炭黑、染料等。

（5）受热易变形商品。

受热易变形商品是指当环境超过规定温度时，会发生形态变化的商品，如石蜡、松香、橡胶等。

（6）自行发热性商品。

自行发热性商品是指在不受外来热源影响的条件下会自行发热的商品，如油纸、煤炭等。

（7）易锈蚀商品。

易锈蚀商品是指易因生锈而毁损的金属类商品，如金属罐头食品、铁桶物品、钢材等。

（8）易碎商品。

易碎商品是指机械强度低的商品，如玻璃及其制品、陶瓷品、精密仪器等。

2．危险性商品

危险性商品是指具有易燃性、爆炸性、腐蚀性、毒害性和放射性等性质，在装卸、搬运、仓储和运输过程中能引起人身伤亡、财产毁损的商品。危险品标志如图 4-1 所示。

（1）爆炸品。

爆炸品具有猛烈的爆炸性，如三硝基甲苯（TNT）、苦味酸、硝酸铵、叠氮化物、雷酸盐、乙炔银等。

（2）氧化剂。

氧化剂具有强烈的氧化性，可分为一级无机氧化剂、一级有机氧化剂、二级无机氧化剂、二级有机氧化剂等。

（3）压缩气体和液化气体。

压缩气体和液化气体分为剧毒气体、易燃气体、助燃气体、不燃气体等。

（4）自燃商品。

自然商品暴露在空气中，可以依靠自身的分解和氧化产生热量，使自身温度升高到自燃点，如白磷等。

（5）遇水燃烧商品。

遇水燃烧商品遇水或在潮湿空气中能迅速分解，放出易燃易爆气体，如电石等。

（6）易燃液体。

易燃液体极易挥发成气体，遇明火即燃烧。闪点在 45℃（含 45℃）以下的液体称为易燃液体，闪点在 45℃以上的液体称为可燃液体（可燃液体不纳入危险品管理）。

一级易燃液体的闪点在 28℃以下（含 28℃），如乙醚、汽油、甲醇、乙醇、苯等；二级易燃液体的闪点为 29℃～45℃（含 45℃），如煤油等。

（7）易燃固体。

易燃固体的燃点较低，如硫黄、萘等。

（8）毒害品。

毒害品具有强烈的毒害性，少量毒害品进入人体或接触皮肤即可造成人体中毒甚至死亡，如氰化物等。

（9）腐蚀物品。

腐蚀物品具有强腐蚀性，如硫酸、盐酸、硝酸等。

（10）放射性物品。

放射性物品具有放射性，如放射性矿石等。

图 4-1　危险品标志

4.1.4　商品养护的措施

商品养护是流通领域各部门的重要工作，应在商品养护过程中贯彻"以防为主、防重于治、防治结合"的方针，达到最大限度地保护商品质量、减少商品损失的"四保"要求。防是指不使商品发生质量上的降低和数量上的减损，治是指当商品出现问题后及时采取救治的方法，防和治是商品养护不可缺少的两个方面，具体要求如下。

1．建立健全必要的规章制度

为做好商品养护工作，应建立健全必要的规章制度（如岗位责任制），以便明确岗位责任，更好地按照制度要求完成商品养护工作。

2．严格验收入库商品

验收入库商品时，一定要检验商品的品种、规格和数量是否与货单相符；同时检查商品的包装是否完好，有无破损；检验商品的温度与含水量是否符合入库要求；检验商品是否有虫蛀、霉变、锈蚀、老化等现象。

3．掌握商品的性能，合理安排储存场所

由于不同商品的性能各异，所以不同商品对保管条件的要求也有所不同。分区分类、合理安排储存场所是商品养护工作一个重要的环节。应将怕潮湿、易霉变、易生锈的商品存放在较干燥的库房里；应将怕热、易熔化、发黏、挥发、变质后易发生燃烧的商品存放在温度较低的阴凉场所；应将既怕热，又怕冻，且需要较大湿度的商品存放在冬暖夏凉的楼下库房或地窖里。此外，还应注意性能相互抵触或易串味的商品不能在同一库房混存，以免相互产生不良影响，危险化学品要严格按照有关部门的规定分区、分类安排储存地点。

4．有效地苫垫堆码

根据商品的性能、包装特点和气候条件做好苫垫堆码工作。应将商品的垛底垫高，有条件的可以用油毡纸或塑料薄膜垫作防潮层。对于堆放在露天货场的商品，货区四周应设有排水渠道，并将商品严密苫盖，防止积水与日晒雨淋。选择适当的堆码方式（如采用行列式、丁字形、井字形、围垛式等）将商品堆成通风垛。

5．加强仓库温度和湿度的管理

仓库的温度和湿度对商品质量的影响极大。各种商品由于其本身特性，对温度和湿度一般都有一定的适应范围，超过安全湿度和安全温度的范围，商品质量就会发生不同程度的变化。因此，应根据库存商品的性能要求，采取密封、通风、吸潮或其他方式调节温度和湿度，力求把仓库的温度和湿度保持在适应商品储存的范围内，以保证商品的质量安全。

6．搞好仓库环境卫生

为使商品安全储存，必须保持环境卫生。要铲除库区的杂草，及时清理垃圾，应清扫干净库房的各个角落，做好商品入库前的清仓消毒工作，将库房的清洁卫生工作持久化、制度化，杜绝虫鼠，做好防治工作。

7．做好在库商品的检验工作

做好在库商品的检验工作对维护商品的质量安全具有重要作用。对于在库商品，应根据其本身特性及质量变化规律，结合气候条件和储存环境，实行定期或不定期的检查，及时掌握商品质量变化的动态，发现问题及时解决。如不能及时发现问题并采取措施进行救治，就会造成或扩大损失。因此，应对在库商品的质量情况进行定期或不定期的检查。检查在库商品时应特别注意商品的温度、水分、气味、包装及货垛状况是否有异常。

4.1.5　商品养护的基本策略

任何商品只能在一定的时间内和一定的条件下保持其质量的稳定性，即基本保持其价值。当商品经过一定时间的储存或其储存条件发生变化时，商品质量就会发生变化，这种情况在流通的各个环节中都可能出现。商品的种类不同，其发生质量变化的方式、速度、程度也不同。商品本身的因素和物流环境条件决定了商品发生质量变化的程度，也决定了商品流通的时间界限。商品越容易发生质量变化，它对物流条件的要求就越严格。因此，对易发生质量变化的商品进行适当的商品养护非常重要。

1．"以防为主，防治结合"的基本策略

"以防为主，防治结合"是商品养护工作的基本策略。

"防"是为了避免或减少商品在物流过程中发生质量变化和数量损耗所采取的积极的预防措施。"防"可以有效地控制商品质量和数量的变化，把质量事故扼杀在萌芽状态，减少被动因素，防患于未然，可以收到事半功倍的效果，具体的措施有对商品流通过程的温度

和湿度进行控制，注意通风、密封，采用新的包装材料和技术等。

"治"是指当商品出现轻微质量问题后及时救治，避免商品发生更大的损失所采取的挽救措施，如当商品发生轻微霉变后的晾晒、金属锈蚀后的除锈等。

2."防"和"治"两者间的关系

（1）"防"和"治"是商品养护不可缺少的两个方面。

"防"是主动的，能最大限度地保护商品质量，减少商品损失，因此必须做到防得早、防得好，防护工作要细致周密，并渗透到物流的每个环节。特别要注重预防燃烧、爆炸、火灾、污染等恶性事故和大规模损害事故的发生，及时发现和消除事故隐患。当发现损害现象时，要及时采取有效措施进行救治，防止损害扩大，减少损失。

（2）"防"是商品养护的前提和基础。

做好"防"可以减少"治"或避免"治"，从而最大限度地减少商品损失，因此"防"是商品养护的前提和基础，要千方百计地做好"防"。但是，一旦发生质量问题，就必须进行及时、有效的"治"，如果"治"得恰当、"治"得及时，则可以避免使商品的价值受到更大的影响，从而减少损失。

4.2 库存商品的质量变化及损耗

4.2.1 库存商品的质量变化

商品在储存期间，由于商品本身的成分、结构和理化性质，以及日光、温度、湿度、空气、微生物等客观条件的影响，商品会发生质量变化。商品质量变化的形式主要有物理变化、化学变化、生理生化变化和生物学变化。同时，受储存时间和储存占用资金的影响，商品还会发生价值变化，具体如下。

1.物理变化

物理变化是指商品仅改变其本身的外部形态，如在气体、液体、固体三态之间发生变化，不同形态的商品在一定的温度、湿度、压力条件下会发生形态变化，三态变化会消耗商品、降低商品质量。常见的物理变化有串味、玷污、渗漏、干裂、破碎与变形、挥发、溶化、熔化、凝固等。

（1）串味。

串味是指具有吸附性的商品吸收其他异味。例如，将茶叶和化妆品同处存放，茶叶和化妆品会因相互吸收异味失去使用价值。

（2）玷污。

玷污是指商品表面有脏物或有其他污染而影响商品质量的现象。商品玷污主要是由生产、储运过程中卫生条件差或包装不严造成的。对于一些对外观质量要求较高的商品（如绸缎、呢绒、针织品等），要注意防玷污；对于精密仪器、仪表类商品也要特别注意防玷污。

（3）渗漏。

渗漏是指液态商品由于包装问题发生的渗漏现象。包装破损除与包装材料性能、容器结构、包装技术有关外，还受库内温度变化的影响。温度升高或降低到一定值时会导致商品膨胀、容器胀破等现象，造成商品流失，从而使商品数量减少。

（4）干裂。

在储存过程中，环境干燥，商品失水，导致商品干缩、开裂的现象称为干裂，如肥皂、乐器在干燥的环境中会干裂，从而影响商品的使用性能与外观质量。

（5）破碎与变形。

破碎与变形是常见的机械变化，指商品在外力作用下所发生的形态上的改变。破碎主要针对脆性较大的商品，如玻璃、陶瓷、搪瓷制品和铝制品等，这些商品会因包装不良在搬运过程中受到碰撞挤压或因抛掷发生破碎、掉瓷等现象。变形通常针对塑性较大的商品，如铝制品和皮革、塑料、橡胶等制品，这些商品会因受到强烈的外力撞击或长期重压丧失回弹性能，从而发生形态改变。对于容易发生破碎和变形的商品，要注意妥善包装，轻拿轻放，堆垛高度不能超过规定的高度。

（6）挥发。

挥发是指液体商品或经液化的气体商品在空气中迅速汽化，变成气体散发到空气中的现象。一般来说，在任何温度下，液体表面都会发生挥发现象。温度越高，沸点越低，空气流速越快，商品与空气接触的面积越大，挥发得越快。

液态商品的挥发不仅会使商品数量减少，有些还会影响到商品的质量。例如，各种香精受热易散发香气，从而引起商品质量下降；某些挥发性气体，不仅影响人体健康，甚至当其达到一定浓度时，遇火就会引起燃烧或爆炸事故，如乙醇、乙醚等。

一些药材具有挥发性，如细辛、川芎、白芷、牛膝、木香、月季花、玫瑰花、佛手花、代代花等药材多含挥发油，这些药材的气味芳香浓郁且色泽鲜艳，受温度、湿度、氧气和光线等因素的影响，容易引起变色、走气、走油、变脆，因而不宜长期暴露在空气中。这类药材宜选用双层无毒塑料袋保存，塑料袋中应放入少量木炭或明矾，置于避光、干燥处储存，或置于容器内密封储存，从而防潮、防干燥、防走油、防虫蛀、防霉变等。

因此，对沸点低、易挥发的商品应采用密封性能强的包装方法进行包装，并对环境温度进行适当控制，以防商品在运输和储存过程中挥发。

（7）溶化。

溶化亦称潮解，指固态商品在潮湿的环境中储存，当其吸收的水分达到一定程度时，逐渐溶解于水成为液态的现象。这种现象多发生在用吸湿性、溶解性都较强的物质制成的固体商品中。商品一般先发生吸潮，然后随着吸收的水分增加逐渐溶化于水中。

易溶性商品具有吸湿性和水溶性两种性能，常见的易溶性商品有食糖、糖果、食盐、明矾、硼酸、甘草流浸膏、氯化钙、氯化镁、尿素、硝酸铵、硫酸铵、硝酸锌和硝酸锰等。

商品溶化与空气温度、湿度及商品的堆码高度有密切关系。在商品的保管过程中，有一些结晶成粒状或粉状的易溶性商品，在空气比较干燥的条件下，慢慢失水后会结成硬块。特别是货垛底层的商品，因承受压力较重所以结成硬块的程度较严重，虽然溶化后商品本身的性质并没有发生变化，但其形态改变会给储存、运输及销售部门带来很大不便。对易溶性商品应按其商品性能，分类存放在干燥阴凉的库房内，易溶性商品不适合与水分较大的商品同储。在堆码时要注意易溶性商品底层的防潮和隔潮，将垛底垫得高一些，并采取吸潮和通风相结合的温湿度管理方法来防止易溶性商品吸湿溶化。

（8）熔化。

熔化是指固态商品在储存过程中受储存环境温度的影响，在一定条件下成为液态的现象。熔化通常发生于熔点较低的固态商品中。一般在储存环境温度接近商品的熔点时发生软化现象，在储存环境温度达到熔点时发生熔化现象，如蜡烛、香脂等。

商品的熔化除受温度影响外，还与商品本身的熔点、商品中杂质的种类和杂质含量的高低密切相关。熔点越低，商品越易熔化；杂质含量越高，商品越易熔化。

商品熔化会造成商品流失、粘连包装、弄脏其他商品；有的商品熔化时产生的熔解热会使商品体积膨胀，从而使包装爆破；有的商品会因商品软化而使货垛倒塌。

预防商品熔化应根据商品熔点的高低，选择阴凉通风的库房储存商品。在商品的保管过程中，一般应采用密封和隔热措施，加强库房的温度管理，防止日光照射，尽量减小温度对商品的影响。

（9）凝固。

凝固也称沉淀，是液态商品的一种常见现象。凝固是指当储存环境的温度下降到一定值时，液态商品结冰成为固态商品的一种现象。这种现象多发生在储存环境温度在 0℃以下时，如墨水、香水在 0℃以下会凝固。

含有胶质和易挥发成分的商品在低温或高温等环境因素的影响下，部分物质会发生凝固，进而发生沉淀或膏体分离的现象，如墨水、牙膏、饮料、酒等。

预防商品凝固应根据不同商品的特点，防止阳光照射，冬季做好商品的保温工作，夏季做好商品的降温工作。

2．化学变化

商品的化学变化与物理变化有本质区别，化学变化不仅会改变商品的外表形态，也会生成新物质，改变商品的本质，化学变化是一种不可逆变化。商品的化学变化过程是指构成商品的物质发生变化。常见的化学变化有氧化、老化、风化、锈蚀、分解、水解、燃烧与爆炸、聚合、化和、裂解等。

（1）氧化。

氧化是商品在空气中的氧气的作用下发生的反应。例如，棉、麻、丝等纤维织品长期与日光接触，会变色变质，纤维强度下降。商品发生氧化不仅会降低商品质量，有些商品还会在氧化过程中产生热量，发生自燃，甚至会发生爆炸事故。容易发生氧化的商品品种比较多，如某些化工原料、纤维制品、橡胶制品、油脂类商品等，这些商品应储存在干燥、通风和温度比较低的库房中，才能保证其质量安全。

（2）老化。

橡胶、塑料、化纤织品等高分子化合物在光、热、氧气的作用下会出现发黏、变脆、龟裂、褪色等现象。老化会影响商品的使用性能。

（3）风化。

风化是指含结晶水的商品，在一定温度和干燥的空气中，因失去结晶水而崩解变成非晶态无水物质的现象。例如，$Na_2CO_3 \cdot 10H_2O$ 在空气中会失去结晶水，变成粉末状物质，这不仅减少了商品的数量，还影响了商品质量。玻璃的风化发生的是水解反应。

（4）锈蚀。

金属制品在潮湿的空气及酸、碱、盐等物质的作用下被腐蚀的现象称为锈蚀。例如，钢铁在潮湿的空气中会发生锈蚀，温度越高，锈蚀越快、越严重。

（5）分解。

分解是指某些性质不稳定的商品，在光、热、酸、碱及潮湿空气的影响下，会由一种物质生成两种或两种以上的新物质的反应。例如，溴化银在光的作用下生成银和溴气的现象。商品发生分解反应后，不仅会使其数量减少、质量降低，有些商品还会在反应过程中产生一定的热量和可燃气体，从而引发事故。

（6）水解。

水解是指某些商品在一定条件下遇水所发生的分解现象。例如，硅酸盐和肥皂的水解产物是酸和碱，商品水解后同原来的商品具有不同的性质。另外，高分子有机物中的纤维素和蛋白质在相应的酶的作用下发生水解后，其链节会断裂，所以含纤维素和蛋白质的商品在发生水解后强度会降低。

商品的品种不同，在酸或碱的催化作用下所发生的水解情况也是不相同的。例如，肥皂在酸性溶液中能全部水解，而在碱性溶液中却很稳定；蛋白质在碱性溶液中容易水解，但在酸性溶液中却比较稳定，这就是羊毛等蛋白质纤维怕碱不怕酸的原因；棉纤维在酸性溶液中，尤其是在强酸的催化作用下能使纤维的大分子链节断裂，分子量降低，容易发生水解，使其强度大大降低。而棉纤维在碱性溶液中却比较稳定，这就是棉纤维怕酸而耐碱的原因。

会发生水解反应的商品在流通领域，即在包装、运输、储存的过程中，要注意其包装材料的酸碱性，注意商品能否同库储存，以防商品发生损失。

（7）燃烧与爆炸。

燃烧是一种发热的、剧烈的化学变化过程，其形式可分为内燃、自燃、外热自燃、本身自燃。爆炸是指物质由一种状态迅速地转变成另一种状态，并瞬间放出大量能量的现象，可分为物理爆炸、化学爆炸、核爆炸等。

燃烧和爆炸是在不同条件下发生的氧化还原反应，二者都会放出热量、产生气体，只是燃烧的反应速度较慢，爆炸的反应速度很快。磷类、汽油、油漆、赛璐珞等为易燃品，黑火药、爆竹等为易爆品。

（8）聚合。

聚合是指某些商品在外界条件的影响下，能使同种分子结合成一种更大的分子的现象。例如，桐油表面的结块、福尔马林的变性等均是发生了聚合反应的结果。福尔马林是甲醛的水溶液（含甲醛 40%），在常温下能聚合生成三聚甲醛或多聚甲醛，产生混浊沉淀，这样就改变了商品原来的性质。

由于桐油中含有十八碳三烯酸（俗称桐油酸）这种高度不饱和脂肪酸，所以它在日光、氧气和高温的作用下能发生聚合反应，生成 B 型桐油块浮在表面，从而使桐油失去使用价值。所以，储存和养护此类商品时，要特别注意日光和储存温度的影响，以免发生聚合反应，降低商品质量。

（9）化合。

化合是指商品在储存、运输期间，在外界条件的影响下，两种或两种以上的物质相互作用而生成一种新物质的反应。一般化合反应并非单一存在于化学反应中，而是两种反应（分解反应、化合反应）依次发生。

过氧化钠为白色粉末，其劣质品多呈黄色。如果将过氧化钠储存在密闭性好的桶里，并将其在低温下与空气隔绝，其性质非常稳定。但如果过热，过氧化钠就会发生分解反应放出氧气。如果过氧化钠同潮湿的空气接触，那么它将会迅速地吸收水分发生分解反应，降低其有效成分含量。氧化钙的吸潮作用也是一种化合反应。

（10）裂解。

裂解是指高分子有机物（棉、麻、丝、毛、橡胶、塑料、合成纤维等），在日光、氧气、高温的作用下，发生链节断裂，分子量降低，从而使其强度降低，机械性能变差，产生发软、发黏等现象。例如，天然橡胶是以橡胶烃为基本单体的高分子化合物，其相对分子质量为 8 万~10 万，在日光、氧气和一定温度的作用下，它的链节会断裂，分子结构被破坏，从而使橡胶制品变软、发黏、变质。另外，塑料制品中的聚苯乙烯在一定条件下，也会同天然橡胶一样发生裂解。易发生裂解反应的商品在保管养护过程中，要避免其受热并避免日光直接照射。

3. 生理生化变化

生理生化变化是指有机体商品（有生命力的商品）在生长发育过程中，为了维持其生命活动，自身发生的一系列特有的变化。蒸腾作用、呼吸作用、后熟作用、发芽与抽薹、胚胎发育等现象都属于有机体商品的生理生化变化。这些变化会使有机体商品消耗大量的营养物质，从而使有机体商品所处环境的温度和湿度上升，繁殖微生物，进而造成商品污染、分解、变质。生理生化变化主要有蒸腾作用、呼吸作用、发芽、胚胎发育、后熟等。

（1）蒸腾作用。

新鲜菜果有很高的含水量，在储藏期间容易失去水分，如果失水过多，就会引起一系列变化。例如，菜果重量减轻，自然损耗增加，细胞的膨胀压降低发生萎蔫现象，进而丧失菜果的新鲜品质；水解酶的活性加强，复杂有机物（淀粉、蔗糖、果胶等）水解成简单的物质，破坏了正常的代谢过程，降低了菜果的耐储性和抗病性。

蒸腾作用的强度与菜果的种类、品种、形态结构和化学成分等有关。细胞间隙大、外皮薄且缺乏蜡层、细胞原生质保水力弱，以及蒸腾面积大的菜果，其水分蒸腾较快且易萎蔫；相反，肉质坚实致密、表皮厚或已木栓化的菜果，其水分蒸腾较慢，耐储存。

（2）呼吸作用。

呼吸作用是指有机体商品在生命活动过程中，不断地进行呼吸，分解体内的有机物质，产生热量，维持其本身生命活动的现象。呼吸作用是有机体商品在氧气或酶的参与下进行的一系列氧化作用。呼吸作用可分为有氧呼吸和无氧呼吸两种类型。

有氧呼吸和无氧呼吸都要消耗有机体商品内的营养物质——葡萄糖，从而降低有机体商品的质量。呼吸作用产生的热量会不断积累，如不及时散去热量，往往会使粮食、食品等腐败变质，同时有机体在呼吸作用中分解出来的水分还会促进有害微生物的生长繁殖，加速商品发生霉变。

在储存和运输有机体商品的过程中要设法控制其呼吸强度，抑制其旺盛的呼吸，使其保持最低的呼吸，利用其生命活性减少物品损耗，延长其储存时间。

（3）发芽。

发芽指有机体商品在适宜条件下，冲破休眠状态而发生的发芽、萌发现象。发芽会使有机体商品的营养物质转化为可溶性物质，供给有机体商品自身的需要，从而降低有机体商品的质量。有机体的发芽、萌发过程通常伴有发热等情况，这不仅会增加其损耗，还会降低有机体商品的质量。因此，对于能够发芽、萌发的商品，必须控制其水分，并加强温度和湿度管理，防止发芽、萌发现象的发生。

（4）胚胎发育。

胚胎发育主要指的是鲜蛋的胚胎发育。在鲜蛋的保管过程中，如果温度适宜，胚胎往往会发育成血环蛋，大大降低鲜蛋的质量。为了抑制鲜蛋的胚胎发育，应加强储存环境的温度和湿度管理，最好进行低温保管。

（5）后熟。

后熟是指瓜果、蔬菜等食品在脱离母株后继续成熟的现象。瓜果、蔬菜等食物的后熟作用，能改进其色、香、味及硬脆度等食用性能。当后熟作用完成后，瓜果、蔬菜等容易腐烂变质，难以继续储藏，甚至失去食用价值。因此，对于这类鲜活食品，应在其成熟前采收并采取控制储存条件的办法来调节其后熟过程，以达到延长其储存期、均衡上市的目的。

4．生物学变化

生物学变化是指商品在外界有害生物的作用下受到破坏的现象，如虫蛀、鼠咬、霉变等。有些商品在温度适宜的条件下易受到虫蛀，而且在仓储条件较差时也会受到鼠咬。由于有机商品是虫、鼠的营养成分，所以易被虫、鼠损害。

（1）虫蛀。

常见的危害商品质量的害虫主要有鞘翅目的幼虫、成虫和鳞翅目的幼虫，它们大多滋生于农作物中，在储存和运输环节中感染商品的主要途径如下：商品在进入运输环节前已有害虫或虫卵潜伏其中；商品包装物料内隐藏有害虫或虫卵；通过运输工具带进害虫；储存和运输环境不清洁，潜藏或滋生害虫；周围的动植物传播害虫等。

这些害虫表现出的特性有适应性强、食性广杂、繁殖力强、活动隐蔽、有趋向性等。害虫在生长过程中，不但会破坏商品的组织结构，致使商品破碎或产生孔洞，害虫还会排泄自身的各种代谢废物，破坏商品的质量和外观。害虫滋生的条件主要是氧气、温度、水分和食料等。

易虫蛀商品主要是蛋白质、脂肪、纤维素、淀粉及糖类、木质素等营养成分含量较高的商品，具体包括丝织品，皮毛制品，竹、藤制品，木材、纸张及其他纸制品，以及粮食、烟草、肉品、干果、干菜、中药材等。

（2）鼠咬。

老鼠属啮齿目鼠科动物，它直接损害粮食及其他商品，破坏商品包装，并传播各种病菌。褐家鼠是较常见的危害较大的一种家鼠，喜食多汁且含脂高的食物。

（3）霉变。

霉变是商品发生质量变化的主要形式之一，并非任何商品在任何情况下都能发生霉变。霉变有三个必要条件，缺一不可：商品受到霉菌污染；商品中含有可供霉菌生存的营养成分；商品处在适合霉菌生长繁殖的环境条件下。

环境条件对商品霉变的发生、发展具有重大影响。大多数霉菌属于中温中湿型，最适生长温度为25℃～37℃，相对湿度在75%以上可以正常发育。霉菌通常适应弱酸性环境（pH值为4～6）。另外，霉菌的生长繁殖需要充足的氧气。

由于霉菌在商品中进行新陈代谢，把商品的营养物质变成各种代谢物，所以会降低商品质量，产生霉臭气味，出现长毛现象，甚至会使商品丧失其使用价值。

4.2.2　库存商品的损耗

商品在储存过程中，由于其本身的性质、自然条件的影响、计量工具的合理误差、人为的原因等，均会发生损耗。商品的保管损耗是指在一定的期间，保管某种商品所允许发生的自然损耗。商品保管损耗率即库存商品的自然损耗率，是某种商品在一定保管条件和保管期内，其自然损耗量与库存量的比值，以百分数或千分数表示。其公式为商品保管损耗率=自然损耗量/商品库存量×100%（1000‰）。商品保管损耗率低于该标准则为合理损耗；反之，则为不合理损耗。商品保管损耗率是考核仓储工作质量的重要指标。库存商品的损耗通常表现为以下几方面。

1. 商品的自然损耗

商品的自然损耗主要是指商品的干燥、风化、黏结、散失、破碎等。

2. 人为因素或自然灾害造成的损失

人为因素或自然灾害造成的损失主要是指由于仓库保管人员的失职或保管不善，水灾、地震等自然灾害造成的非正常损失，以及包装破损造成的漏损等。

3. 装卸、搬运、上垛和磅差

商品在装卸、搬运、中转、验收、过磅、上垛、入库等过程中都可能发生损耗。磅差是商品在进出库时，由于计量工具精度的差别造成的商品数量的差异。允许磅差是商品流通各环节允许发生的称量商品的重量差。

4.2.3　影响商品质量发生变化的因素

商品在储存期间，会发生质量变化，其质量变化的影响因素是多方面的。霉变、虫蛀、锈蚀、老化等是工业品商品储存期间最易发生的质量变化。下面仅以工业品商品为例来说明影响库存商品发生质量变化的因素。

1. 霉变

商品霉变主要是由霉菌引起的。由于霉菌在商品中进行新陈代谢，把商品中的营养物质变成了各种代谢物，从而降低了商品的质量，产生了霉臭气味，甚至出现长毛现象，严重者甚至会使商品丧失其使用价值。

（1）影响霉变的内在因素。

① 商品带有霉菌孢子。商品的原材料带有霉菌孢子；商品的生产未在无菌条件下进行；未在商品生产过程中加入防霉剂，商品未经消毒灭菌；商品的包装未采取无菌密封；商品在运输、储存过程中受到霉菌孢子的污染。

② 商品的原材料中含有营养物质——碳源营养、氮源营养、矿物质营养与水分等。

（2）影响霉变的外在因素。

① 商品的含水量与空气湿度。水对霉菌孢子的萌发、营养物质的吸收、新陈代谢与酶的生化作用等都有一定的作用，而水分的主要来源是商品本身所含的水分与空气中的水分。

② 库房的温度和湿度。大多数霉菌属于中温中湿型，库房的温度会影响酶的活性。当温度为 25℃～28℃时，霉菌体内酶的活性最强，代谢加速，生长繁殖更加旺盛。

③ 适量的氧气。在无氧或空气流通的地方，均不易发生霉变。霉菌的种类很多，对工业品商品危害较大的有毛霉、根霉、青霉、曲霉、木霉等。不同的霉菌能产生不同的酶，如毛霉、根霉能产生淀粉酶，木霉能产生纤维素酶等。这些酶分别可以对含淀粉、纤维素的有机体进行分解。但商品的霉变往往不是由单一霉菌引起的，而是由若干种霉菌相互作用造成的。

2. 虫蛀

商品在储存过程中，常常会受到各种害虫的侵袭，这些害虫不仅能蛀食、污染动植物性商品，还会危害塑料、纤维等高分子商品，直接威胁商品的安全，甚至使商品完全失去使用价值。因此，虫蛀也是商品储存过程中的主要生物危害之一。

仓虫大多数来源于农作物，为多食性昆虫，其生殖力强，对环境条件有很强的适应性和抵抗能力。用药物防治仓虫时，如果药物浓度低或剂量不足，存活的仓虫通过长期世代遗传，对某种药物可能会形成抗药性。因此，仓虫能在仓库这种特定的环境下生存与繁殖。仓虫主要为鞘翅目与鳞翅目昆虫。仓库的环境因素，特别是温度、湿度与食料对害虫的生长有极大的影响。

（1）温度。

仓虫为变温动物，其热量来源有内生与外来两种途径。仓虫因自身新陈代谢作用分解营养物质而获得的热量为内生热量；仓虫从栖息地环境中获得的热量为外来热量。仓虫的体温在很大程度上取决于周围环境的温度，其外来热量是主要的影响因素，而内生热量只是起调节体温的作用。因此，温度对仓虫个体的发育速度、成虫的寿命和繁殖率、仓虫的食量、仓虫的迁移分布和死亡速度等都有直接影响。

（2）湿度。

湿度对仓虫的影响与温度同等重要：一方面湿度直接影响仓虫的水分来源；另一方面湿度影响商品的含水量，也间接地影响仓虫的水分来源。70%～90% 的相对湿度是多数仓虫生存与繁殖的最适宜湿度。干燥是多数商品安全储存的重要条件之一。但是，高湿度（如相对湿度达到 100%）也不利于仓虫的生存与繁殖，因为湿度过大会妨碍仓虫调节热量。

（3）食料。

各种仓虫对食料种类都有一定的适应范围。根据仓虫对食料的适应范围，可以将其分为单食性仓虫、多食性仓虫和杂食性仓虫等类型。仓虫的食料是影响仓虫生长发育快慢和繁殖力大小的重要因素之一。如果缺乏适宜的食料，仓虫的生长发育将受到抑制。因此，在储存各类商品时，应当了解商品的营养成分及其含水量的高低，以便能够分析和推测出可能发生的虫害种类和程度，从而更好地采取防治措施。

3. 锈蚀

锈蚀又称腐蚀。锈蚀是指金属与其所接触的物质发生化学或电化学作用而引起的破坏现象，其本质是氧化还原反应。

金属在干燥的空气或非电解液中，单纯由化学作用（不产生电流）引起的锈蚀，称为化学锈蚀；金属在电解液中或在液膜下，由电化学作用引起的锈蚀，称为电化学锈蚀。电化学锈蚀过程通常会产生电流，形成腐蚀电池。电化学锈蚀的速度快，是金属在空气中发生锈蚀的主要原因。

金属制品在储存中易被潮湿空气锈蚀。潮湿空气锈蚀是在金属制品表面形成的水膜下发生的电化学锈蚀。所以，相对湿度的大小直接影响着金属锈蚀的速度。当空气中的相对湿度较小时，金属制品只会发生化学锈蚀。随着空气的相对湿度逐渐增大，直到在金属表面形成的水膜足以满足电化学锈蚀的需要时，锈蚀的速度将明显加快，这时的相对湿度值称为临界湿度。一般金属锈蚀的临界湿度在 70%左右，金属制品表面粗糙，结构复杂，其表面吸附的盐类、尘埃及有害气体等都能降低锈蚀的临界湿度。

4. 老化

高分子材料（塑料、橡胶、合成纤维等）在生产、加工、储存、使用过程中，由于内外因素的综合影响，会失去其原有的优良性能，以致最后丧失使用价值，这种变化称为老化。

（1）影响老化的内在因素。

① 高分子材料的结构。高分子材料的结构在外部因素的作用下容易形成活性中心，导致高分子材料迅速老化，如聚丙烯、橡胶制品等。

② 其他组分与杂质。其他组分包括高分子材料聚合过程中使用过的引发剂、催化剂，以及成品加工中添加的配合剂（增塑剂、填充剂、润滑剂、着色剂、硫化剂等）。在这些组分中，有些组分会促进高分子材料老化，如硫化剂对橡胶制品老化有较大影响。

用于高分子材料聚合的催化剂与引发剂分解出来的金属离子，以及工业生产中使用金属设备带入的微量有害金属杂质，会严重危害高分子材料的耐老化性能，如锌、铁等金属杂质会大大加快聚氯乙烯的老化速度。

（2）影响老化的外部因素。

① 日光。光的波长越短，其能量越大。高分子从日光中获得能量后，处于激发态，能产生光物理作用或光化学反应，导致材料老化。

② 温度。温度升高，会促使分子的热运动加速，从而促进高分子材料发生氧化裂解反应。

③ 臭氧。高分子材料对大气中的臭氧很敏感，特别是在光与热的作用下，高分子材料极易发生光氧老化与热氧老化。

臭氧分解生成的原子态氧活性大、破坏性大。在光的参与下，臭氧老化变得更加强烈。

含有双键的高分子与臭氧结合会生成臭氧化合物，这种现象称为臭氧龟裂。

④ 相对湿度。夏天，雨洒在晒热的高分子材料上，会引起热冲击作用，使其表面突然冷却，产生一定的应力。雨水、凝露形成的水膜能使水溶性物质（增塑剂、亲水基团等）溶解，加速高分子材料老化。

4.3　商品的养护方法

商品在储存保管期间会发生各种质量变化，商品养护的目的在于维持商品的质量，保护商品的使用价值。采用科学养护方法来安全储存商品，保证商品的质量，避免和减少商品损失是至关重要的。

4.3.1　常见商品的养护方法

1．温度和湿度的控制

（1）通风。

通风就是采用自然或机械方法来加快空气流通，使空气可以到达、穿过仓储环境，以形成卫生、安全、适宜的空气环境的技术。如利用大量干燥的空气可降低货物中的含水量；利用低温空气，可降低货物温度；通风能增加空气中的氧气含量，消除货物散发的有害气体，如造成货物窒息的二氧化碳、使金属生锈的二氧化硫等酸性气体。当然，通风也会将空气中的水分、尘埃、海边空气中的盐分等带入仓库，影响货物质量。

（2）温度控制。

除冷库外，仓库的温度直接受天气的影响，库存货物的温度会随天气温度同步变化。温度太高，货物会发生融化、膨胀、软化，容易腐烂变质、挥发、老化、自燃，甚至发生物理爆炸；温度太低，货物会发生变脆、冻裂、液体冻结膨胀等现象损害货物。一般来说，绝大多数货物在常温下都能保持正常的状态，普通仓库进行温度控制主要是避免阳光直接照射货物。

仓库遮阳通常采用仓库建筑遮阳和苫盖遮阳的方式。对于怕热的货物，应将其存放在不能被阳光直接照射的货位。对温度较敏感的货物，在气温高时可以采用洒水降温的方式给其降温，如直接对货物洒水等；对于怕水货物可以通过向苫盖、仓库屋顶洒水来降温。在日晒减少的傍晚或夜间，应将货物的苫盖适当揭开通风，这也是对露天堆场货物降温保管的有效方法。货物自热是货物升温损坏的一个重要原因，对于容易自热的货物，应经常检查货物温度，当发现货物升温时，可以采取通风、洒水等方式使货物降温，或者翻动货物使货物散热降温。必要时，可以采取在货垛内存放冰块、释放干冰等措施使货物降温。

在严寒季节气温极低时，可以采用加温设备对货物进行加温防冻。对突至的寒潮，可以在寒潮到达前对货物进行保暖。

（3）湿度控制。

湿度是表示大气干燥程度的物理量。在一定的温度下，一定体积的空气里含有的水汽越少，则空气越干燥；水汽越多，则空气越潮湿。仓库保管中的湿度控制包括对货物湿度和空气湿度的控制。货物湿度可用含水量指标表示；空气湿度可用百分比表示，有绝对湿度和相对湿度两种表示方式；空气中的水汽凝结成水滴则用露点来表示。

① 货物湿度。货物湿度是指货物的含水量，对货物质量有直接影响。货物含水量高，则容易发生霉变、锈蚀、降解、发热等反应，甚至发生化学反应等；货物含水量太低，则会发生干裂、挥发、燃烧等危害。控制货物的含水量是货物保管的重要工作。

② 空气湿度。空气湿度用绝对湿度和相对湿度两种方式表示。绝对湿度是空气中含水汽量的绝对值，用帕（Pa）或克/立方米（g/m^3）表示，如 25℃时，空气的最高绝对湿度（也称为饱和湿度）为 22.80 g/m^3。温度越高，空气中水分子的动能越大，空气含水汽的能力越高，空气的绝对湿度越高。相对湿度是空气中含有的水汽量与相同温度下空气能容纳的最大水汽量的百分比，最高为 100%。相对湿度越大，表明空气中的水汽越接近饱和状态，表示空气越潮湿；相反，相对湿度越小，表明空气越干燥。

③ 露点。露点是指在固定气压之下，空气中所含的水汽达到饱和状态，凝结成液态水所需要降至的温度。在这一温度下，凝结的水飘浮在空中称为雾；而沾在固体表面上时则称为露，因而得名露点。露点用温度表示，如果气温下降到露点以下，空气中的水汽就会在物体表面凝结成水滴，俗称"汗水"，会造成货物的湿损。

对于湿度的控制，首先应做好监测工作。仓库应经常进行湿度监测，包括空气湿度监测和仓内湿度监测。一般每天早、晚应各监测一次，并做好记录。其次，应做好空气湿度太低时的处理措施。空气湿度太低意味着空气太干燥，这时应减少仓库内的空气流通，采取洒水、喷水雾等方式增加仓库内的空气湿度。再次，应做好空气湿度太高时的处理措施。对于封闭仓库或密封货垛，应避免空气流入仓库或货垛，或者在有条件的仓库中采用干燥式通风、制冷除湿等措施，或者在仓库或货垛内放吸湿性材料（如生石灰、氯化钙、木炭等）。

2. 虫害的防治

仓库中的害虫不仅会蛀食动植物商品和包装，还会危害塑料、化纤等化学合成的商品。因此，仓库虫害的防治工作是商品养护的一项十分重要的工作。

（1）杜绝仓库虫害的来源。

虫害必然会造成极大的危害。因此，必须加强入库验收，根据具体情况将商品分别入库，隔离存放。在商品储存期间，要定期对易染虫害的商品进行检查，做好预测预报工作。做好日常的清洁卫生工作，铲除库区周围的杂草，清除库区附近沟渠中的污水，同时辅以药剂对空库进行消毒，在库房四周 1m 的范围内用药剂喷洒防虫线，有效杜绝害虫的来源。

（2）物理防治。

物理防治就是利用物理因素（光、电、热、冷冻、原子能、超声波、远红外线、微波及高频振荡等）破坏害虫的生理机能与机体结构，使其不能生存或抑制其繁殖。常用的物理防治方法如下。

① 灯光诱集，就是利用害虫对光的趋向性在库房内安装诱虫灯，晚上开灯时，使趋光而来的害虫被迫随气流吸入预先安置的毒瓶中（瓶内盛少许氰化钠或氯化钾），令其中毒而死。

② 高温杀虫，就是将环境的温度调整到 40℃以上，使害虫的活动受到抑制，使其繁殖率下降，使害虫进入热麻痹状态，直至死亡。

③ 低温杀虫，就是将环境温度下降，让害虫机体的生理活动变得缓慢，使其进入冷麻痹状态，直至死亡。

④ 电离辐射杀虫，就是用几种电离辐射源放射出来的 X 射线、Y 射线或快中子射线等，杀伤害虫或使其不育。

⑤ 微波杀虫，就是在高频电磁场的微波作用下，使害虫体内的水分、脂肪等物质剧烈振荡，从而使其体温上升，直至体温升至 68℃时死亡。这种方法处理时间短，杀虫效力高。

此外，还可使用远红外线、高温干燥等方法进行虫害的防治。

（3）化学防治。

化学防治就是利用化学药剂直接或间接毒杀害虫的方法。常用的药剂有以下几种。

① 杀虫剂。一些杀虫剂接触虫体后，能穿透害虫表皮进入害虫体内，使害虫中毒死亡，此为触杀剂，如敌敌畏、六六六等；还有一些杀虫剂可配成诱饵，杀虫剂被害虫吞食后通过胃肠吸收进入体内，使其中毒死亡，此为胃毒剂，如亚砒霜、亚砒霜钠等。

② 熏蒸剂。熏蒸剂散发的毒气通过害虫的气门、气管等进入害虫体内，使害虫中毒死亡。常用的熏蒸剂有磷化铝、溴甲烷、氯化苦等。

③ 驱避剂。利用驱避剂（萘、樟脑精、对位二氧化苯等）发出的刺激性气味与毒性气体，使害虫被毒杀或使害虫不敢接近商品。

在化学防治中，宜选用对害虫有较高毒性的药剂，并在害虫抵抗力最弱的时期施药。施药时，应严格遵守药物使用规定，注意人身安全和被处理商品、库房建筑及备品用具的安全。应采取综合防治与轮换用药等方法，以防害虫产生抗药性。

3. 霉变的防治

霉变是仓储商品发生质量变化的主要形式之一。霉变产生的条件有商品受到霉菌污染；商品中含有可供霉菌利用的营养成分（如有机物构成的商品）；商品处于适合霉菌生长繁殖的环境下。霉菌往往寄生于能供给它养料的有机材料中，如木、皮革、麻制品等。要想防治霉变，必须根据霉菌的生理特点和生长繁殖的环境条件，采取相应的措施，抑制或杀灭霉菌。

① 常规防霉。常规防霉可以采用低温防霉法与干燥防霉法。低温防霉法就是根据商品的不同性能控制和调节仓库温度，使商品温度降至霉菌生长繁殖的最低温度界限以下，抑制霉菌的生长。干燥防霉法就是降低仓库环境中的湿度和商品本身的含水量，使霉菌得不到生长繁殖所需要的水分，从而达到防霉的目的。

② 药剂防霉。药剂防霉是将对霉菌具有杀灭或抑制作用的化学药品喷洒到商品上，如苯甲酸及其钠盐对食品的防腐，托布津对果蔬的防腐保鲜，还有水杨酰苯胺及五氯酚钠等对各类日用工业品、纺织品及服装鞋帽等的防霉。

防霉药剂能够直接干扰霉菌的生长繁殖。理想的防霉药剂应当灭菌效果好、对人体的毒害性小，常用的防霉药剂有水杨酰苯胺、五氯酚钠、氯化钠、多菌灵、托布津等。

③ 气相防霉。气相防霉就是利用气相防霉剂散发出的气体，抑制或毒杀商品上的霉菌。这是一种较先进的防霉方法，需要把挥发物放在商品的包装内或密封垛内。

对已经发生霉变但可以救治的商品，应立即采取救治措施。根据商品的性质可选用晾晒、加热消毒、烘烤、熏蒸等办法减少损失。

4．防老化技术

高分子化合物又称大分子化合物或高聚物，由许多结构相同的单元组成，其分子量高达数万乃至数百万。以高分子化合物为主要成分的商品称为高分子商品，如塑料、橡胶、合成纤维等。高分子商品在储存和使用过程中会出现发黏、变硬、脆裂、失光、变色，以及丧失其应有的物理性能和力学性能的现象，这些现象称为老化。导致高分子商品老化的外界环境因素主要是光（特别是紫外线）、氧气、热、水和溶剂、外力、生物等。要延缓高分子商品的老化，应尽量避免其接触不良环境因素，如采取遮光、控氧、防热、防冻、防机械损伤、防虫蛀、防霉变等措施。

4.3.2 金属制品的保管与养护

金属制品在储存期间易发生锈蚀，不仅影响金属制品的外观质量，使其陈旧，还会使其机械强度下降，从而降低其使用价值，甚至使金属制品报废。如各种刀具因锈蚀而在表面形成斑点、凹陷，刀具难以保持平整和锋利；精密量具锈蚀可能会影响其精确度。因此，要对金属制品进行保管与养护。

1．选择适宜的保管场所

保管金属制品的场所，无论是库内还是库外，均应保持清洁干燥，不得将金属制品与酸、碱、盐类的气体或粉末状商品混存。当将不同种类的金属制品在同一地点存放时，也应使不同种类的金属制品保持一定的距离，以防它们发生接触腐蚀。

在金属制品的储存过程中，引起金属制品发生锈蚀的因素有金属制品本身的原材料结构不稳定、化学成分不纯、物理结构不均匀等内部因素，也有空气温度和湿度、锈蚀性气体、金属表面的尘埃等外部因素。储存金属制品的仓库应干燥通风、远离有害气体，严禁将金属制品与化学药品、酸碱物质、化工商品及含水量较高的商品同库储存。

应分类、有序地存放金属制品，货架与货架之间、货架与墙壁之间应有一定的安全距离。不应将不便放在货架上的大件物品直接放在地上，应在其下面垫上枕木或方石，并在大件物品与枕木或方石间垫上油纸或油毛毡。

2．温湿度防护

金属及其制品都有各自适宜储存的温湿度范围。一般仓库的温度要保持在 18℃～25℃，相对湿度应保持在 70%以下。控制和调节仓库的温度和湿度的常用方法有通风、密封、吸潮等。

（1）注意通风防护。通风是指根据空气流通的规律，有计划、有目的地使仓库内外的空气进行交换，以调节空气温度和湿度，从而更好地储存金属。通风的方法有自然通风法和机械通风法。在实际工作中，当库外的温度和湿度都低于库内的温度和湿度，或者库内外温度相同而库外湿度低，或者库内外湿度相同而库外温度低时，都可以进行通风。

（2）做好密封防护。密封是指利用防潮、绝热、不透气的材料把物品严密封闭起来，以隔绝空气，降低或减小空气温度和湿度对金属的影响，从而达到安全储存的目的。密封的形式有整库密封、整垛密封、整柜密封、整件密封等，在仓库中主要采用前两种密封形式。

（3）做好吸潮防护。吸潮是指当库内外的湿度都比较大且不易通风时，在密封条件下利用机械或吸潮剂来降低库内湿度的方法。机械降湿使用去湿机的蒸发器将库内空气中的水分凝成水滴排出，把冷却干燥的空气送入库内，如此不断循环，排除空气中的水分，降低库内湿度。

3. 塑料封存

塑料封存就是利用塑料对水蒸气及空气中的腐蚀性物质具有高度隔离的性能，来防止金属制品在环境因素的作用下发生锈蚀。常用的塑料封存方法如下。

（1）塑料薄膜封存。用塑料薄膜直接在干燥的环境中封装金属制品，或封入干燥剂以保持金属制品长期干燥。

（2）收缩薄膜封存。将薄膜纵向或横向拉伸几倍，将其处理成收缩性薄膜，使其在包装商品时紧紧粘附在商品表面，这种封存方式既可防止锈蚀，又可减少包装体积。

（3）可剥塑料封存。以塑料为成膜物质，加入增塑剂、稳定剂、缓蚀剂及防霉剂等进行加热熔化或溶解，再将熔化或溶解后的物质喷涂在金属表面，待冷却后可在金属表面形成保护膜，从而阻隔腐蚀介质与金属制品发生作用，达到防锈的目的，这是一种较好的防锈方法。

4. 涂油防锈

涂油防锈是金属制品防锈的常用方法，可在金属表面涂刷一层油脂薄膜，使商品在一定程度上与大气隔离开来，从而达到防锈的目的。这种方法省时、省力、节约、方便，且防锈性能较好。涂油防锈一般按垛、按包装或按件进行涂油密封。给金属制品涂油前必须清除金属制品表面的灰尘等污垢，涂油后应及时将金属制品包装封存。

防锈油是以油脂或树脂类物质为主，向其中加入油溶性缓蚀剂组成的暂时性防锈涂料。防锈油中的油脂或树脂类物质为涂层和成膜物质，常用的有润滑油、凡士林、石蜡、沥青、桐油、松香及合成树脂等能溶于油脂的表面活性剂。将金属制品浸涂或给金属制品热刷防锈油，可以在一定的时间内隔绝大气中的氧气、水分及有害气体与金属制品的接触，防止或减缓对金属制品的锈蚀。

5. 气相防锈

气相防锈是指利用挥发性缓蚀剂，在金属制品周围挥发出缓蚀气体，来阻隔腐蚀介质的腐蚀作用，以达到防锈的目的。气相防锈材料自身可持续产生抗锈蚀性气体，抑制包装物或包装封闭空间内的锈蚀反应机能，以此保护包装材料内的金属制品。在这种特殊的包装材料内，气相缓蚀剂分子迅速扩散，并附着在金属制品表面，形成保护膜，切断了金属离子从阳极向阴极移动的路径。气相缓蚀剂还可根据外部环境自动调节，使金属与外界的水分、酸、盐等完全隔离，杜绝金属制品发生锈蚀的条件。

在使用气相缓蚀剂时无须将其涂在金属制品表面，只用于密封包装或容器中即可。因气相缓蚀剂是挥发性物质，在很短的时间内就能充满包装或容器内的各个角落和缝隙，它既不影响商品外观，也不影响商品的使用，又不污染包装，所以气相防锈是一种有效的防锈方法。

金属制品的养护处理方法各不相同，应根据商品的特点、储存环境、储存期的长短等因素来确定防锈材料及方法，同时还要考虑相关的成本及防锈施工的难易程度，以获得较好的防锈效果。

6. 涂层与涂料处理

对金属制品防锈还经常采用在金属制品表面涂层的方法，前面介绍的涂油防锈就是其中的一种，这里主要介绍热喷涂、电镀、钢铁氧化和金属磷化几种方式。

（1）热喷涂。

热喷涂是采用专用设备把某种固体材料熔化并使其雾化，将其快速喷射到金属制品表面，形成特制薄层，以提高金属制品的耐蚀、耐磨、耐高温等性能的一种工艺方法，该工艺因涂层材料的不同可实现耐高温锈蚀、抗磨损、隔热、抗电磁波等不同功能。

热喷涂涂层材料一般有粉状、带状、丝状或棒状等形状，可根据需要选择；在进行热喷涂前，应对金属制品进行去油、除锈、表面粗糙化等预处理；喷涂后，要立即对金属制品进行封闭处理或热处理，并对金属制品进行精加工。

（2）电镀。

电镀是利用电解作用，使具有导电性能的金属制品表面与电解质溶液接触，通过外电流的作用，在金属制品表面形成与基体牢固结合的镀覆层，并赋予金属制品特殊的表面性能，如美丽的外观、较强的耐蚀性或耐磨性、较强的硬度、反光性、导电性、磁性、可焊性等。

（3）钢铁氧化。

钢铁氧化处理又称发蓝，也称发黑，是将钢铁在空气中加热或直接浸于浓氧化性溶液中，使钢铁表面产生极薄的氧化物膜的材料保护技术。根据处理温度的高低，钢铁氧化可分为高温化学氧化（碱性化学氧化）法和常温化学氧化（酸性化学氧化）法。

钢铁工件经过化学氧化处理后得到的氧化膜虽然能提高其耐蚀性，但其防护性仍然较差，经涂油、涂蜡或涂清漆后，其耐蚀性和抗摩擦性会有所改善，故钢铁工件经过化学氧化处理后还需进行皂化处理、浸油或在铬酸盐溶液中进行填充处理。

（4）金属磷化。

金属磷化处理就是用含有磷酸、磷酸盐和其他化学药品的稀溶液对金属进行处理，使金属表面形成完整的、具有中等防蚀作用的不溶性磷酸盐层，即磷化膜。磷化膜为微孔结构，与基体结合牢固，具有良好的吸附性、润滑性、耐蚀性及较高的电绝缘性等。

4.3.3　危险品的保管与养护

1. 危险品的概念

危险品又称危险化学品，是指具有爆炸性、易燃性、毒害性、腐蚀性、放射性等特性，在运输装卸和储存过程中因容易造成人身伤亡和财产毁损而需要进行特别防护的货物。

危险品的特征就是具有危害性，但各种危险品的危害性具有不同的表现，根据首要危险特性可将危险品分为九大类（详见第10章），危险品除具有主要危险特性外，还可能具有其他危险特性，如大多数爆炸品除具有爆炸性外，还具有毒害性、易燃性等。

2．危险品的保管与养护特点

危险品物流不同于一般物流，它是一项技术性和专业性很强的工作，主要特点如下。

（1）危险品品类繁多，性质各异。

按照危险货物的危险性，GB 6944《危险货物分类与品名编号》将危险货物分为 9 类，共 22 项。其中，第 9 类为磁性物品，这类危险货物对道路、铁路运输的影响不大。每一项危险货物中又包含多种具体的危险货物。GB 12268《危险货物品名表》中的品名已达 2763 个，这些危险货物和每年新增加的危险货物，其物理性质和化学性质差异很大。即使是同类物品，有的物品也不能混装（如爆炸品中的引信不能与炸弹等混装，一级氧化剂不能与二级氧化剂混装），有些物品必须隔离两米以上。有些物品则因消防方法各异不能混装，有的物品必须用水消防，而有的物品遇湿会燃烧，如果将这两种货物放在一起，发生火灾时就无法用水灭火，从而造成更大的损失。

（2）危险品的危险性大。

危险品作为一种特殊品类，在保管与运输中具有很大的危险性，容易造成人员伤亡和财产损失。危险品运输事故造成的危害极大，如 2005 年发生在京沪高速公路上的液氯泄漏事故，驾驶员和押运员在报案后逃匿，延误了抢险疏散时机，造成 28 人死亡，2 万多公顷土地受污染，直接经济损失达 2901 万元。

（3）危险品运输管理方面的相关规章和规定很多。

危险品运输是整个道路货物运输的重要组成部分之一，除要遵守道路货物运输共同的规章外，如《中华人民共和国道路交通管理条例》和《中华人民共和国高速公路交通管理办法》等，危险品运输还要遵守许多特殊规定。

（4）危险品应在仓储场地进行专储。

危险品的储存和保管也必须进行特别的管理。因此，储存危险品的仓库和场地必须符合所储存货物的要求，如干燥通风、防火。储存危险品的仓库内的照明设施必须使用防爆灯具，防爆灯具需与货物保持一定的距离，应将开关等设置在安全的地方。储存危险品的仓库周围应按规定装置避雷针，铺设场地的水泥必须按规定配料以防引起火星。储存危险品的仓库必须按货物种类进行专储（如某仓库若存有黄磷，就不能在该仓库随便堆放其他与黄磷的性质相抵触的货物），还要及时清扫洗刷仓库，避免洒漏的货物与其他货物发生反应。对储存爆炸品的仓库的要求更加严格，除上述因素外，还要考虑周围居民的安全，在仓库周围应按要求设置防爆堤坝。

（5）专业性强。

危险品运输不仅要满足一般货物的运输条件，严防超载、超速等危及行车安全的情况发生，还要根据货物的物理性质和化学性质，满足危险品特殊的运输条件。危险品运输的专业性主要表现在车辆专用和人员专业等方面。

3．危险品的保管与养护要点

（1）安全作业。

进行危险品的装卸作业前应详细了解所装卸危险品的性质、危险程度、安全和医疗急救措施等，并严格按照有关操作规程和工艺方案进行装卸作业。根据危险品的性质选用合适的装卸设备。装卸易爆货物时，装卸设备应安置火星熄灭装置，禁止使用非防爆型电气设备。进行装卸作业前应对装卸设备进行检查。作业人员应穿戴相应的防护用品。夜间装卸危险货物时，应有良好的照明设备。装卸易燃、易爆货物时，应使用防爆型的安全照明设备。作业现场需准备必要的安全设备和应急设备。

（2）妥善保管。

储存危险品的仓库应实行专人管理，剧毒化学品应实行双人保管制度。仓库存放剧毒化学品时需向当地公安部门登记备案。仓库管理人员应遵守库场制度，坚守岗位，根据制度规定定时、定线、定项目、定量地进行安全检查和检测，采取相应的通风、降温、排水、排气、增湿等保管措施。

严格限制闲杂人员入库。接待委托人抽样时应仔细查验其证件并认真监督，严格按照操作规程进行操作。提取危险货物时应及时清扫库场，将货底、地脚货、垃圾集中放置在指定的地点并妥善处理，还要进行必要的清洗、消毒。

（3）严格和完善的管理制度。

为了保证危险货物的仓储安全，仓库需要依据危险品管理法律和法规的规定，根据仓库的具体情况和危险品的特性，制定严格的危险品仓储管理安全制度、责任制度和安全操作规程，并在实践中不断完善。仓库需要制定的管理制度主要有危险货物管理规则、岗位责任、安全防护措施、安全操作规程、装卸搬运方案、保管检查要求、垛型和堆积标准、货物验收标准、残损溢漏处理程序、应急措施等。保管单位还要根据法规规定和管理部门的要求，履行登记、备案、报告的法律和行政义务。

（4）货位和堆垛的确定。

危险品的储存方式、储存方法、储存数量必须符合国家标准，仓库管理人员要根据国家标准、危险品的危险特性和包装要求，依据所制定的管理制度，选择合适的存放位置。应根据危险货物的保管要求，妥善安排通风、遮阳、防水、有控制温度和湿度条件的仓库或堆场货位。根据危险品的危险特性和包装确定合适的堆放垛型和货垛大小，其中，桶装危险货物不得超过 3 个桶的高度，袋装危险货物不得超过 4m 的高度。危险货物之间，以及危险货物与其他设备之间需保持必要的间距，仓库内的消防通道的宽度不得小于 4m，货场内的消防主通道的宽度不得小于 6m。危险货物应堆叠整齐、堆垛稳固、标志朝外、不得倒置。应在货垛悬挂标有危险品编号、品名、性质、类别、级别、消防方法的标志牌。

（5）妥善处置。

对于废弃的危险品、危险品废弃物、货底、地脚货、垃圾，以及仓储停业时的存货、容器等，仓库要采取妥善的处置措施，如进行随货同行、移交、封存、销毁、中和、掩埋等无害处理，不得留有事故隐患，仓库要将处置方案在相应管理部门备案，并接受管理部门的监督。当有剧毒危险品发生被盗、丢失、误用时，应立即向当地公安部报告。

（6）出入库管理。

危险货物进入仓库，仓库管理人员要严格把关，认真核查品名标志，检查包装，清点数量，细致地做好核查登记工作。对于品名、性质不明，或者包装和标志不符，或者包装不良的危险品，仓库人员有权拒收或依据残损处理程序进行处理，未经处理的包装破损的危险品不得进入仓库。剧毒化学品实行双人收发制度。送货车量、提货车辆和无关人员不得进入存货区，由仓库在收货区或发货区接收或交付危险货物。

在危险货物出库时，仓库人员需认真核对危险货物的品名、标志和数量，协同提货人、承运司机查验货物，确保按单发货并做好出库登记，详细记录危险货物的流向及数量。

复习思考题

问答题

1．简述商品养护的含义、任务及目的。
2．简述商品养护的基本要求。
3．商品在库存期间会发生哪些变化和损耗？
4．商品在库存期间会发生哪些具体的物理变化和化学变化？
5．影响库存商品发生霉变的原因有哪些？如何防治？
6．影响库存商品发生虫蛀的原因有哪些？如何防治？
7．影响库存金属制品发生锈蚀的原因有哪些？如何防治？
8．库存商品发生老化的原因有哪些？如何防治？
9．什么是危险品？危险品有哪些特征？
10．如何安全保管危险品？

第 5 章

库存管理控制

- 掌握 ABC 分类法的原理、步骤和库存策略
- 理解安全库存的概念、原则及库存管理的目标
- 熟悉定量订货法的概念、原理、优缺点和应用范围
- 熟悉定期订货法的概念、原理、优缺点和应用范围
- 掌握定量订货法和定期订货法的控制参数的确定及计算方法

能力目标:

- 能对货物进行 ABC 分类并进行相应的库存管理
- 能灵活运用定量订货法和定期订货法控制库存

导入案例

济南鲁豫物流:控制安全库存的基本思路和三种具体控制方法

安全库存是为了应对不确定性和意外而持有的库存,是介于周转库存和多余库存之间的一种库存。安全库存的控制方法就是在有效应对不确定性、满足一定的客户服务水平的基础上降低安全库存,从而降低总体库存。这里请注意,控制安全库存不是单纯地降低安全库存,而是要在满足一定的客户服务水平的基础上降低安全库存。

本案例先说明控制安全库存的基本思路,再重点讲解三种控制安全库存的具体操作方法。

(1)控制安全库存的基本思路。

控制安全库存的基本思路就是从影响安全库存的三大因素着手,逐一解决,逐一控制。

① 控制需求的不确定性。

市场千变万化,需求总是不确定的,但我们可以从三方面来努力降低需求的不确定性:提高预测准确率、加强预测及时性、与销售人员密切沟通寻求订单的平衡性。订单的平衡性是指订单相对平均,比如避免月初、月中没有订单,而一到月末,订单多得加班加点都忙不过来的情形。

② 控制供应的不确定性。

供应的不确定性大多与供应商相关。控制供应的不确定性主要包括以下三点:提高供

应商的按时交货率、确保供应商送货的质量合格率、缩短订货提前期。无论是需求还是供应，延续时间越长，不确定性就越大，所以缩短订货提前期也能控制供应的不确定性。

③ 管理客户服务水平要求。

客户服务水平要求就是有货率的要求。有货率并非越高越好，高有货率势必会要求较高的安全库存。我们需要平衡和管理有货率的总体评定和客户服务水平的总体要求。但要注意的是，我们不要去追求 100%的客户服务水平。

另外，需要根据不同的行业、不同的产品、不同的客户而确定客户服务水平。物料管理不能一刀切，客户服务水平也是一样，我们不需要也不应该对全部产品、全部客户采用相同的客户服务水平。

（2）控制安全库存的具体方法：控制不确定性。

可以将影响安全库存的因素归结为不确定性和对不确定性的容忍度。具体而言，影响安全库存的因素就是不确定性。所以，控制安全库存的具体方法就是减少不确定性。那么，如何减少不确定性呢？

① 减少时间过长造成的不确定性。

我们都知道，世界是快速变化的，供应链也是快速变化的。时间越长，各种事件发生的概率会大大增加，不确定性也会增加。缩短供应链的时间是控制不确定性的有效途径之一，我们可以从以下几方面缩短供应链的时间。

a. 计划层面——事前。我们可以采取推拉结合模式，推行滚动预测和滚动计划，提高可预见性，提高预测准确率，同时，多方位努力缩短订货提前期。

b. 执行层面——事中。我们可以根据自身实力及发展需要导入合适的、先进的管理模式与设备，以缩短生产制造、运输、安装等周期。

c. 跟踪层面——事中加事后。我们可以优化流程，引进更好的系统，以缩短信息周转周期。这里举个例子说明一下信息周转周期：终端产生销售行为，在没有好的系统和流程的情况下，需要一级级汇总，到最终使用者手中，往往已经过去了一周甚至一个月，信息严重滞后。如果有较好的信息管理系统，有可执行的、合理的流程，那么，终端销售一产生数据就可以同步到最终使用者手中，可以使信息周转周期大幅度缩短。

② 减少信息不对称造成的不确定性。

信息不对称是指在供应链各链条上，有的部门接收到了一些信息，有的部门接收不到这些信息，或各部门接收到的信息不一致。比如，产品中心准备下架某款产品，但计划环节未获知此信息，相关的供应商就更不清楚此信息了，于是，各部门正常计划与供应各物料，到了正式下架的时候，自然会滞留一大批货物。

减少信息不对称需要解决两方面的问题，解决这两方面的问题，信息不对称的情况将大幅度减少。

a. 信息共享意愿，即信息的掌握方或发起者是否愿意分享信息。解决信息的共享意愿需要我们对内和对外区别对待。对内，如销售与计划，我们应该梳理信息共享流程，并对流程执行的过程与结果进行考核，以达到对内快速、全面地共享信息的目的。对外，如对供应商，我们可以在合同中约定信息共享的规则及各方的责任，以达到上下游协同计划的目的。

b. 信息共享能力。有了共享意愿，还需要发布方有能力将信息及时发布出去，接收方有能力及时收到信息。信息的共享能力一般采用 IT 信息系统解决，同时，我们要建立信息的反馈机制，使信息共享落到实处，使信息共享能起到真正的作用。

③ 减少能力不对称造成的不确定性。

能力不对称，指对接各方的水平不一样，自然会造成各方理解不一，从而各方采取的措施南辕北辙，这样会给供应链带来极大的波动和不确定性。解决能力不对称最好的办法就是选取专业人才、进行专业操作、让专业人做专业事。

控制安全库存是个技术活，需要专业的人才管理。控制安全库存的专业性既体现在安全库存的设定上，也体现在安全库存的审核上，还体现在安全库存的复核上，体现在各种跟踪与调整环节，控制安全库存的专业性体现在库存管理和物料管理的方方面面。

（资料来源：http://www.luyu56.com/show-15-221-1.html）

思考题：什么是安全库存？安全库存的量是如何确定的？

如何控制安全库存？如何操作？

5.1　ABC 分类法

ABC 分类法是根据事物在技术、经济方面的主要特征，对事物进行分类排列，从而对事物实现区别对待、区别管理的一种方法。ABC 分类法是帕累托 80/20 法则衍生出来的一种法则，区别在于：80/20 法则强调抓住关键，ABC 分类法强调分清主次。面对纷繁杂乱的处理对象，如果分不清主次，鸡毛蒜皮一把抓，可想而知，其效率和效益都很难提高，若分清主次，抓住主要对象，则可以事半功倍。在库存管理中，运用 ABC 分类法可以使工作效率和效益大大提高。

5.1.1　ABC 分类法的内涵

ABC（Activity Based Classification）分类法，全称为 ABC 分类库存控制法。ABC 分类法是由意大利经济学家维尔弗雷多·帕累托首创的，又称帕累托分析法或主次因素分析法，ABC 分类法是项目管理中常用的一种方法。ABC 分类法根据事物在技术或经济方面的主要特征，对事物进行分类排列，分清事物的主次，从而确定管理方式。ABC 分类法是储存管理中常用的分析方法，也是经济工作中的基本认识方法。

应用 ABC 分类法，在储存管理中可以取得以下成效：① 压缩总库存量；② 解放被占用的资金；③ 使库存结构合理化；④ 节约管理力量。

ABC 分类法的核心思想是在决定一个事物的众多因素中分清主次，识别出少数的但对事物起决定作用的关键因素和多数的但对事物影响较小的次要因素。ABC 分类法被不断应用于管理工作的各个方面。1951 年，管理学家戴克（H.F.Dickie）将其应用于库存管理。1951—1956 年，约瑟夫·朱兰将 ABC 分类法引入质量管理，用于分析质量问题，被称为排列图。1963 年，彼得·德鲁克（Peter.F. Drucker）将这一方法进一步推广，使 ABC 分类法成为企业提高效益普遍应用的管理方法。

5.1.2　ABC 分类法的基本程序

1．ABC 分类法的理论基础

社会上的任何复杂事物都存在着"关键的少数和一般的多数"这样一种规律，事物越复杂，这一规律越显著。将有限的力量主要用于解决具有决定性影响的少数事物上和将有限的力量平均分摊在全部事物上相比，当然是前者可以取得较好的成效，而后者成效较差。ABC 分类法便是在这一思想的指导下，通过分析，将库存货物按品种和占用资金的比例分为非常重要的货物（A 类）、一般重要的货物（B 类）和不太重要的货物（C 类），然后针对货物的重要级别分别进行管理与控制。其核心是"分清主次，抓住重点"。其中，A 类货物的品种数目占总品种数目的 10%左右，资金额占总库存资金额的 70%左右；B 类货物的品种数目占总品种数目的 20%左右，资金额占总库存资金额的 20%左右；C 类货物的品种数目占总品种数目的 70%左右，资金额占总库存资金额的 10%左右。ABC 分类一览表如表 5-1 所示。

表 5-1　ABC 分类一览表

类　　别	占库存资金	占库存品种
A	约 70%	约 10%
B	约 20%	约 20%
C	约 10%	约 70%

A 类货物属于重点库存控制对象，应准确记录 A 类货物的库存，严格按照货物的盘点周期进行盘点，检查其数量与质量情况，并制定不定期检查制度，密切监控该类货物的使用与保管情况。另外，还应尽量降低 A 类货物的库存量，采取合理的订货周期与订货量，杜绝浪费与呆滞库存。对 C 类货物无须进行太多的管理投入，库存记录允许有适当的偏差，盘点周期也可以适当延长。B 类货物介于 A 类货物与 C 类货物之间，可以采取适中的方法对 B 类货物进行保管与控制。

2．ABC 分类法的一般步骤

一般说来，企业的库存在一定程度上可以反映企业的实力，调查企业的库存，可以大体弄清该企业的经营状况。虽然 ABC 分类法已经成为企业的基础管理方法，有广泛的适用性，但目前 ABC 分类法还是在库存分析中的应用更加广泛。

ABC 分类法的一般步骤包括确定统计期间并收集数据、处理数据、编制 ABC 分类表、确定 ABC 分类、绘制 ABC 分类图、实施 ABC 分类管理，如图 5-1 所示。

（1）确定统计期间并收集数据。

按分析对象和分析内容，收集各个品种的货物的品种数、年销售量、货物单价等数据。例如，若要分析货物成本，则应收集货物成本因素、货物成本构成等方面的数据；若要分析针对某一系统的高价值工程，则应收集系统中各局部功能、各局部成本等数据；若要分析铁路安全，则应收集影响铁路安全的因素、铁路相关人员的素质等方面的数据。

```
┌─────────────────────┐        ┌──────────────────────────────────────────┐
│  确定统计期间并      │◄───────│ 确定要分析的统计期间，收集各品种的货物的品种数、│
│  收集数据            │        │ 年销售量、货物单价、资金占用额、年度需求等数据  │
└─────────────────────┘        └──────────────────────────────────────────┘
          │
          ▼
┌─────────────────────┐        ┌──────────────────────────────────────────┐
│  处理数据            │◄───────│ 计算库存货物品种数和各品种货物的年度库存总金额  │
└─────────────────────┘        └──────────────────────────────────────────┘
          │
          ▼
┌─────────────────────┐        ┌──────────────────────────────────────────┐
│  编制 ABC 分类表     │◄───────│ 将库存品种按占用资金的大小排序，分别计算累计    │
│                     │        │ 库存金额百分比和累计品种百分比                  │
└─────────────────────┘        └──────────────────────────────────────────┘
          │
          ▼
┌─────────────────────┐        ┌──────────────────────────────────────────┐
│  确定 ABC 分类       │◄───────│ 按分类标准进行分类，确定 A、B、C 各类货物      │
└─────────────────────┘        └──────────────────────────────────────────┘
          │
          ▼
┌─────────────────────┐        ┌──────────────────────────────────────────┐
│  绘制 ABC 分类图     │◄───────│ 根据已经计算出的累计库存金额百分比和 累计品种百 │
│                     │        │ 分比绘制 ABC 分类图                           │
└─────────────────────┘        └──────────────────────────────────────────┘
          │
          ▼
┌─────────────────────┐        ┌──────────────────────────────────────────┐
│  实施 ABC 分类管理   │◄───────│ 对 A、B、C 各类货物实施不同的管理策略          │
└─────────────────────┘        └──────────────────────────────────────────┘
```

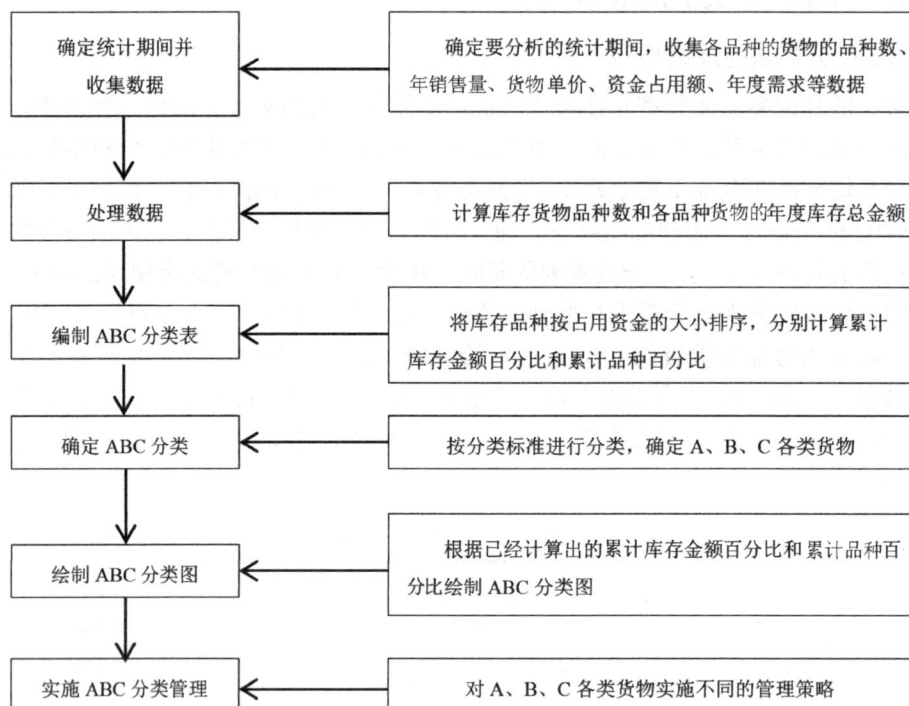

图 5-1　实施 ABC 分类法的步骤及要点

（2）处理数据。

对收集来的数据资料进行整理，按要求计算和汇总数据。

（3）编制 ABC 分类表。

在总品种数不太多的情况下，可以用大排队的方法将全部品种逐个列出，按占用资金
的大小，由高到低将所有品种顺序排列，将必要的原始数据和经过统计汇总得到的数据填
入表中，计算累计品种数、累计品种百分比、累计库存金额、累计库存金额百分比等。

（4）确定 ABC 分类。

将累计库存金额为 70%左右的前若干品种定为 A 类货物；将累计库存金额为 20%左右
的若干品种定为 B 类货物；将最后的累计库存金额占 10%左右的品种定为 C 类货物。如果
品种数很多，无法全部排列在表中或没有必要全部排列出来，可以采用分层的方法，即先
按库存金额进行分层，以减少品种栏内的项数，再根据分层的结果将关键的 A 类货物的品
种逐个列出进行重点管理。

（5）绘制 ABC 分类图。

以累计品种百分比为横坐标，以累计库存金额百分比为纵坐标，根据 ABC 分类表中的
相关数据，绘制 ABC 分类图。

（6）实施 ABC 分类管理。

根据 ABC 分类结果，权衡管理力量和经济效果，制定 ABC 分类管理标准表，对 A、
B、C 三类货物进行区别管理。

5.1.3 ABC 分类法的库存策略

在上述 A、B、C 三类货物中，由于各类货物的重要程度不同，一般可以采用下列控制方法。

1. 对 A 类货物的控制

对 A 类货物的控制要计算每个项目的经济订货量和订货点，尽可能地增加订购次数，以减少存货积压，也就是减少其昂贵的存储费用和大量的资金占用；还可以为 A 类货物设置永续盘存卡片，以加强日常控制。

2. 对 B 类货物的控制

对 B 类货物的控制也要事先为每个项目计算经济订货量和订货点，同时可以设置永续盘存卡片来反映库存动态，但其要求不必像 A 类货物那样严格，只要定期进行概括性的检查就可以了，以节省存储成本和管理成本。

3. 对 C 类货物的控制

由于 C 类货物为数众多，单价很低，存货成本也较低，所以，可以适当增加 C 类货物的单次订货数量，减少全年的订货次数。一般对这类货物可以采用一些较为简单的管理方法，常用的方法是双箱法。

双箱法就是将某项库存货物分装两个货箱，第一箱的库存量是达到订货点的耗用量，当第一箱存货用完时，就意味着必须马上提出订货申请，以补充生产中已经领用和即将领用的部分。ABC 分类管理措施如表 5-2 所示。

表 5-2　ABC 分类管理措施

货 物 种 类	管 理 核 心
A 类	1. 尽可能使用料预测准确，即使预测本身有一定的成本； 2. 尽可能采取保守策略，与其留有库存，不如适当缺货； 3. 尽量采用物料需求规划（MRP）方式，使库存为零； 4. 强化催料作业，压缩前置时间（Lead Time）； 5. 原则上每个月盘点一次库存，确保料账正确无误
B 类	1. 采取安全存量管理方式，容许有少量无效库存； 2. 正常控制，强调良好的料账管理； 3. 每半年按照惯例进行实地盘点，最短三个月盘点一次； 4. 采取经济批量订购的方式订货，允许有一段时间（1~3 个月）的库存
C 类	1. 原则上采取定期订货法进行管理； 2. 在允许的情况下，可以将 C 类货物交由生产现场保管； 3. 简化出入库手续，可采取大批量采购的方式采购

因此，利用 ABC 分类法可以确保预测准确度、供应商的信赖度，并减少安全库存和库存投资。

5.1.4 ABC 分类管理的注意事项

ABC 分类管理的目标是把重要的货物与不重要的货物区分开来并区别对待,企业在对 A、B、C 三类货物进行分类控制与管理时,还需要注意以下几方面。

1. ABC 分类管理与货物单价无关

A 类货物占用的库存金额很大,可能是单价不高但需求量极大导致的,也可能是单价很高但需求量不大导致的。与此类似,C 类货物可能单价很低,也可能需求量很小。通常对于单价很高的货物,在管理控制上要比对单价较低的货物的要求更严格,应加强库存控制,降低因安全库存减少而引起的风险。

2. ABC 分类管理与货物库存资金额无关

有时仅依据货物占库存金额的大小进行 ABC 分类管理是片面的,还需以货物的重要性作为补充依据。货物的重要性主要体现在缺货会造成停产或严重影响正常生产、缺货会危及安全、缺货后不易补充三方面。对于重要货物,可以取较高的安全系数,重要货物的安全系数一般为普通货物安全系数的 1.2～1.5 倍,应加强对重要货物的控制,降低缺货损失。

3. ABC 分类管理与需求无关

分类情况不能反映货物的需求程度,也不能反映货物的获利能力。

4. ABC 分类管理需考虑的其他因素

进行 ABC 分类管理时,还要对诸如采购困难、可能发生的偷窃、预测困难、货物变质或陈旧、库容、需求量大小和货物在经营上的紧急情况等因素加以认真考虑,因此企业可以根据实际情况,将库存货物进行适当的分类,并不一定要局限于 A、B、C 三类。

5.2 安全库存控制

零库存生产是每个企业追求的目标。但是,零库存生产需要较高的管理水平,一般企业很难做到这一点。现实中往往存在较多的不确定因素,如每日需求量、交货时间、供应商的配合程度等,控制不好这些因素,企业很容易断货,从而影响生产,进而影响企业交货,给企业造成损失,因此,企业要备有安全库存。在给定安全库存的条件下,平均存货可用订货批量的一半和安全库存来描述。在正常情况下不动用安全库存,只有在过量使用库存量或送货延迟时,才能使用安全库存。

5.2.1 安全库存的含义、建立基础及原则

1. 含义

安全库存(Safety Stock,SS),也称安全存储量和保险库存,是指为了防止不确定性因素(如大量突发性订货、交货期突然延期、临时用量增加、交货误期等)而预备的保险储备量(缓冲库存),安全库存用于满足提前期需求。

2．建立基础

安全库存的确定建立在数理统计理论基础上，一般假设库存的变动围绕着平均消费速度发生变化，大于平均需求量和小于平均需求量的可能性各占一半，缺货概率为50%。

安全库存越大，出现缺货的可能性越小，但安全库存增加会导致剩余库存减少。因此，应根据不同货物的用途及客户的要求，将安全库存保持在适当的水平上，允许一定程度的缺货现象存在。安全库存的量化计算可根据顾客需求量固定、需求量变化、提前期固定、提前期变化等情况，利用正态分布图、标准差、期望服务水平等求得。

3．原则

（1）不缺料导致停产（保证物流的畅通）。

（2）在保证生产的前提下保持最少的库存。

（3）不呆料。

5.2.2　安全库存的影响因素

1．存货需求量的变化、订货间隔期的变化及交货延误期的长短

预期存货需求量变化越大，企业应保持的安全库存也越大；同样，在其他因素相同的条件下，订货间隔期、订货提前期的不确定性越大，或者预计订货间隔期越长，则存货的中断风险越高，安全库存也越大。

2．存货短缺成本和储存成本

一般情况下，存货短缺成本的发生概率或可能的发生额越高，企业需要保持的安全库存就越大。尽管增加安全库存能减少存货短缺成本，但会给企业带来储存成本的额外负担。在理想条件下，可以求得最优的订货和储存模式，但在实际操作过程中，订货成本与储存成本反向变化，不确定性带来的风险使得这个自出现商品流通以来就出现的问题一直没有得到有效的解决。

3．"前置时间或安全库存综合征"和"存货削减综合征"的影响

（1）"前置时间或安全库存综合征"。

一般情况下，厂商要处理物流和信息流。企业内部的隔阂会影响信息的有效流通，信息的成批处理使得公司内的"加速原理"生效，需求信息经常被扭曲或延迟，从而引起采购人员和生产计划制定者的典型反应——"前置时间或安全库存综合征"。该效应不断加强，直至存货过量，相应的成本也会随之上升。过剩的生产能力不断蔓延至整条供应链，扭曲的需求数据会引起第二种效应——"存货削减综合征"。

（2）"存货削减综合征"。

出现"存货削减综合征"后，厂商不得不选择降低产品的销售价格，减少企业的盈利。

"前置时间或安全库存综合征"会引起过量的存货，公司为了求出路可能会导致"存货削减综合征"，不进行流程改变，这两种效应将持续存在并互相促进。在市场成长期，这两种效应所造成的后果常被增长的需求掩盖，厂商可以生存甚至兴旺，因此厂商往往不顾及

震荡周期的存在，在一段时间内，全力处理存货；而在另一段时间内，却又不顾成本地加速生产。

当市场进入平稳发展期或下降期后，厂商开始一步步走向衰亡。可以说，在目前企业与企业存在隔阂甚至企业内的部门之间也存在隔阂的情况下，信息传递滞后、反应缓慢、成批处理和不确定性是导致上述两种效应发生的深层原因，应对的根本在于减少组织之间的隔阂、加强信息疏导并做到迅速反应。

5.2.3　确定需要安全库存的物料

运用 ABC 分类法确定了物料的 A、B、C 等级后，根据 A、B、C 等级来制订库存计划。

1．A 类物料

一般 A 类物料的成本较高，占整体物料成本的 70%左右，可采用定期定购法定购 A 类物料，尽量减少 A 类物料的库存或只备少量的安全库存，但需在数量上进行严格的控制。

2．B 类物料

一般 B 类物料的成本中等，占整体物料成本的 20%左右，可采用经济定量采购的方法定购 B 类物料，可以备一定的安全库存。

3．C 类物料

一般 C 类物料的成本最低，占整体物料成本的 10%左右，可采用经济定量采购的方式定购 C 类物料，不用备安全库存，可以根据采购费用和库存维持费用之和的最低点确定 C 类物料的单次采购量。

5.2.4　安全库存的确定

安全库存的确定过程很复杂，虽然有理论公式，但没有标准的设定方法。在实际操作中，主要根据企业以往的历史数据，结合采购员的经验确定安全库存，还需要在实践中不断探索和完善，最终确定合理的安全库存。

1．定期补货策略下安全库存的确定

随着库存的不断减少，企业要采取措施来补充库存。其中一种补充库存的办法是规定补货时间。一般是确定两次补货之间的时间间隔，只要第一次补货时间明确，以后的各次补货时间也就确定下来了，这种补货方式称为定期补货策略。

在定期补货策略下，补货时间是确定的，每次补货的数量就成为应解决的主要问题。假设每次补货的数量为 Q，补货时间间隔为 T，补货提前期为 t（补货提前期是指从发出补货指令到货物入库所需的时间），每次补货时库存量为 q，需求满足率为 v（单位时间内的需求率）。每到补货时间，企业就要发出 Q 量的补货指令，经过 t 时间，Q 量的补货入库，要等到下次补货入库还要经过时间 T。不难看出，在 $t+T$ 时间段内，用于满足需求的库存总量为 $Q+q$，这个总量为 E（$E=Q+q$），称之为最大库存量。因为在每次补货时都可以通过盘库获得 q，所以要明确补货量 Q，只需知道 E 即可，可以通过 $E-q$ 来确定 Q。这样，

定期补货策略下的补货问题似乎就变为如何确定 E 的问题，一旦确定 E，企业就能采用定期补货策略实现库存管理。在 E 的确定过程中会涉及安全库存。

E 用来满足 $T+t$ 时间段内的需求量，如果需求满足率 v 是确定的，即单位时间内的需求满足率不变，则 $E=v×（T+t）$，其中，E 为经常性库存，不包括安全库存，如果 v 是不确定的，则确定 E 需要从经常性库存和安全库存两方面考虑。通常确定经常性库存最简易的做法是用平均需求率 $E（v）×（T+t）$ 求得，而安全库存则要根据需求分布特征和企业愿意提供的需求满足率来确定。

2．定量补货策略下安全库存的确定

定量补货策略下，每次补货的数量相同，而补货的时间则是根据盘点库存量来确定的。当库存量降到企业所规定的限量——订货点时，就要发出确定的补货量。在这种补货策略下，从一次补货入库到发出下次补货指令之间一般不会出现缺货的情况。因为，企业时刻在监测库存量的变化，订货点出现就会发出新的补货指令，这期间库存量一直维持在订货点之上。但是从库存量降至订货点发出新的补货指令到补货入库期间，如果需求率是不确定的，就有可能出现缺货的情况，这时候就要考虑准备安全库存。

引用前面提到的假设，即在 t 时间内要准备安全库存，由于 t 时间段内只有订货点数量的库存满足需求，所以在确定订货点时要考虑安全库存，即订货点由经常性库存和安全库存两部分组成。安全库存的确定取决于需求特性与需求满足率，举例如下。

【例 1】某饭店啤酒的补货提前期为 5 天，提前期内需求量服从期望值为 20 加仑、方差为 4 加仑的正态分布，在定量补货策略下，如果维持 95% 的需求满足率，需要多少安全库存？

可以看出，提前期内的需求是不确定的，但是有规律可循。在确定订货点时，除考虑期望值为 20 加仑外，还要考虑安全库存，以满足超出期望值的需求，使需求满足率达到 95%，所以订货点=20 加仑+安全库存。查标准正态分布表得 95% 的需求满足率下的偏差为 1.65 个标准差。也就是说，实际需求在 0~23.3（20+1.65×2）加仑之间出现的可能性为 95%，要实现需求满足率为 95%，必须确定订货点为 23.3 加仑，其中，3.3（1.65×2）加仑为安全库存。

总结例 1 可知，当提前期需求满足正态分布时，安全库存=$z×a$，其中，a 为标准差，z 为某一需求满足率下查标准正态分布表获得的安全系数。

3．安全库存确定的一般分析

在以上不同补货策略下确定安全库存，就是分析需求分布特征。在一定需求满足率的要求下，确定的库存储备量中超出期望需求的部分就是安全库存。如定期补货策略下所确定的最大库存量和定量补货策略下所确定的订货点中超出对应时间段（定期补货策略对应区段为 $T+t$，定量补货策略对应区段为 t）需求的库存量。

如果所掌握的需求分布所属时间段与 $T+t$ 或 t 不相符，就要把原始需求分布调整为对应时间段 $T+t$ 或 t 内的需求分布，这样才能准确地确定安全库存。我们把例 1 中的资料稍加改动后作为例 2 以确定新的安全库存。

【例 2】某饭店啤酒的补货提前期为 5 天，每天的需求量服从期望值为 20 加仑、方差为 5 加仑的正态分布，在定量补货策略下，如果维持 95% 的需求满足率，需要多少安全库存？

上述资料显示了每天的需求分布特征,但是定量补货策略下要知道补货提前期内,即5天内的需求特征才能直接确定安全库存,这就需要根据原有的需求分布确定新的需求分布。依据独立变量和的分布特征可知,独立变量和的期望值等于各变量期望值之和,独立变量和的方差等于各变量方差之和。又由于每天对啤酒的需求成正态分布,所以5天内的啤酒的需求分布仍属于正态分布,期望值为5×20=100加仑,方差为5×5=25加仑,标准差为5加仑,则95%的需求满足率下的安全库存为1.65×5=8.25加仑,订货点为100+8.25=108.25加仑。

有时我们掌握的需求分布资料是根据历史资料推算而来的,要完全将其转换为$T+t$或t时间段的需求分布,则需要掌握一定的概率和数理统计知识。

4．关于需求满足率的说明

以上讨论所提及的需求满足率通常指的是库存服务水平。获得客观有效的库存服务水平对企业确定安全库存的参数至关重要。库存服务水平可以直接通过客户调查获得,也可以通过历史数据和企业改善管理的能力确定,确定库存服务水平的方法如下。

库存服务水平=(一定时期内满足的订单数/一定时期内的订单总数)×100%

库存服务水平=(一定时期内满足的物料单位数/一定时期内的物料需求总数)×100%

对于同一资料,采用不同的计算方法,确定的库存服务水平也会有所不同,企业既要坚持计算方法的连贯性,又要考虑同行业的可比性。因此,库存服务水平既是企业管理水平的衡量指标,也是企业确立竞争力的主要因素之一。

5.2.5　降低安全库存

1．考虑因素

(1)依据销售计划和生产进度及时掌握销售动态及趋势,合理配备各品种所使用的原辅料、包装材料的安全库存。

(2)依据最小包装、有效期的长短等物料特性合理确定各种物料的安全库存。

(3)依据内控质量标准合理确定各种物料的安全库存。

(4)依据供应商的生产供货能力、采购周期和检验周期调整安全库存。

(5)依据生长、种植、采收季节变化,确定中药材、各类提取物的安全库存。

(6)在新政策法规出台、重大活动或突发事件发生时,要提前增加或减少某些物料的安全库存。

(7)依据"毒麻精放"类特殊物料的采购和运输情况,参照采购计划,可最小量配备合理的安全库存。

(8)依据进口物料采购流程和检验周期等情况,确定合理的安全库存。

(9)依据采购成本、经济批量和检验成本进行采购,确定合理的安全库存,降低采购和检验成本。

2．具体措施

(1)改善需求预测。

需求预测越准,意外需求发生的可能性就越小,一般可以采取一些方法鼓励用户提前订货。

（2）缩短订货周期与生产周期。

订货周期与生产周期越短，在该期间内发生意外的可能性越小。

（3）减少供应的不稳定性。

减少供应的不稳定性的途径：让供应商知道生产计划，以便供应商能够提前做出安排；另一种途径是改善现场管理，减少废品或返修品的数量，从而减少由于这些原因造成的不能按时按量供应产品的情况；还有一种途径是加强设备的保养与维修，以减少由设备故障而引发的供应中断或延迟的情况。

（4）运用统计的手法。

通过对前 6 个月甚至前 1 年的产品需求量进行分析，求出标准差后，即得出上下浮动点后确定安全库存。

5.3　定量订货法

定量订货法指的是当库存量下降到预定的最低库存量（订货点）时，按规定数量（一般以经济订货批量为标准）进行订货补充的一种库存管理方式。

5.3.1　定量订货法的概念和基本原理

1. 概念

所谓定量订货法，就是预先确定订货点和订货批量，随时检查库存，当库存下降到订货点时就发出订货请求，订货批量取经济订货批量。定量订货法的订货点和订货批量都是事先确定的，而且检查时刻是连续的，需求量是可变的。

我们有时将定量订货法称为库存控制策略，即连续对库存进行盘点，当剩余库存量 x 下降至 R 时，立即订货，补货量 $Q=S-R$，以使其库存水平达到 S，其中，R 为订货点（或称为最低库存量），S 为最大库存水平。

2. 基本原理

当库存量下降到订货点 R 时，就按预先确定的订购量 Q 发出订单，经过平均订货周期（订货至到货间隔的时间）LT，库存量继续下降，到达安全库存 S_0 时，收到订货 Q，库存水平上升。定量订货法的基本原理图如图 5-2 所示。

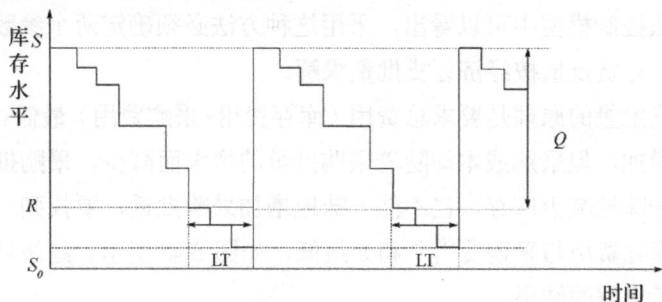

图 5-2　定量订货法的基本原理图

定量订货法主要靠控制订货点 R 和订货批量 Q 两个参数来控制订货，以达到既能较好地满足库存需求，又能使总费用最低的目的。在需求水平固定、均匀，订货交纳周期不变的条件下，订货点 R 由下式确定：

$$R=LT \times D/365+S_0$$

式中，D 是年需求量。

依据不同条件，订货量的确定有多种方法。

5.3.2　定量订货法的优缺点及应用范围

1．优缺点

定量订货法的优点：

（1）能实时掌握库存储备动态，及时提出订购请求，不易缺货。

（2）保险储备量较少。

（3）每次的订购量固定，因此能采用经济订购批量模型，便于包装运输和保管作业。

定量订货法的缺点：

（1）必须不断核查仓库的库存量，增加了库存保管维持成本。

（2）该方式要求对每个品种单独进行订货作业，这样会增加订货成本和运输成本。

（3）订购时间不稳定，不利于编制严密的采购计划，难以享受到合并订购的好处（如货物总价优惠、降低运输费用和采购费用等）。

2．应用范围

定量订货法适用于品种数目少但占用资金量大的商品。

5.3.3　定量订货法控制模型及控制参数的确定

1．定量订货法控制模型

采用定量订货法控制模型控制库存物品的数量，当库存数量下降到某库存值时，立即采取补充库存的方法来保证库存的供应。采用这种控制方法必须不断检查库存物品的库存数量，所以又称为连续库存检查控制法。假设每次的订货批量是相同的，采购提前期也是固定的，并且物料消耗稳定，那么定量订货法控制模型如图5-3所示。

从定量订货法控制模型中可以看出，采用这种方法必须确定两个参数：补充库存的订货点与订货批量，订货批量按经济订货批量求解。

确定经济订货批量的原理是要求总费用（库存费用+采购费用）最低。由于库存费用随着库存的增加而增加，但采购成本却随着采购批量的增大而减少，采购批量增大，库存会增加，因此不能一味地减少库存，也不能一味地增加采购批量，要找到一个合理的订货批量，使总费用（库存费用与采购费用之和）最低，如图5-4所示。经济订货批量就是对这个合理的订货批量求解的结果。

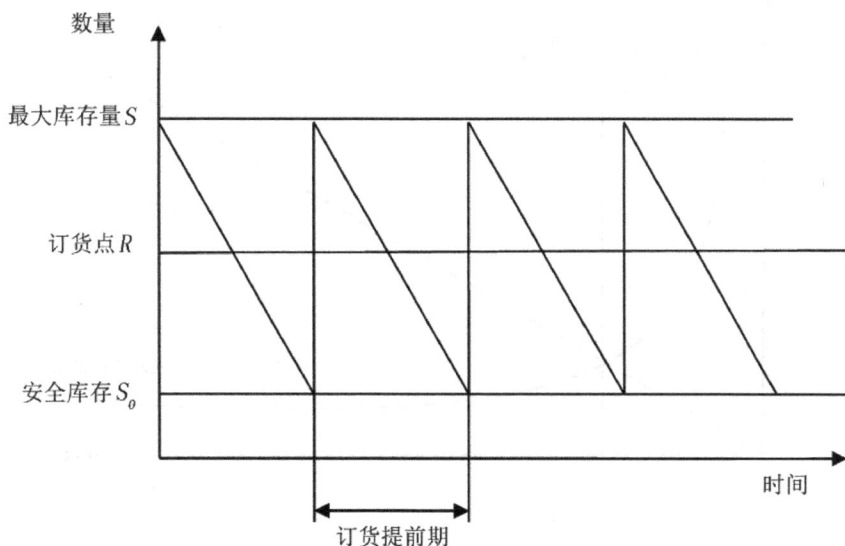

图 5-3　定量订货法控制模型

2．控制参数的确定

（1）订货点的确定。

通常订货点的确定主要取决于需求率和订货交货周期这两个因素。

① 在需求固定、均匀，订货交货周期不变的情况下，无须设置安全库存。

$$订货点=平均交货周期×年需求量/365$$

即

$$R=LT×D/365$$

式中，R 是订货点的库存量；LT 是订货交货周期，即从发出订单至该批货物入库间隔的时间；D 是该商品的年需求量。

在实际工作中，常常会遇到各种波动情况，如需求量发生变化，订货交货周期因某种原因而延长等，这时必须设置安全库存。

② 在需求固定、均匀，订货交货周期不确定的情况下，需要设置安全库存。

$$订货点=平均交货期×年需求量/365+安全库存$$

$$R=LT×D/365+S_0$$

式中，S_0 是安全库存。

（2）经济订货批量的确定。

订货批量选取经济订货批量（Economic Order Quantity，EOQ）是一种理想状态，经济订货批量是使总库存成本最低的订货批量，经济订货批量的确定模型如图 5-4 所示。

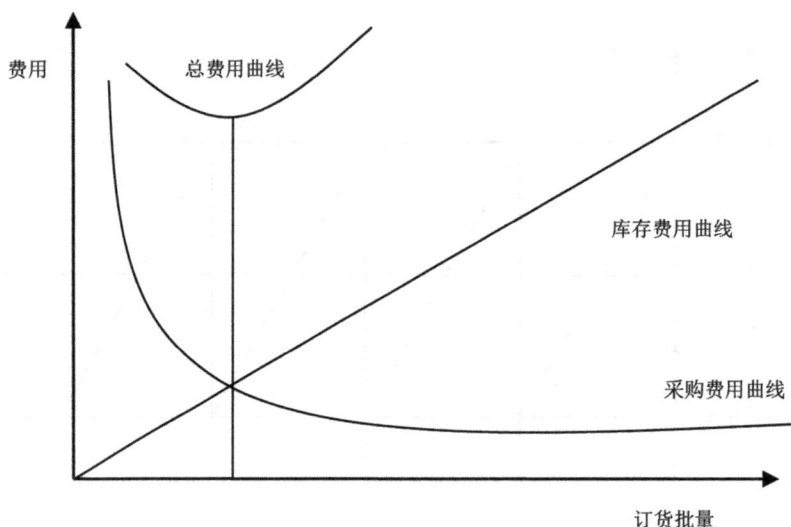

图 5-4　经济订货批量的确定模型

通常，年总库存成本的计算公式为

年总库存成本=年购置成本+年订货成本+年保管成本+缺货成本

在不允许缺货的条件下：

年总库存成本=年购置成本+年订货成本+年保管成本

即

$$TC=DP+DC/Q+QH/2$$

式中，TC 是年总库存成本；

　　　D 是年需求量；

　　　P 是单位商品的购置成本；

　　　C 是单次订货成本，单位为元/次；

　　　H（$H=PF$，F 为年仓储保管费用率）是单位商品的年保管成本，单位为元/年；

　　　Q 是订货批量。

经济订货批量需通过平衡订货成本和保管成本两方面求得。其计算公式为

$$经济订货批量\ EOQ=\sqrt{\frac{2\times C\times D}{H}}=\sqrt{\frac{2\times C\times D}{F\times P}}$$

$$最低年总库存成本\ TC=DP+H\times EOQ$$

$$年订货次数\ N=D/EOQ=\sqrt{\frac{D\times H}{2\times C}}$$

$$平均订货间隔周期\ T=365/N=365EOQ/D$$

【例3】甲仓库 A 商品的年需求量为 30 000 个，单位商品的购买价格为 20 元，每次的订货成本为 240 元，单位商品的年保管成本为 10 元。求该商品的经济订货批量、最低年总库存成本、年订货次数及平均订货间隔周期。

解：

经济订货批量 $EOQ=\sqrt{\dfrac{2\times C\times D}{H}}=\sqrt{\dfrac{2\times C\times D}{F\times P}}=\sqrt{\dfrac{2\times240\times30\,000}{10}}=1200$ 个

最低年总库存成本 $TC=30\,000\times20+10\times1200=612\,000$ 元

年订货次数 $N=30\,000/1200=25$ 次

平均订货间隔周期 $T=365/25=14.6$ 天

5.4　定期订货法

订货周期一般根据经验确定，主要考虑制订生产计划的周期，常取月或季度作为库存检查周期，而定期订货法是按预先确定的订货时间间隔进行订货补充的库存管理方法。

5.4.1　定期订货法的概念和基本原理

1．概念

定期订货法，是以定期检查盘点和固定订购周期为基础的一种库存量控制方法。它要求按固定的检查周期对库存量进行盘点，并根据检查盘点的实际库存量和下一个进货周期的预计需求量来确定订购批量。所以，定期订货法是以"定期不定量"为特征的，即订购周期固定，如果备运时间相同，则进货周期也固定，而订购点和订购批量不定。

2．基本原理

每隔一段固定的时间周期检查库存项目的储备量。根据盘点结果与预定的目标库存水平的差额确定每次的订购批量。这里假设需求是随机变化的，因此，每次盘点时的储备量都是不相等的，为达到目标库存水平 Q_0，需要补充的数量也会随之变化。因此，这类系统的决策变量为检查时间周期 T、目标库存水平 Q_0，库存控制系统的储备量变化情况图如图 5-5 所示。

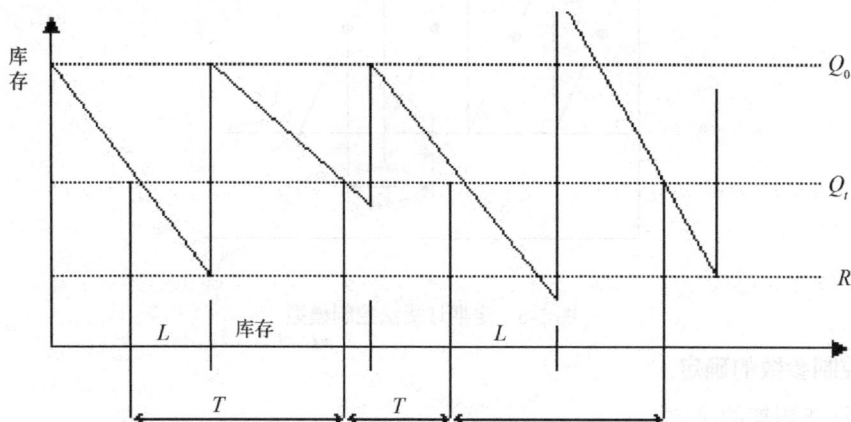

图 5-5　库存控制系统的储备量变化情况图

5.4.2　定期订货法的优缺点及应用范围

1．优缺点

定期订货法的优点：

（1）定期订货法可以将多种货物合并订购，这样可以降低订购费用和运输成本等费用。

（2）由于定期订货法将多种货物合并订购，所以可以编制较实用的采购计划。

（3）周期盘点比较彻底、精确，减少了工作量，可以使仓储效率得到显著提高。

定期订货法的缺点：

（1）不宜利用经济订货批量模型，故得到的储备定额有时不是最佳的储备定额。

（2）每次的订货批量不一致，无法制定合理的经济订货批量，因此营运成本较高，经济性差。

（3）要花费一定的时间来盘点库存。

2．应用范围

定期订货法一般适用于发料频繁的货物、难以进行连续储备和动态登记核算的货物、可以预测需求量的货物及有保管期限的货物。

5.4.3　定期订货法控制模型及控制参数的确定

1．定期订货法控制模型

采用定期订货法控制模型应按一定的周期检查库存，并随时进行库存补充，从而补充到目标库存量，采用这种库存控制方法也要设立安全库存，采用定期订货法控制模型的关键在于确定订货周期与目标库存，如图5-6所示。

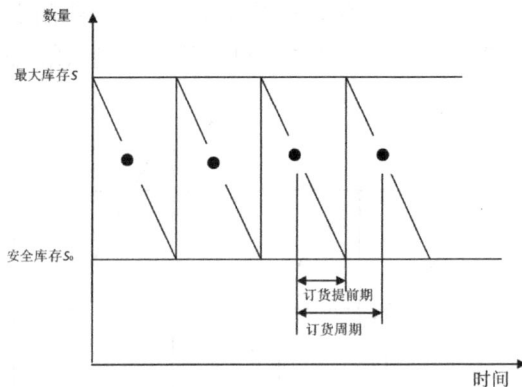

图5-6　定期订货法控制模型

2．控制参数的确定

（1）订货周期的确定。

一般根据经验确定订货周期，主要考虑制订生产计划的周期，常取月或季度作为库存检查周期，但也可以借用经济订货批量的计算公式确定使库存成本最有利的订货周期。

$$订货周期＝1/订货次数＝Q/D$$

（2）目标库存量的确定。

目标库存量是满足订货周期加上订货提前期内的需求量。它包括两部分：一部分是订货周期加订货提前期内的平均需求量，另一部分是保证服务水平的安全库存 S_2。

$$Q_0 = (T+L)\ r + ZS_2$$

式中：

T 为订货周期；

L 为订货提前期；

r 为日均需求量；

Z 为保证服务水平的供货概率。

s 是订货周期加订货提前期内的需求变动的标准差。若给出需求的日变动标准差 s_0，则

$$S_2 = s_0\sqrt{T+L}$$

依据目标库存量可以得到每次检查库存后提出的订购批量：

$$Q = Q_0 - Q_t$$

式中，Q_t 为 t 时期检查库存时的实有库存量。

【例 4】某货品的需求满足率服从正态分布，其日均需求量为 200 件，标准差为 25 件，订货提前期为 5 天，要求的服务水平为 95%，每次的订购成本为 450 元，年保管费率为 20%，货品单价为 1 元，企业全年工作 250 天，本次的盘存量为 500 件，经济订货周期为 24 天。计算目标库存量与本次的订购批量。

解：

$T+L$ 期内的平均需求量＝（24+5）×200=5800 件

$T+L$ 期内的需求变动标准差=25× $\sqrt{24+5}$ ≈135 件

目标库存量=5800+1.96×135≈6065 件

订购批量=6065-500=5565 件

从上例的计算结果可以看出，在同样的服务水平下，定期订货法的安全库存和订购批量要比定量订货法的安全库存和订购批量大得多。这是由于采用定期订货法需满足订货周期加订货提前期内的需求量和防止在上述期间发生缺货所需的安全库存。这就是一些关键物品和价格高的物品不用定期订货法而用定量订货法的原因。

5.4.4　两种库存订货管理方式的比较

1. 提出订购请求时点的标准不同

定量订货法提出订购请求时点的标准是库存量下降到预定的订货点；而定期订货法提出订购请求时点的标准是预先规定的订货周期，到了该订货周期则提出订购请求。

2. 请求订购的商品批量不同

定量订货法每次请求订购的商品的批量相同，都是事先确定的经济订货批量；而定期

订货法每到规定的请求订购期就发出订购请求，订购的商品批量不固定，可根据库存的实际情况确定。

3. 管理控制库存商品的程度不同

定期订货法要求仓库作业人员对库存商品进行严格的控制、精心的管理，经常检查、详细记录、认真盘点；而采用定量订货法时，对库存商品进行一般的管理、简单的记录即可，不需要经常检查和盘点。

4. 适用的商品范围不同

定量订货法适用于品种数量少、平均占用资金量大、需重点管理的 A 类商品；而定期订货法适用于品种数量大、平均占用资金量少、只需一般管理的 B 类商品和 C 类商品。

复习思考题

一、问答题

1. 什么是 ABC 分类法？该方法的理论基础是什么？
2. ABC 分类法的步骤是什么？
3. ABC 分类法的库存管理策略有哪些？需注意哪些事项？
4. 什么是安全库存？应遵循什么原则？
5. 不同等级的货物对安全库存有何要求？
6. 如何确定安全库存？
7. 降低安全库存有哪些具体措施？需要考虑哪些因素？
8. 什么是定量订货法和定期订货法？各有何特点？两者如何区分？
9. 定量订货法和定期订货法的基本原理各是什么？有何不同？
10. 如何确定定量订货法和定期订货法的控制参数？

二、计算题

某企业的 X 型彩电的年销售量为 10 000 台，订货费用为 10 元/次，每台彩电的平均年库存保管费用为 4 元/台，订货提前期为 7 天，彩电的价格为 580 元/台，安全库存为 100 台。按经济订货批量原则，求解最佳库存模型。

第6章

配送管理

知识目标：

- 熟悉配送的概念及特征
- 掌握配送的构成要素
- 了解配送成本的含义及影响因素
- 掌握配送成本的构成和特征
- 掌握配送成本的控制方法

能力目标：

- 辨析配送模式的分类
- 掌握配送模式的选择
- 能够对配送成本进行分析，找出配送成本的影响因素和降低配送成本的途径

导入案例

智能物流配送站系统规划覆盖无人化配送全流程

2019 年年初，上海张江科海大楼大堂多了个造型酷酷的设备，时不时有外卖员和快递员将商品投到与设备连接的机器人身上，外卖员和快递员转身离开后，机器人会自己坐电梯，将商品送到预订者的楼层。这是由上海本土创业企业"有个机器人（YOGO Robot）"自行研发的终端配送群体机器人系统解决方案——"有个机器人智能配送站（YOGO Station）"，在业界首次实现覆盖"接收—暂存—分拣—递送—提货—反馈—退货"七个环节的无人化配送全流程。

定位服务"最后 100 米"需求

物流机器人一直是人工智能、物联网等新技术应用领域的研究热点，海内外科技巨头纷纷推出相关硬件。在亚马逊的物流仓库中，负责分拣和配送的机器人是一大亮点；在阿里巴巴未来酒店和智慧餐厅中，自动配送机器人也很亮眼；饿了么、美团点评等外卖平台的研发重点则是适应不同环境的配送机器人，这一趋势与居高不下的物流成本有关，尤其

是在人工成本持续增长的情况下。

作为上海本土创新企业，"有个机器人"看到的是"最后100米"的创新空间。联合创始人蔡晓玮认为，无人配送涉及很多环节，每个企业的研发重点不同，从目前行业的发展情况看，很多大企业都注重外部配送，比如"最后一公里"的机器人应用研发、干线物流的机器人研发等。但对"有个机器人"这样的小企业来说，"最后100米"恰恰是机会所在，因为无论在哪种环境中，都会面临"最后100米"的需求，这部分工作也是当下人力成本较高，配送效率却不高的地方。

以张江科海大楼的外卖和快递服务为例，在以往的配送模式中，外卖员和快递员需要提前打电话通知用户来大厦门口等候领取商品，用户的个人时间安排、电梯等候时间等会大大影响外卖员和快递员的工作效率。如果依赖快递自提箱，又不能解决生鲜商品、烹调商品的保鲜问题。如今有了机器人智能配送站，外卖员和快递员可以将"最后100米"的分发和配送任务交给机器人，做到"放下商品就走"。通知用户取货、将外卖送到指定楼层等都由机器人完成。

从单次配送变为站点综合配送

其实，一些上海用户对机器人送外卖已不陌生。从2018年开始，由"有个机器人"研发的单体物流机器人已在上海虹桥万科、国投大厦等写字楼运行，累计工作时间超过4000个小时。

在使用过程中，快递员或外卖员将商品放入机器人的"肚子"后，机器人会自动拨打用户电话通知用户取货，并发送取货码；然后机器人可以利用人工智能和物联网技术完成路线规划、自动乘坐电梯等任务，到达用户所在的楼层，等用户取货完毕后再原路返回。张江科海大楼内的智能配送站能实现多台机器人同时配送。它们会自动规划路线避免冲撞，也能一起乘坐电梯并去往不同楼层配送商品。简而言之，这些机器人就像写字楼内部的一个配送小团队，能高效分工协作。根据测算，智能配送站能让单次配送时间缩减30%左右。

"有个机器人"创始人赵明表示，机器人本身的价值取决于它如何帮助行业降本增效，他说："单体机器人只能解决行业中某一环节的问题，我们希望这次发布的智能配送站作为一个系统，能帮助配送终端降本增效，优化全行业的服务质量。"

（资料来源：http://www.cnr.cn/shanghai/tt/20190118/t20190118_524486592.shtml）

思考题：智能物流配送与传统物流配送相比有何优势？

如何进行物流配送优化？

6.1　配送概述

配送是物流中一种特殊的、综合的活动形式，是商流与物流的紧密结合，它的意义在于最大限度地缩短商品的流通时间、降低流通费用、压缩整个社会的库存量、提高客户服务水平、实现社会资源的优化配置。

6.1.1 配送的概念与特征

1. 配送的概念

配送是指根据客户要求在合理区域内拣选、加工、包装、分割、组配物品，并将物品按时送达指定地点的物流活动。

总体来说，配送是物流活动中一种非单一的业务形式，它与商流、物流、资金流紧密结合，并且主要包括商流活动、物流活动和资金流活动，可以说配送是包括了物流活动中大多数必要因素的一种业务形式。从物流角度来讲，配送几乎包括了所有的物流功能要素，是物流的一个缩影，在某些小范围中，配送就是物流活动的全部体现。

一般的配送集装卸、包装、保管、运输于一体，通过这一系列活动完成将货物送达目的地的目的。特殊的配送还要以加工活动为支撑，所以包括的方面更广。但是，配送的主体活动与一般物流有所不同，一般物流的主体活动是运输及保管，而配送的主体活动则是运输及分拣配货，分拣配货是配送的特殊要求，以送货为目的的运输则是最后实现配送的主要手段，从这一主要手段出发，常常将配送看作运输的一种。

2. 配送的特征

配送主要有以下几个特征。

（1）配送是将货物从物流据点送给用户的一种特殊的送货形式。在整个输送过程中，配送处于二次输送、支线输送、末端输送的位置，配送是中转型送货，其起点是物流据点，终点是用户，配送通常是短距离、少量货物的移动。

（2）在配送活动中，从事送货的是专职流通企业，用户需要什么配送什么，而不是生产企业生产什么送什么。

（3）配送不是单纯的运输，而是运输与其他活动共同构成的组合体，配送要及时组织订货、签约、进货、分拣、包装、配装等对物资进行分配和供应处理的活动。

（4）配送的服务方式是供给者送货到户。从服务方式来讲，配送是一种"门到门"的服务。可以将货物从物流据点送到用户的仓库、营业所、车间乃至生产线的起点或个体消费者手中。

（5）配送是在全面配货的基础上，完全按用户要求（包括种类、品种搭配、数量、时间等）所进行的运送。因此，除"送"的活动外，配送还要从事大量分货、配货、配装等工作，是"配"和"送"的有机结合形式。

配送不同于旧式送货，具体表现如下。

（1）配送的活动内容不单是送货，其活动内容中还有分货、配货、配装等工作，难度较大，要圆满实现配送，必须有发达的商品经济、先进的现代交通运输工具、较高的经营管理水平。在商品经济不发达的国家，很难按用户要求实现配货，更难实现大范围的、高效率的配货。因此，旧式送货和配送存在着时代性的差别。

（2）配送是送货、分货、配货、配装等活动的有机结合体，同时配送还和订货系统紧密联系，因此，必须依赖现代情报信息，建立和完善配送系统，使其变成一种现代化方式，这是旧式送货形式所不能比拟的。

（3）配送的全过程有现代化技术和装备支持，因此配送在规模、水平、效率、速度、质量等方面远远优于旧式送货。配送活动中大量采用了各种运输设备，以及识码、拣选等机电装备，很像在工业生产中广泛应用的流水线，可以使一部分流通工作工厂化。所以，配送与旧式送货相比还有装备上的差别，配送是技术进步的一种产物。

（4）配送是一种专业化的流动分工方式。旧式送货只作为一种推销手段，其目的在于多销售一些商品。而配送则是一种专业化的流动分工方式，是大生产、专业化分工在流通领域的体现。因此，如果说旧式送货是一种服务方式，配送则可以看作一种体制形式。

6.1.2 配送与物流的关系

1. 从物流的角度来看配送与物流的关系

从物流的角度看，配送的距离较短，配送位于物流系统的末端，处于支线运输、二次运输和末端运输的位置，配送是到最终消费者的物流。但是在配送过程中，也包含其他的物流功能（如装卸、储存、包装等），它是多种功能的组合，可以说配送是物流的一个缩影，在某一小范围中，配送就是物流活动的全部体现。一般的配送集装卸、包装、保管、运输于一体，通过这一系列活动完成将货物送达目的地的目的。特殊的配送还要以加工活动为支撑，所以配送包括的方面更广。但是，配送的主体活动与一般物流有所不同，一般物流的主体活动是运输及保管，而配送的主体活动则是运输及分拣配货，分拣配货是配送中特有的活动，以送货为目的的运输则是最后实现配送的主要手段，从这一主要手段出发，常常将配送看作运输中的一种。

2. 从商流的角度来看配送与物流的关系

从商流的角度看，配送本身就是一种商业形式。虽然作为物流系统环节之一的配送应该以商物分离的形式实现，但从配送的发展趋势看，商流与物流越来越紧密地结合是配送成功的重要保障，前面提到的各种配送方式也可以说明这一点。

6.1.3 配送的要素

配送是通过备货、储存、分拣及配货、配装、配送运输、送达服务与配送加工等一系列功能要素和物流作业环节实现的，配送中心的功能要素及流程图如图 6-1 所示。

图 6-1　配送中心的功能要素及流程图

1. 备货

备货是配送的准备工作或基础工作，备货工作包括筹集货源、订货或购货、集货、进货，以及相关的质量检查、结算、交接等。配送可以集中用户的需求进行一定规模的备货，备货是决定配送成败的初期工作，如果备货成本太高，会大大降低配送的效益。

2．储存

配送中的储存分为储备及暂存两种形态。储备是按一定时期的配送经营要求形成的对配送作业提供的资源保证，这种类型的储备数量较大，储备结构也较完善，视货源及到货情况，可以有计划地确定周转储备及保险储备的结构及数量，有时在配送中心附近单独设库解决配送储备问题。

暂存是分拣、配货之后形成的暂时储存，暂存主要用于调节配货与送货的节奏，货物暂存的时间一般不长。

3．分拣及配货

分拣及配货是配送不同于其他物流形式的特有的功能要素，也是决定配送成败的一项重要工作。分拣及配货是完善送货、支持送货的准备性工作，是不同配送企业在送货时进行竞争和提高自身经济效益的途径。因此，也可以说分拣及配货是送货向高级形式发展的必然要求。分拣及配货能大大提高企业的送货服务水平，分拣及配货是决定整个配送系统水平的关键要素。

4．配装

当给单个用户的配送数量不能达到车辆的有效载运负荷时，就存在集中给不同用户配送货物，进行搭配装载以充分利用运能、运力的需求，这时就需要配装。配装和一般送货的不同之处在于，配装送货可以大大提高送货水平并降低送货成本，所以，配装是配送系统中有现代特点的功能要素，也是现代配送不同于旧式送货的重要区别。

5．配送运输

配送运输属于运输中的末端运输、支线运输，配送运输和一般运输形态的主要区别在于配送运输是较短距离、较小规模、较高额度的运输形式，一般使用汽车作为运输工具。配送运输与干线运输的另一个区别是配送运输的路线选择问题是一般干线运输所没有的，干线运输的干线是唯一的运输线，而配送运输由于配送用户多且一般城市的交通路线较复杂，所以存在如何选择最佳路线、如何使配装和路线有效搭配等问题，这也是配送运输中难度较大的工作。

6．送达服务

将配好的货物运送给用户并不是配送工作的完结，这是因为送达货物和用户接货往往还会出现不协调。要圆满地实现货物的移交，有效地、方便地处理相关手续并完成结算，还应注意卸货地点、卸货方式等。送达服务也是配送的特征之一。

7．配送加工

在配送中，配送加工这一功能要素不具有普遍性，但它是有重要作用的功能要素，主要原因是通过配送加工可以大大提高用户的满意程度。配送加工是流通加工的一种，但配送加工有它不同于一般流通加工的特点，即配送加工一般只取决于用户的要求，其加工的目的较为单一。

6.1.4 配送的意义和作用

1. 完善了整个物流系统

第二次世界大战之后，由于大吨位、高效率的运输力量的出现，干线运输无论在铁路、海运或公路方面都达到了较高水平，长距离、大批量的运输实现了低成本化。但是，在所有的干线运输之后，往往都要辅以支线运输或小搬运，这种支线运输及小搬运成了物流过程中的薄弱环节，此环节有许多和干线运输不同的特点，如要求较高的灵活性、适应性、服务性等，易导致运力利用不合理、成本过高等问题。采用配送方式可以将支线运输及小搬运统一起来，使运输过程得到优化和完善。

2. 提高了末端物流的效益

采用配送方式可以通过增大批量来达到经济进货的目的，还可以通过将各种商品集中起来进行一次性发货代替分别向不同用户小批量发货来达到经济发货的目的，从而提高末端物流的经济效益。

3. 通过集中库存使企业实现低库存或零库存

实现了高水平的配送之后，尤其是采取准时配送方式之后，生产企业可以完全依靠配送中心的准时配送，从而不需要保持自己的库存，或者生产企业只需保持少量安全库存而不必留有大量储备，这样可以实现生产企业多年追求的"零库存"，将企业从库存的包袱中解脱出来，同时解放大量储备资金，改善企业的财务状况。实行集中库存的企业的库存总量远低于不实行集中库存时各企业的分散库存的总和，同时增强了调节能力，也提高了社会经济效益。此外，采用集中库存可以利用规模经济的优势降低单位存货成本。

4. 简化事务，方便用户

采用配送方式，用户只需从一处订购，或在一个进货单位可以订购到以往需要去许多地方才能订到的货物，可指定配送单位完成原有的高频采购及接货，从而大大减轻用户的工作量和负担，节省事务开支。

5. 提高供应保证程度

如果生产企业自己保持库存，维持生产，很难提高供应保证程度（受到库存费用的制约），采取配送方式，配送中心比生产企业的储备量要大，因而对企业而言，中断供应、影响生产的风险也会相对减小，免去短缺货物之忧。

6.1.5 电子商务环境下的物流配送

1. 物流配送信息化

物流配送信息化的表现为物流配送信息的商品化、信息收集的数据库化和代码化、信息处理的电子化和计算机化、信息传递的标准化和实时化、信息存储的数字化等。条码技术（Bar Code）、数据库技术（Database）、电子订货系统（Electronic Ordering System，EOS）、电子数据交换（Electronic Data Interchange，EDI）、快速反应（Quick Response，QR）及有效客户反映（Effective Customer Response，ECR）、企业资源计划（Enterprise Resource

Planning，ERP）等在物流管理中得到了广泛应用。没有物流配送的信息化，任何先进的技术设备都不可能应用于物流领域，信息技术在物流配送中的应用将会彻底改变物流配送的面貌。

2．物流配送自动化

物流配送自动化的基础是信息化，物流配送自动化的核心是机电一体化，物流配送自动化的外在表现是无人化，物流配送自动化的效果是省力化，另外物流配送自动化还可以扩大物流作业的能力、提高劳动生产率、减少物流作业的差错等。物流配送自动化主要应用于以下系统：条码/语音/射频自动识别系统、自动分拣系统、自动存取系统、自动导向车、货物自动跟踪系统等。

3．物流配送网络化

物流配送网络化的基础也是信息化，这里的网络化有两层含义：一是物流配送系统的计算机通信网络，包括物流配送中心与供应商或制造商要通过计算机网络联系，另外物流配送中心与下游顾客也要通过计算机网络联系，如物流配送中心向供应商提出订单请求的过程就可以使用计算机网络，借助于增值网（Value- Added Network，VAN）上的电子订货系统（EOS）和电子数据交换技术（EDI）来实现，物流配送中心也可以通过计算机网络自动完成收集下游客户订货的过程；二是组织网络化及所谓的企业内部网（Intranet），如 90 年代台湾计算机行业创造的"全球运筹式产销模式"，其基本点是按照客户订单组织生产，采取分散形式生产，将全世界的计算机资源都利用起来，采取外包的形式将一台计算机的所有零部件、元器件、芯片外包给世界各地的制造商去生产，然后通过全球的物流网络将这些零部件、元器件、芯片发往同一个物流配送中心进行组装，由该物流配送中心将组装好的计算机发给订货客户。

物流配送网络化是信息化的必然，是电子商务下物流配送活动的主要特征之一。全球网络资源的可用性及网络技术的普及为物流配送网络化提供了良好的外部环境，物流配送网络化势不可挡。

4．物流配送智能化

物流配送智能化是物流配送自动化、信息化的一种高层次应用。物流配送作业过程中大量的运筹和决策，如库存水平的确定、运输搬运路径的选择、自动导向车的运行轨迹和作业控制、自动分拣机的运行、物流配送中心经营管理的决策支持等问题都需要借助大量的知识来解决。在物流配送自动化的进程中，物流配送智能化是不可回避的技术难题。目前专家系统、机器人等相关技术在国际上已有比较成熟的研究成果，物流配送智能化已经成为电子商务中物流配送发展的新趋势。

5．物流配送柔性化

物流配送柔性化原是生产领域为实现"以顾客为中心"而提出的，但要真正做到物流配送柔性化，即真正根据消费者需求的变化来灵活调节生产工艺，没有配套的物流配送柔性化系统是很难实现的。20 世纪 90 年代以来，生产领域提出的 FMS、CIMS、MRP、ERP 等概念和技术的实质就是将生产和流通集成，根据需求端的需求组织生产，安排物流活动。柔性化物流正是适应生产、流通与消费需求而发展起来的新型物流模式，它要求物流配送中心根据消费需求"多品种、小批量、多批次、短周期"的特点，灵活组织并实施物流配送作业。

6.2 配送的基本模式

为了满足不同产品、不同用户、不同流通环境的需要，产生了多种配送模式。

6.2.1 配送模式分类

1．按配送时间划分

（1）定时配送。

定时配送是指按规定的时间间隔所进行的配送。这里的时间间隔是指用户所需求的时间间隔，一般相对固定。配送方在用户需求的时间间隔内定时向用户配送商品。在实际配送过程中，配送方可以通过电子商务技术准确地安排配送作业计划，合理确定配送的设备和人员。即使在用户需求的时间及配送的品种和数量发生变化时，配送方也能迅速调节原作业计划，及时调配设备和人员，并通知作业层，调整作业过程。

（2）定量配送。

定量配送是指按规定的批量在指定的时间范围内进行配送。由于配送的数量相对固定，时间范围相对宽裕，配送方可以在一定的时间范围内进行备货、装配和配送，合理使用配送设备，节约运力，节省运输时间，提高配送效率，节约配送成本。

（3）定时、定量配送。

定时、定量配送是指按规定的时间、规定的货物品种、规定的货物数量进行配送。这种配送兼有定时配送和定量配送的双重特点。它不仅要求配送方有较高的管理能力，还要有较强的配送能力。

（4）定时、定量、定点配送。

定时、定量、定点配送是配送过程中用户普遍需求的配送形式，即将准确数量的货物在规定的时间内送到规定的目的地。这种方式要求配送方有较高的服务水平，组织工作难度很大，通常针对固定客户进行这项服务。

2．按配送形式划分

（1）自营配送。

自营配送是指物流配送的各个环节由企业自身筹建并组织管理，是目前生产流通或综合性企业所广泛采用的一种配送模式。企业通过独立组建配送中心，可以实现内部各部门、厂、店之间的物品供应。这种配送模式因为融合了传统的"自给自足"的"小农意识"，形成了新型的"大而全""小而多"的配送形式，从而造成了社会资源浪费。但是这种配送模式有利于企业的供应、生产和销售一体化，系统化程度相对较高，既可满足企业内部原材料、半成品及成品的配送需要，又可满足企业对外进行市场拓展的需求。

较典型的企业内自营配送模式就是连锁企业的配送，如美国的沃尔玛公司、我国的国美家电连锁公司、京东自营等。它们都是通过组建自己的配送中心来完成对内部各厂、店的统一采购、统一配送和统一结算的。

（2）共同配送。

共同配送是指把过去按不同货主、不同商品分别进行的配送改为集中配送的"货物及配送的集约化"，也就是把拟配送的货物都装入在同一条路线上运行的运输车辆，用同一辆车为更多的客户运送货物。共同配送是物流配送企业之间为了提高配送效率及实现配送合理化所建立的一种功能互补的配送联合体，是一种物流配送经营企业之间为实现整体配送合理化，以互惠互利为原则，互相提供便利的物流配送服务的协作型配送模式，也是电子商务发展到目前为止最优的物流配送模式，实施共同配送前后的效果对比图如图 6-2 所示。

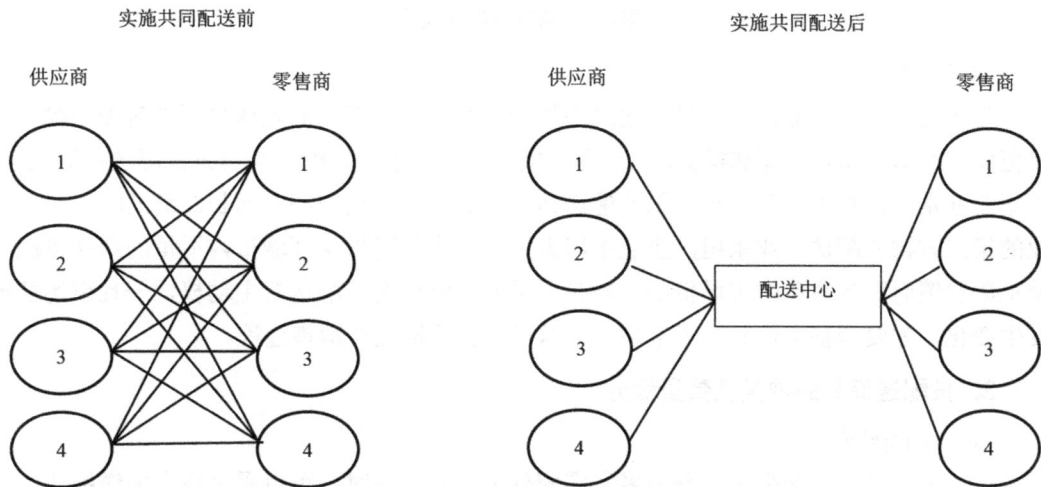

图 6-2　实施共同配送前后的效果对比图

共同配送包括配送的共同化、物流资源利用的共同化、物流设施设备利用的共同化及物流管理的共同化。共同配送模式是合理化配送的有效措施之一，是企业保持优势常在的至关重要的课题，是企业的横向联合、集约协调、求同存异和效益共享，是一种有利于发挥集团型竞争优势的现代化管理方法。

（3）第三方配送（外包配送）。

第三方配送作为有着较新物流理念的产业，正在逐步与物流服务形成一种战略关系。随着 JIT[①]管理方式的普及，无论是制造企业还是商业企业，都逐渐把配送业务交由相对独立的第三方配送企业进行管理。第三方配送企业根据采购方的小批量、多批次的要求，按照地域分布的密集情况决定供应方的取货顺序，并应用一系列的信息技术和物流技术，保证 JIT 取货和配货。

跟其他配送模式不同，这种新型的物流配送模式主要有以下特点：拉动式（以响应为基础）的经营模式；小批量、多批次取货；提高生产保障率，缩短待料时间；减少中间的仓储搬运环节，做到"门对门"的服务，节约仓储费用、人力和物力；配备最佳经济批量，

---

① JIT（Just In Time）系统，准时生产系统，又称实时生产系统，于 1953 年由日本丰田公司的副总裁大野耐一提出。

从而降低运输成本；通过 GPS 全球定位系统及信息反馈系统，保证了 JIT 运输安全。现在全球大型公司，特别是跨国公司越来越倾向于把自己的物流配送业务外包给第三方物流配送企业，原因就在于此，第三方配送模式如图 6-3 所示。

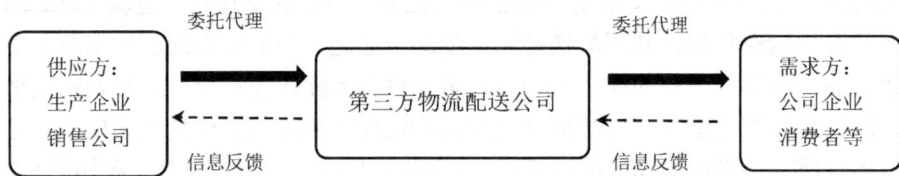

图 6-3　第三方配送模式

（4）混合配送。

混合配送是指企业自身适当地建立小型配送系统，大范围的配送采用外包配送模式，小范围的配送采用自营配送模式。混合配送模式充分考虑自营配送与第三方配送的优缺点，根据企业本身的特点，建立小范围的配送体系，如城市配送中心，而长距离的配送则由专业的第三方物流配送企业承担，企业不用太大的投资就可以保证城市内适量的商品供应，避免因脱销而影响企业的市场份额，同时，又能控制对客户配送的主动权，一旦市场情况发生变化，需要调整企业的经营策略，配送可以积极地配合销售过程。

3．按配送商品的种类及数量划分

（1）成套配送。

当用户尤其是装配型企业需要多种零配件和配套设备时，可以采用成套配送模式，按其生产节奏定时、定量地将企业所需要的货物送到生产装配线。这种配送形式有利于生产企业实现库存的最小化，方便生产企业进行生产作业。

（2）多品种、少批量配送。

多品种、少批量配送是按照用户的要求，将所需的各种货物配备齐全后，由配送方少量、多次送达目的地的一种配送方式。这种配送方式符合现代消费者多样化需求的发展趋势，是许多国家推崇的一种配送方式。

在实际配送过程中，这种方式对配送的作业水平和管理水平有较高的要求，它不仅要求配送方的配送设备及作业程度达到一定的规模和水平，而且要求配送方拥有较高的管理水平，以保证各个作业环节的协调性。此外，这种配送方式的成本一般较高。

多品种、少批量配送方式一般适用于综合配送中心进行的配送，从社会总产品的角度来看，一般适用于消费资料及生产资料中的二、三类产品；从库存角度来看，比较适用于 B 类产品和 C 类产品；从距离上来看，一般适用于短距离的配送。

（3）少品种、大批量配送。

一般来说，当用户所需货物的品种较少、需求量较大且相对稳定时，可采取这种配送形式。因为这种配送形式配送货物的批量较大，所以其配装相对简单。在实际配送过程中，这种配送形式相对于多品种、少批量的配送形式来说，配送作业的难度较小，配送成本也相对较低，一般配送距离相对较长。这种配送方式适用于专业型配送中心进行的配送和供应方进行的配送。

6.2.2 配送模式的选择

在激烈的市场竞争中，企业必须严格控制其运行成本。企业应该拥有一流的物流管理体系，使货物能够及时送达最终消费者手中。沃尔玛（Wal-Mart）和凯马特（Kmart）经销的商品结构颇为相近，但是沃尔玛的运行成本要比凯马特低 25%左右。造成如此悬殊的差别的主要原因就是沃尔玛拥有先进的物流配送系统，它使得沃尔玛的单位面积销售额约为凯马特的两倍。

1. 经验选择法

前面分析介绍了多种现代物流配送模式。究其根本就是看企业到底是自己经营物流配送还是交给第三方物流配送公司来运作。这需要企业根据自身的特点和经营实力而定，生搬硬套很可能导致相当严重的后果。例如，海尔集团成立了物流、商流、资金流和海外推进本部几个部门，实行采购、零部件配送和成品配送的 JIT，还建立了立体自动仓库。对于此类需要巨额资金投入的项目，不是每个企业都能承担的，即使建立成功，是否有海尔这样大的生产规模和销售量也是问题。因此，企业不能光跟潮流，不要以为物流配送是新的利润增长源就蜂拥而上。

企业选择物流配送模式的主要依据是配送能力对企业核心竞争能力的影响程度，可以从以下几方面考虑。

（1）物流配送能力是否决定企业的核心竞争能力，企业的核心竞争能力是企业立足市场的根本，应考虑物流配送能力是否对其起决定性的作用。

（2）物流配送能力是否高度影响企业与客户的关系，即物流配送能力是否是客户选择商品供应商的决定性因素。

（3）有没有第三方物流配送企业能很好地胜任本企业的配送业务，并且能够高度协调相关的业务流程。

（4）哪一种物流配送模式能使企业的库存最少，能降低商品的单位成本。

（5）总投资额与投资能力。企业对物流配送设施与运作的投资能力在一定程度上也是决定性因素。

一般说来，决策配送模式应基于一个企业的配送能力，假如一个制造商或零售商缺乏仓储运输的专门技术，物流配送能力对企业的总体市场地位并非至关重要的，那么，企业应采用合同物流，即第三方配送模式；如果供应链管理对一个企业的市场非常重要，且企业自身又能很好地处理物流事务，那么企业应该继续经营自己的配送部门。企业对配送模式的决策应基于企业自身在别处可获得的评估，以及对核心业务和非核心业务的划分而定。

采用第三方配送模式，有利也有弊，弊端是公司对企业服务水平的控制力降低，不容易实施公司的战略意图。与客户的交流协商需依赖第三方物流配送公司，在某些特定时期，公司的首要目标并不是物流配送，而是提高配送速度与客户对服务的满意程度。例如，2002年 7 月和 8 月，受厄尔尼诺现象的影响，全球气温变暖，中国许多城市持续高温，空调成为炙手可热的商品，许多库存销售一空，甚至出现短缺现象。哪家空调生产厂家的配送速度快，哪家就可以赢得更大的市场，并可一举建立商品的品牌效应。所以，合适的配送模式对企业而言是非常重要的，它不仅可以降低生产或经营成本，更重要的是可以帮助企业赢得市场份额。

2. 矩阵图决策法

矩阵图决策法主要是通过两个不同因素的组合，利用矩阵图来选择配送模式的一种决策方法。其基本思路是选择决策因素，然后通过组合决定因素形成不同的区域或象限，从而进行决策。这里主要围绕配送能力对企业的影响力和企业的配送能力进行分析。在实际经营过程中，根据企业的配送能力和配送能力对企业的影响力划分不同的区域，通常来说，企业可按图 6-4 所示的矩阵图来进行决策。

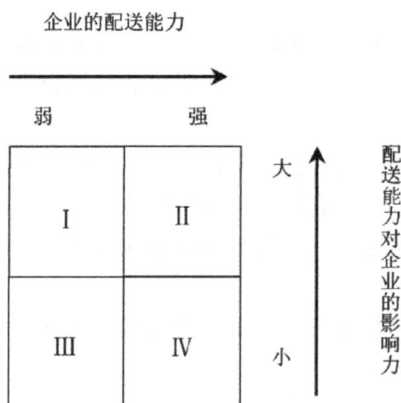

图 6-4　矩阵图

在状态Ⅰ下，配送能力对企业的影响力较大，但企业的配送能力较弱，此时，企业可采取的策略是寻求配送伙伴来弥补自身在配送能力上的不足。可供选择的模式有三种：第一种是加大资金投入，提高配送能力，采用自营配送模式；第二种是进行一些资金投入，强化配送能力，采用混合配送模式；第三种是采取第三方配送模式，将配送业务完全委托给专业的配送企业。一般说来，在市场规模较大且相对集中，投资量较小的情况下，企业可采取自营配送模式；若情况相反，则可采取第三方配送模式。

在状态Ⅱ下，配送能力对企业的影响力较大，企业也有较强的配送能力，在配送成本较低、地理区域较小且市场相对集中的情况下，企业可采取自营配送模式，以提高顾客的满意度和配送效率。

在状态Ⅲ下，企业的配送能力较弱，且不存在较大的配送需求，此时，企业宜采用第三方配送模式，将企业的配送业务完全或部分委托给专业的第三方配送企业，将主要精力放在企业最擅长的生产经营方面，以获得更大的收益。

在状态Ⅳ下，配送在企业战略中并不占据主要地位，但企业却有较强的配送能力，此时，企业可向外拓展配送业务，以提高资金和设备的利用率，即可以采取共同配送的模式。若企业在该方面具有较大的竞争优势，也可适当调整业务方向，使配送业务向社会化的方向发展，成为专业的配送企业。

3．层次分析法

在现实世界中，往往会遇到决策的问题，比如如何选择旅游景点的问题，选择升学志愿的问题等。在决策者做出最终决定以前，他必须考虑很多方面的因素和判断准则，最终通过这些准则做出选择。例如，选择一个旅游景点时，你可以从九寨沟、普陀山、成都、雁荡山和乌镇中选择一个作为自己的旅游目的地，在进行选择时，你所考虑的因素可能有旅游的费用、旅游的景色、景点的居住条件和饮食状况、交通状况等。这些因素是相互制约、相互影响的，我们将这样的复杂系统称为一个决策系统。在这些决策系统中，往往有很多因素无法用定量的方式描述，此时需要将半定性、半定量的问题转化为定量计算的问题。层次分析法是解决这类问题的行之有效的方法。

层次分析法是将总是与决策有关的元素分解成目标、准则、方案等层次，在此基础之上进行定性和定量分析的决策方法。该方法是美国匹茨堡大学教授运筹学家萨蒂于 20 世纪70 年代初，在为美国国防部研究"根据各个工业部门对国家福利的贡献大小而进行电力分配"课题时，应用网络系统理论和多目标综合评价方法，提出的一种层次权重决策分析方法。它将复杂的决策系统层次化，通过逐层比较各种关键因素的重要性来为分析及最终的决策提供定量的依据。

层次分析法的特点是在对复杂决策问题的本质、影响因素及其内在关系等进行深入分析的基础上，利用较少的定量信息，使决策的思维过程数学化，从而为多目标、多准则或无结构特性的复杂决策问题提供简便的决策方法。层次分析法尤其适用于难以直接准确地计量决策结果的场合。

6.2.3　配送合理化及技术指标

随着物流配送集约化、一体化的发展，常将配送的各个环节综合起来，进行配送系统优化，如配送车辆优化调度、集货线路优化、货物配装及送货线路优化，集货、配装和送货一体化优化等，以实现配送的合理化，具体的技术指标如下。

1．运输合理化

合理化的配送应该在整个物流系统中充分利用现有的时间、财务和环境资源，以最佳的运输方式和运输路线、最低的成本、最高的质量来实现配送的功能，达到物流最优化。在实际的配送过程中，不合理的运输现象主要有以下几种形式。

（1）对流运输。

对流运输是指同类的或可以相互代替的货物的相向运输，它是不合理运输中最突出、最普遍的一种形式，对流运输主要有两种表现形式。

① 相向对流。同类的或可以相互代替的货物沿着同一线路相向运输。

② 隐蔽对流。同类的或可以相互代替的货物在不同运输方式的平行路线上或不同时间进行相反方向的运输。

倒流运输是对流运输的一种派生形式，它是指同一批货物或同批货物中的一部分货物由发运站至目的地后，又从目的站向发运站的方向运输。

（2）重复运输。

重复运输是指同批货物由产地抵达目的地，没有经任何加工和必要的作业，也不是为了联运及中转需要，又重新装运到别处的现象。重复运输是货物流通过程中多余的中转、倒装，重复运输会虚耗装卸费用、增加作业量、延缓流通速度、增加货损、增加费用。

（3）过远运输。

过远运输是一种舍近求远的商品运输形式，即不就地或就近获取某种物资，却从外地或远处运来同种物资，从而拉长运输距离，造成运力浪费。

（4）迂回运输。

由于物流网纵横交错且不同车辆的机动性、灵活性不同，在同一发运站和目的地之间往往有不同的运输路径可供选择。凡不经过最短路径的绕道运输，都称为迂回运输。

（5）无效运输。

无效运输是指被运输的货物杂质（如煤炭中的矿石、原油中的水分等）较多，致使运输能力浪费的不必要的物资运输。

2．配送合理化的技术指标

判断配送是否合理是配送决策系统的重要内容，目前尚无统一标准，常用标准如下。

（1）库存标志。

库存标志是判断配送合理化的重要标志，可以通过用户的库存总量和库存周转速度两个指标来判断。由于配送企业的调剂作用，用户可以以低库存保持较高的供应能力，且周转速度比一般企业的周转速度要快，具体指标如下。

① 库存总量。在一个配送系统中，配送中心的库存量加上各用户在实行配送后的库存量之和应低于实行配送前各用户的库存量之和。此外，从各用户的角度判断，将各用户在实行配送前后的库存量进行比较，也是判断配送合理与否的标准，某个用户的库存量上升而总库存量下降，也属于不合理配送。库存总量是一个动态变化的量，上述比较应当在一定经营量的前提下进行。在生产取得发展之后，库存总量的上升则反映了经营的发展，必须消除这一因素的影响，才能对库存总量是否下降做出正确判断。

② 库存周转速度。由于配送企业的调剂作用，用户可以以低库存保持较高的供应能力，且实行配送的企业的周转速度比未实行配送的企业的周转速度要快。此外，从各用户的角度进行判断，对各用户在实行配送前后的库存周转速度进行比较，也是判断配送合理与否的标志。为取得共同的比较基准，以上库存标志都以库存储备资金计算，而不以实际物资数量计算。

（2）资金标志。资金占用情况，或者说投资总额也是衡量配送合理化的一个重要指标。一个企业的流动资金总量是有限的，太大的投资对企业来说就是巨大的负担。所以，整个配送系统的投资总额不能太大。另外，资金的周转速度也是衡量配送合理化的一个重要标志，资金的周转速度快，投资回报也快，具体判断标志如下。

① 投资总额。用于资源筹措所占用的流动资金总量随储备总量的下降及供应方式的改变而下降。

② 资金周转速度。从资金运用的角度来讲，由于整个资金周转速度节奏加快，资金充分发挥作用，同样数量的资金，过去需要较长时期才能满足一定的供应要求，实行配送之后，在较短时期内就能达到此目的。所以资金周转速度是否加快，是衡量配送合理与否的重要标志。

③ 资金投向的改变。资金分散投入还是集中投入是资金调控能力的重要反映。实行配

送后，资金应当从分散投入转为集中投入，以增加其调控作用。

（3）成本和效益。

成本和效益主要是指投入与产出比，巨大的投资如果换回很小的回报，这显然是不合理的。总效益、宏观效益、微观效益、资源筹措成本都是判断配送合理与否的重要标志。对于不同的配送方式，可以有不同的判断侧重点。例如，如果配送企业、用户都是各自独立的以利润为中心的企业，则不但要看配送的总效益，还要看对社会的宏观效益及两个企业的微观效益，不顾及任何一方都不合理。再如，如果配送是由用户自己组织的，配送主要强调保证能力和服务性，那么，效益主要从总效益、宏观效益和用户的微观效益几方面来判断，不必过多顾及配送企业的微观效益。

由于总效益及宏观效益难以计量，在实际判断时，常从按国家政策进行经营、完成国家税收，以及配送企业和用户的微观效益几方面来判断。对于配送企业而言（投入确定的情况下），企业的利润可以反映配送的合理化程度。对于用户企业而言，在保证供应水平或提高供应水平（产出一定）的前提下，供应成本的降低程度反映了配送的合理化程度。

（4）客户满意程度。

"客户是上帝"，这是商家经常挂在嘴边的话，并且在竞争激烈的现代市场经济中，这也是很重要的一个因素。无论什么样的配送系统，让客户满意都是配送企业的经营目标之一，是稳定客户群的最关键的因素。

客户满意程度是物流配送企业供应保证能力的体现。物流配送企业的供应保证能力可以从以下两方面判断。

① 缺货次数。企业实行配送，除期望降低物流的相关费用外，还希望减少因缺货而影响客户生产及经营等需求的次数。

② 配送的速度及灵活性。配送的速度是指货物从出发地到客户端所需要的时间，不但配送的速度要快，企业还要有出现特殊情况时的特殊应对方式，并且必须使客户具有高于实行配送前的紧急进货能力及速度。但物流配送企业的供应保证能力应有一个科学的、合理的定义，如果供应保证能力过高，超过了实际需要，就会造成配送能力的浪费，消耗极大的资本。

（5）供应保证标志。

实行配送时，各用户最担心的是物流配送企业的供应保证程度降低。配送的重点是必须提高而不是降低对用户的供应保证能力，这样才能做到配送合理化，供应保证能力可以从以下方面判断。

① 缺货次数。实行配送后，对各用户来讲，该到货而未到货以致影响用户生产及经营的次数必须下降才算合理。

② 配送企业的集中库存量。对各用户来讲，实行配送后，用户的供应保证能力高于实行配送前各用户的供应保证能力才算合理。

③ 即时配送的能力及速度。这是用户出现特殊情况的特殊供应保证方式，实行配送后，用户的这种能力必须高于实行配送前用户的即时配送能力及速度才算合理。

特别需要强调一点，配送企业的供应保证能力需要适度。具体来讲，如果供应保证能力过高，超过了实际需要，则属于不合理的情况，所以追求供应保证能力的合理化非常重要。

（6）社会运力节约标志。

末端运输是目前运能和运力使用不合理且浪费现象较严重的领域，因此，人们寄希望于配送来解决这个问题。

运力使用的合理化是依靠送货运力的合理规划、整个配送系统的合理流程，以及与社会运输系统合理衔接实现的。运力的合理规划是任何配送中心都需要花力气解决的问题，而其他问题可以依赖配送及物流系统的合理化来解决，具体指标如下。

① 社会车辆总数减少，而承运量增加为合理；

② 社会车辆空驶减少为合理；

③ 一家一户自提自运减少，社会化运输增加为合理。

（7）物流合理化标志。

配送必须有利于促进物流合理化，可以从以下几方面判断。

① 是否降低了物流费用；

② 是否减少了物流损失；

③ 是否加快了物流速度；

④ 是否发挥了各种物流方式的最优效果；

⑤ 是否有效衔接了干线运输和末端运输；

⑥ 是否不增加实际的物流中转次数；

⑦ 是否采用了先进的技术手段。

物流合理化的问题是配送要解决的大问题，也是衡量配送本身的重要标志。

3. 配送合理化可采取的做法

配送合理化可采取的做法如下。

（1）推行一定综合程度的专业化配送。

通过采用专业设备、设施及操作程序取得较好的配送效果并降低配送的复杂程度，从而追求配送合理化。

（2）推行加工配送。

通过将加工和配送结合，充分利用中转而不增加新的中转以求配送合理化。同时，将加工与配送结合可以使加工目的更明确，使企业和用户的联系更紧密。将加工与配送有机结合，无须太多投入即可追求两个优势、两个效益，因此，推行加工配送是促进配送合理化的重要方式。

（3）推行共同配送。

通过共同配送可以以最短的路程、最低的配送成本完成配送，从而追求配送合理化。

（4）实行送取结合。

配送企业与用户建立稳定、密切的协作关系，配送企业不仅成了用户的供应代理人，而且成为用户的储存据点，甚至成为产品代销人，通过配送可将用户所需的物资送到目的地，再将该用户生产的产品用同一车辆运回，这样，用户的产品也成了配送中心的配送产品之一，或者配送企业为用户代存代储产品，减少生产企业的库存包袱。这种送取结合的方式可以使运力得到充分利用，也使配送企业的功能得到更大的发挥，从而追求配送合理化。

（5）推行准时配送。

准时配送是配送合理化的重要内容。做到准时配送可以使用户的生产资源稳定，使用户实现零库存，从而使用户有效地安排接货的人力、物力，以追求最高效率的工作。另外，供应保证能力也取决于准时配送。现在，准时配送是许多配送企业追求配送合理化的重要手段。

（6）推行即时配送。

即时配送是最终解决用户企业的后顾之忧，大幅度提高供应保证能力的重要手段。即时配送是配送企业快速反应能力的体现。

即时配送成本较高，但它是配送合理化的重要保证手段。此外，即时配送也是用户实现零库存的重要手段。

6.3　配送成本分析

配送是物流企业的重要作业环节，通过配送，物流活动才能最终得以实现，但完成配送活动是需要付出代价的，即需要配送成本。

6.3.1　配送成本的含义及影响因素

1．含义

配送成本（Distribution Cost）是配送过程中所支付的费用总和，根据配送流程及配送环节，配送成本实际上包含配送运输费用、分拣费用、配装及流通加工费用等。配送成本费用的核算是多环节的核算，是各个配送环节的集成。

2．影响因素

（1）配送时间。

持续配送占用了配送中心，耗用了配送中心的固定成本。而这种成本往往表现为机会成本，它会使配送中心不能提供其他配送服务获得收入或在其他配送服务上增加成本。

（2）配送距离。

配送距离是构成配送运输成本的主要因素。距离越远意味着运输成本越高，同时需要增加运输设备和送货员等。

（3）外部成本。

配送经营有时需要使用配送企业以外的资源，如起吊设备，配送企业有时需要租用起吊设备从而增加成本支出。

（4）配送货物的数量和重量。

配送货物数量和重量的增加虽然会增大配送作业量，但大批量的作业往往会使配送效率提高，配送货物的数量和重量的增加往往会使委托人获得价格折扣。

（5）货物种类及作业过程。

配送不同种类的货物的难度不同，对配送作业的要求也不同，各方承担的责任也不同，因此，货物种类对配送成本会产生较大的影响。采用原包装配送的成本支出显然要比配装配送的成本支出要低，因此，不同的配送作业过程会直接影响配送成本。

6.3.2 配送成本的构成

配送成本的构成是指成本计算期内成本计算对象的成本总额，即各个环节的成本项目金额之和，其计算公式如下：

配送成本=配送运输成本+分拣成本+配装成本+流通加工成本

需要指出的是，在进行配送成本费用核算时要避免配送成本费用重复交叉。

1．配送运输成本

配送运输成本的核算是指将配送车辆在配送生产过程中所发生的费用按照规定的配送对象和成本项目计入配送对象的配送运输成本项目的方法。配送运输成本主要包括以下几方面。

（1）车辆成本。车辆成本指从事配送运输生产而发生的各项费用，具体包括驾驶员及助手的工资及福利费、燃料、轮胎、修理费、折旧费、养路费、车船使用税等项目。

（2）营运间接成本。营运间接成本是营运过程中发生的不能直接计入各成本计算对象的经费，包括员工的工资及福利费、办公费、水电费、折旧费等，但不包括管理费用。

2．分拣成本

（1）分拣人工成本。这是指从事分拣工作的作业人员及有关人员的工资、奖金、补贴等费用的总和。

（2）分拣设备成本。这是指分拣设备的折旧费及修理费等。

3．配装成本

（1）配装材料成本。常见的配装材料有木材、纸、自然纤维和合成纤维、塑料等。这些配装材料的功能不同，成本相差也很大。

（2）配装辅助成本。除上述费用外，还有一些辅助性费用，如包装标记、标志的印刷，拴挂物费用等支出。

（3）配装人工成本。这是指从事配装工作的工人及有关人员的工资、奖金、补贴等费用的总和。

4．流通加工成本

（1）流通加工设备成本。流通加工设备因流通加工形式的不同而不同，购置这些设备所支出的成本费用会以流通加工设备成本的形式转移到被加工产品中。

（2）流通加工材料成本。这是指在流通加工过程中，投入加工过程的一些材料消耗费用，即流通加工材料成本。

（3）在流通加工过程中从事加工活动的管理人员、工人及有关人员的工资、奖金、补贴等费用的总和。

在实际应用中，应该根据配送的具体流程归集成本，不同配送模式的成本构成差异较大。在相同配送模式下，由于配送物品的性质不同，其成本构成差异也可能很大。

6.3.3 配送成本的核算

配送成本的核算是多环节的核算，是各个配送环节和活动的集成。配送的各个环节的成本费用核算都具有各自的特点，如流通加工费用的核算与配送运输费用的核算具有明显的区别，其成本计算的对象及计算单位都不同。

1. 配送运输成本的核算

配送运输成本的核算是指将配送车辆在配送生产过程中所发生的费用按照规定的配送对象和成本项目计入配送对象的配送运输成本项目中去的方法。

（1）配送运输成本的数据来源。

① 职工工资及福利费。根据工资分配汇总表和职工福利费计算表中各车型分配的金额计入成本。

② 燃料。根据燃料发出凭证汇总表中各车型耗用的燃料金额计入成本。配送车辆在本企业以外的油库加油，若其领发数量不是企业购入和发出处理的，应在费用发生时按照配送车辆的领用数量和金额计入成本。

③ 轮胎。对于采用一次摊销法的企业，根据轮胎发出凭证汇总表中各车型领用的金额计入成本；对于采用按行驶公里提取法的企业，根据轮胎摊提费计算表中各车型应负担的摊提额计入成本。发生轮胎翻新费时，根据付款凭证直接计入各车型成本或通过待摊费用分期摊销费用。有关内胎、垫带的费用根据材料发出凭证汇总表中各车型成本领用金额计入成本。

④ 修理费。修理费是指企业辅助生产部门对配送车辆进行保养和修理的费用，根据辅助营运费用分配表中分配的各车型的金额计入成本。

⑤ 折旧费。折旧费应根据固定资产折旧计算表，按照车辆种类对应的折旧金额计入成本。

⑥ 养路费及运输管理费。对于配送车辆应缴纳的养路费和运输管理费，企业应在月终计算成本时，编制配送营运车辆应缴纳养路费及管理费计算表，据此计入配送成本。

⑦ 车船使用税、行车事故损失和其他费用。如果通过银行转账、应付票据或现金支付这些费用，可根据付款凭证等直接计入有关的车辆成本；如果在企业仓库内领用相关的材料物资，则根据材料发出凭证汇总表和低值易耗品发出凭证汇总表中各车型领用的金额计入成本。

⑧ 营运间接费用。营运间接费用应根据营运间接费用分配表计入成本。

（2）配送运输成本计算表。

物流配送企业月末应编制配送运输成本计算表，以反映配送运输的总成本和单位成本。配送运输总成本是指成本计算期内成本计算对象的成本总额，即各个成本项目金额之和。单位成本是指成本计算期内各成本计算对象完成单位周转量的成本。各成本计算对象的成本降低额是指用上年度实际单位成本乘以本期实际周转量计算出的总成本减去本期实际总成本得到的差额，它是反映该配送运输成本由于成本降低所产生的节约金额的一项指标。

成本降低率是指成本降低额与上年度实际单位成本乘以本期实际周转量计算的总成本的比值，它是反映配送运输成本降低幅度的一项指标。

各成本计算对象的成本降低额和成本降低率的计算公式如下：

成本降低额=上年度实际单位成本×本期实际周转量 − 本期实际总成本

成本降低率=成本降低额／(上年度实际单位成本×本期实际周转量)×100%

2. 流通加工成本的核算

（1）流通加工成本项目和内容。

① 直接材料费用。流通加工成本中的直接材料费用是指在流通加工产品的加工过程中直接消耗的材料、辅助材料、包装材料、燃料等费用。与工业企业相比，流通加工过程中的直接材料费用占流通加工成本的比例不大。

② 直接人工费用。流通加工成本中的直接人工费用是指直接进行加工生产的生产工人的工资总额和按工资总额提取的职工福利费等。生产工人的工资总额包括计时工资、计件工资、奖金、津贴和补贴、加班工资、非工作时间的工资等。

③ 制造费用。流通加工成本的制造费用是物流中心设置的生产加工单位为组织和管理生产加工所发生的各项间接费用。制造费用主要包括流通加工生产单位的管理人员的工资及提取的福利费，生产加工单位的房屋、建筑物、机器设备等的折旧费和修理费、生产单位固定资产租赁费、物料消耗、低值易耗品摊销、取暖费、水电费、办公费、差旅费、保险费、试验检验费、季节性停工和机器设备修理期间的停工损失及其他制造费用。

（2）流通加工成本项目的归集。

① 直接材料费用的归集。在直接材料费用中，材料和燃料费用的数额是根据全部领料凭证汇总编制的耗用材料汇总表确定的；外购动力费用是根据有关凭证确定的。

在归集直接材料费用时，凡能分清某一成本计算对象的费用，应单独列出，以便直接计入该成本计算对象的成本计算单中；对由几个成本计算对象共同耗用的直接材料费用，应当选择适当的方法，分配计入各成本计算对象的成本计算单中。

② 直接人工费用的归集。计入成本的直接人工费用的数额是根据当期的工资结算汇总表和职工福利费计算表来确定的。

工资结算汇总表是进行工资结算和分配的原始依据。它是根据工资结算单按人员类别（工资用途）汇总编制的。工资结算单应当依据职工工作卡片、考勤记录、工作量记录等计算工资的原始记录编制。

职工福利费计算表是依据工资结算汇总表确定的各类人员的工资总额，按照规定的提取比例计算后编制的。

③ 制造费用的归集。制造费用是通过设置制造费用明细账，按照费用发生的地点来归集的。制造费用明细账按照加工生产单位开设，并按费用明细账项目设专栏组织核算。流通加工制造费用表的格式可以参考工业企业的制造费用表的一般格式。由于流通加工环节的折旧费用、固定资产修理费用等占成本的比例较大，所以其费用归集尤其重要。

6.3.4 配送成本控制

配送成本控制是指在配送过程中，对形成配送成本的各种因素，按照事先拟定的标准加以严格监督，发现偏差就及时采取措施加以纠正，从而使配送过程中各项资源的消耗和费用开支被限制在标准范围之内，具体包括以下几方面。

1. 确定合理路线

配送路线合理与否对配送速度、配送成本、配送效益的影响很大，因此，采用科学的方法确定合理的配送路线是配送的一项重要工作。确定配送路线可以采用各种数学方法或在数学方法的基础上发展和演变出来的经验方法。无论采用何种方法都必须满足一定的约束条件。对于一般的配送，约束条件如下。

（1）满足所有零售商店对商品品种、规格、数量的要求。

（2）满足零售商店对货物到达时间的要求。

（3）在交通管理部门允许通行的时间内进行配送。

（4）各配送路线的商品量不超过车辆容积及载重量的限制。

（5）要在配送中心现有的运力允许的范围之内进行配送。

2．加强计划性

在配送活动中，临时配送、紧急配送或无计划的随时配送会大幅度增加配送成本。

由于临时配送事先计划不周，不能考虑最适当的装配方式和运输路线，临近配送截止时期，不得不安排专车，进行单线配送，所以会造成车辆不满载、里程多等现象。

紧急配送往往要求按时送货，企业来不及认真安排车辆配装及配送路线，从而造成载重和里程的浪费。而为了保持服务水平，企业又不能拒绝紧急配送。但是如果认真核查并有调剂准备的余地，紧急配送也可纳入计划。

随时配送不对订货要求进行计划安排，有一笔送一次。这样虽然能保证服务质量，但是不能保证配装与路线的合理性，也会造成运力浪费。

为了加强配送的计划性，需要制定配送申报制度。所谓配送申报制度，就是零售商店的订货申请制度。解决这个问题的基本原则是在尽量减少零售商店存货、尽量减少缺货损失的前提下，集中各零售商店的订货。应针对不同商品的特性制定相应的配送申报制度。

（1）对鲜活商品，应实行定时定量申报。

定时定量配送可以保证鲜活商品的鲜活度，零售商店一般一天申报一次鲜活商品，鲜活商品的量控制在当天全部销售完为宜。实行定时定量申报的商品，在确定商品量以后，除特殊情况外，不必再进行申报，由配送中心根据零售商店的定量，每天定时送货。

（2）对普通商品，应实行定期申报、定期配送。

定期申报是指零售商店定期向配送中心订货，订货量为两次订货之间的预计需求量。

实行定期申报，零售商店只需预测订货周期内的需求量，可以降低经营风险。零售商店定期发出订货申请，配送中心定期送货。送货的时间间隔与订货的时间间隔一致。例如，每七天订一次货，每七天送一次货。

定期申报、定期送货的关键是确定合理的时间间隔。时间太长，每次的发货量必定很多，这无疑将配送中心的存货分散到零售店储备。时间太短，每次发的货太零星，既增加了配送难度，也增加了配送次数。一个合理的时间间隔应该使零售商店保持较少的库存又不缺货。在实际操作中应通过数据分析和经验来确定时间间隔。

3．进行合理的车辆配载

各客户的需求不同，所需的商品也不一致。各类商品不仅包装形态和储运性质不同，密度差别也比较大。实行轻重配装，既能使车辆满载，又能充分利用车辆的有效体积，可以大大降低运输费用。

4．建立计算机管理系统

在物流作业中，分拣、配货作业约占全部作业的60%，而且容易发生差错。如果在分拣、配货作业中运用计算机管理系统和条码技术，就可以使分拣快速、准确，配货简单、高效，从而提高生产效率、节省劳动力、降低物流成本。

5．实行责任中心管理

在配送实施过程中应该明确各部门的责任目标或给每个部门一定的成本包干费用，从而达到控制成本的目标。

6.3.5　降低配送成本的策略

配送是按用户的订货要求，在物流据点进行分货、配货工作，并将配好的货送交给收货人的活动。它是流通加工、整理、分拣、分类、配货、装配、运送等一系列活动的集合。通过配送，才能最终完成物流活动，而且，配送活动增加了产品价值，它还有助于提高企业的竞争力。但完成配送活动是需要付出代价的，即需要配送成本。对配送的管理就是在满足一定的顾客服务水平与配送成本之间寻求平衡：在一定的配送成本下尽量提高顾客服务水平，或在一定的顾客服务水平下使配送成本最小。下面着重介绍在一定的顾客服务水平下使配送成本最小的5种策略。

1．混合策略

混合策略是指一部分配送业务由企业自身完成，另一部分配送业务可外包给第三方物流公司。这种策略的基本思想是尽管采用纯策略（配送活动全部由企业自身完成，或者完全外包给第三方物流公司完成）易形成一定的规模经济，并简化管理，但由于产品品种多变、规格不一、销量不等等情况，有时采用纯策略的配送方式不能取得规模效益，无法形成规模经济，而采用混合策略，合理安排企业自身完成的配送业务和外包给第三方物流公司完成的配送业务，能使配送成本最低。

例如，美国一家干货生产企业为满足遍及全美的1000家连锁店的配送需要，建造了6座仓库，并拥有自己的车队。随着经营发展，企业决定扩大配送系统，计划在芝加哥投资7000万美元再建一座新仓库，并配以新型的物料处理系统。该计划提交董事会讨论时，却发现这样不仅成本较高，而且就算仓库建起来仍然满足不了需求。于是，企业把目光投向租赁公共仓库，发现如果企业在附近租用公共仓库，增加一些必要的设备，再加上原有的仓储设施，企业所需的仓储空间就足够了，但总投资只需20万元的设备购置费及10万元的外包运费，加上租金，也远没有7000万元那么多。

2．差异化策略

差异化策略的指导思想是产品特征不同，顾客服务水平也不同。

当企业拥有多种产品线时，不能对所有产品都按同一标准的顾客服务水平来配送，而应按产品的特点、销售水平，来设置不同的库存、不同的运输方式及不同的储存地点，忽视产品的差异性会增加不必要的配送成本。

例如，一家生产化学品添加剂的公司为降低成本按各种产品的销售量比重对产品进行分类：A类产品的销售量占总销售量的70%左右，B类产品的销售量占总销售量的20%左右，C 类产品的销售量则占总销售量的 10%左右。对 A 类产品，公司在各销售网点都备有库存；对 B 类产品，只在地区分销中心备有库存，而在各销售网点未备库存；对 C 类产品，连地区分销中心都不设库存，仅在工厂的仓库才有存货。经过一段时间的运行，事实证明这种方法是成功的，企业的总配送成本下降了 20%左右。

3．合并策略

合并策略包含两个层次：一是配送方法上的合并；二是共同配送。

（1）配送方法上的合并。

企业在安排车辆完成配送任务时充分利用车辆的容积和载重量做到满载满装是降低配送成本的重要途径。由于产品品种繁多，不仅包装形态、储运性能不一，在容重方面，也往往相差甚远。一辆车上如果只装容重大的货物，往往达到载重量时空余容积很多；如果一辆车上只装容重小的货物则相反，看起来车装得很满，实际上并未达到车辆的载重量。这两种情况实际上都造成了运力浪费。实行合理的轻重配装，将容积大小不同的货物搭配装车，不仅可以在载重方面达到满载，还能充分利用车辆的有效容积，取得最优效果，最好借助计算机计算货物配车的最优解。

（2）共同配送。

共同配送是一种产权层次上的共享，也称集中协作配送。它是几个企业联合，集小量为大量，共同利用同一配送设施进行配送的配送方式，其标准运作形式为在中心机构的统一指挥和调度下，各配送主体以经营活动（或资产）为纽带联合行动，在较大的地域内协调运作，共同对某一个或某几个客户提供系列化的配送服务。这种配送有两种情况：一是中小型生产企业和零售企业之间分工合作实行共同配送，即同一行业或在同一地区的中小型生产企业和零售企业在运输量少、效率低的情况下进行联合配送，不仅可以减少企业的配送费用，使配送能力得到互补，还有利于缓和城市交通拥堵的情况，提高配送车辆的利用率；二是针对某一地区的用户，几个中小型配送中心之间联合，由于各配送中心所配物资数量少、车辆利用率低等原因，几个配送中心可以将用户所需物资集中起来共同配送。

4．延迟策略

在传统的配送计划安排中，大多数的库存是按照对未来市场需求的预测量设置的，这样会存在预测风险，当预测量与实际需求量不符时，会出现库存过多或过少的情况，从而增加配送成本。延迟策略的基本思想就是将对产品的外观、形状的设计，以及其生产、组装、配送等活动尽可能推迟到接到顾客订单后再确定。一旦接到订单就要快速反应，因此采用延迟策略的一个基本前提是信息传递速度要非常快。

（1）实施延迟策略的企业应具备的条件如下。

① 产品特征。模块化程度高、产品价值密度大、有特定的外形、产品特征易于表述、定制产品后可改变产品的容积或重量。

② 生产技术特征。模块化产品设计、设备智能化程度高、定制工艺与基本工艺差别不大。

③ 市场特征。产品生命周期短、销售波动性大、价格竞争激烈、市场变化大、产品的提前期短。

（2）延迟策略常用方式。

实施延迟策略常采用两种方式：生产延迟（或称形成延迟）和物流延迟（或称时间延迟），由于配送中往往存在加工活动，所以实施延迟策略既可以采用形成延迟方式，又可以采用时间延迟方式。具体操作时，延迟策略常常发生在诸如贴标签（形成延迟）、包装（形成延迟）、装配（形成延迟）和发送（时间延迟）等流程。美国一家生产金枪鱼罐头的企业就通过采用延迟策略改变配送方式降低了库存水平。历史上这家企业为提高市场占有率曾针对不同的市场设计了几种不同的标签，产品生产出来后会被运到各地的分销仓库储存起来。由于顾客偏好不一，几种品牌的同一产品经常出现某种品牌畅销且缺货，而其他品牌却滞销压仓的情况。为了解决这一问题，该企业改变了以往的做法，在产品出厂时先不贴标签就运到各分销中心储存，当接到各销售网点的具体订货要求后，再按各网点的要求贴上相应的标签，这样就有效地解决了此缺彼涨的矛盾，从而降低了库存。

5. 标准化策略

标准化策略就是尽量减少因品种多变而导致的附加配送成本，尽可能多地采用标准零部件和模块化产品。如服装制造商按统一规格生产服装，直到顾客购买时才按顾客的身材调整尺寸大小。采用标准化策略要求厂家从产品设计开始就要站在消费者的立场去考虑怎样节省配送成本，而不要等到产品定型生产出来后再考虑采用什么方式降低配送成本。

复习思考题

问答题

1. 简述配送的含义及应具备的要素。
2. 配送有哪些特征？
3. 配送模式有哪些？配送模式分为几类？
4. 如何选择配送模式？
5. 如何运用矩阵图决策法进行配送？
6. 如何运用层次分析法进行配送？
7. 如何做到配送合理化？它有哪些判定指标？
8. 简述配送成本的含义及影响因素。
9. 配送成本直接影响着仓储企业的经济效益，应如何进行成本控制？
10. 配送成本都包括哪些？

配送系统管理

- 掌握配送系统的含义及功能
- 了解配送信息管理系统的作用
- 掌握配送计划的分类
- 掌握配送绩效的含义及要点
- 熟悉配送绩效的影响因素

- 能够描述配送系统结构
- 掌握配送信息管理系统的功能
- 按照所学知识制订配送计划并实施
- 掌握配送绩效的评价内容
- 学会运用配送绩效管理

商务部：联合四部门印发《城乡配送绩效评价指标体系》

2018 年 11 月 7 日，商务部联合公安部、交通运输部、国家邮政局、供销合作总社印发了《城乡配送绩效评价指标体系》（以下简称《指标体系》）。该文件要求试点城市的商务部门会同相关部门，对推进城乡高效配送工作进展情况进行全面总结，对照《城乡高效配送专项行动计划（2017—2020 年）》（以下简称《专项行动计划》）开展自评；要求省级商务部门会同有关部门对试点城市落实《专项行动计划》的工作情况进行综合评估，总结其在推进城乡配送高效发展方面的做法和经验；要求试点企业按照自愿原则，对照《专项行动计划》开展自评，并填报相关材料；要求相关行业协会发挥政策咨询、行业分析和服务企业的作用，共同做好全国城乡高效配送的城市创建工作和企业培育工作。

《指标体系》的印发有利于落实《城乡高效配送专项行动计划（2017—2020 年）》提出的"到 2020 年，初步建立起高效集约、协同共享、融合开放、绿色环保的城乡高效配送体系，确定全国城乡高效配送示范城市 50 个左右、骨干企业 100 家左右"目标；有利于指导各地对开展城乡高效配送的工作情况进行综合评估；有利于落实城市主体责任、引导企业转型升级与模式创新发展；同时，《指标体系》也是检验城乡高效配送专项行动成果的重要依据。

《指标体系》分别设定了城市绩效评价指标和企业绩效评价指标。

"城市绩效评价指标"着重对试点城市在推进城乡高效配送发展中采取的措施和取得的成效进行综合评估，注重实效性，围绕基础设施、运行效率、技术应用、发展环境 4 方面设置了 13 项指标。

"企业绩效评价指标"结合企业经营管理与创新发展，围绕网点布局、运作效率、技术应用、绿色发展、模式创新 5 方面设置了 16 项指标。

中国仓储与配送协会参与了《指标体系》的调查研究与起草工作，将根据四部门的要求，组织相关会员企业积极申报绩效评估，接受全国性、区域性配送企业的申报材料。

（资料来源：https://www.toutiao.com/a6624361998593294862/）

思考题：影响配送绩效的因素有哪些？

配送的绩效评价内容有哪些？

如何加强配送绩效管理？

7.1 配送系统概述

7.1.1 配送系统的概念

所谓配送系统，是指通过广泛的信息支持，实现以信息为基轴的物流系统化。配送系统是一个经济行为系统，其主要机能可划分为作业子系统和信息子系统：前者包括输送、装卸、保管、流通、加工、包装等机能，力求效率化和省力化；后者包括订货、发货、出库管理等机能，力求完成商品流动全过程的信息活动。而人们普遍认为的现代物流配送系统的内在特征，在目的上表现为实现物流的效率化和省力化，以较低的成本和优良的顾客服务水平完成商品实体从供应地到消费地的活动；在运作上表现为通过作业子系统（见第9 章）和信息子系统的有机联系和相互作用来实现优化物流系统的目的。

7.1.2 配送信息管理系统的功能、作用及特点

配送信息管理系统是物流配送信息化的核心，它有较强的综合性，其主要目的是向各配送点提供配送信息、查询库存及配送能力、发出配送指令、发出结算指令及发货通知、汇总并反馈配送信息。

1. 配送信息管理系统的功能

配送信息管理系统作为实现管理现代化的重要手段，具有以下功能。

（1）控制功能。

企业可以在配送信息管理系统内，针对不同操作者的工作范围和职责，分别定义不同的权限和口令，在进货、理货、配货、出货、结算等方面严格控制权限管理，超权限不能

进入业务流程。配送信息管理系统能对整个经营系统的各个部门、各个环节的运行情况进行监测和检查，比较执行情况与计划的差异，从而及时发现问题，然后根据偏差分析原因，用适当的方法加以纠正，保证系统预期目标的实现。

（2）计划功能。

配送信息管理系统能够运用各年度配送量变化趋势分析、同比分析、利润与费用率分析，为计划部门编制商品流转计划，并为财务部门下达财务指标提供依据。配送信息管理系统能够针对不同的管理层提出不同的要求，为各部门提供不同的信息并对其工作进行合理的计划与安排，从而保证管理工作的效果。

（3）事务处理功能。

配送信息管理系统能够从事部分日常性事务管理工作，如处理账务、处理统计报表等。以前的经营品种由员工利用物价台账统计，工作量非常大，数据难以查清，管账员深陷繁重的制单做账工作，财务部门则为大量制证、记账、对账、汇总工作所累。现在配送信息管理系统能将部分员工从烦琐、单调的事务中解脱出来，既节省了人力资源成本，又提高了管理效率。

（4）信息处理功能。

配送信息管理系统能对各种形式的信息进行收集、加工、整理、存储和传输，以便向管理者及时、准确、全面地提供各种信息服务。

（5）辅助决策和决策优化功能。

配送信息管理系统不但能为企业提供相关的决策信息，达到辅助决策的目的，还可以利用各种半结构化或非结构化的决策模型及相关的技术进行决策优化，为企业提供各种最优解、次优解、满意解、可行解，提高决策的科学性，合理利用企业的各项资源，提高企业的经济效益。

（6）预测功能。

企业可以运用多维数据库技术开发决策支持系统，对历史及现实配送数据进行深层挖掘，按不同管理角度汇总账目，纵向分析会计记账期间的运行趋势，及时发现问题，还可以进行大类商品 80/20 分析、厂家坐标分析，并将结果与历史数据比较，这样不仅能实测物流企业的经营管理工作，而且能利用历史数据，通过运用适当的数学方法和科学预测模型，预测物流企业的未来。

由于配送信息管理系统具有以上多种强大的功能，因此它是一个集现代化、最优化和自动化于一体的系统。

2. 配送信息管理系统的作用

配送信息管理系统的作用主要有以下几点。

（1）进行库存分析。

主要用于分析物流配送中心的库存货物结构变动，包括各种货物的库存量和品种结构，便于分析库存货物是否存在积压和短缺问题。

（2）进行库存盘点。

主要用于物流配送中心的货物盘点清单制作、盘点清单打印、盘点数据输入、盘点货物确认、盘点结束确认、盘点利润统计、盘点货物查询、浏览统计、盘亏盘盈统计，便于实行经济核算。

（3）进行库存管理。

主要用于对物流配送中心的库存货物进行管理。

首先，用于对库存货物进行上下限报警：对库存数量高于合理库存上限或低于合理库存下限的货物进行信息提示。

其次，用于库存呆滞货物报警：对有入库但没有出库的货物进行信息提示。

最后，用于货物缺货报警：对在出库时库存货物为零但未及时订货的货物进行信息提示，便于对在库货物进行动态管理，以保持合理数量的库存货物。

（4）进行业务管理。

主要用于物流配送中心的入库、验收、分拣、堆码、组配、发货、出库、输入进货数量或发货数量、打印货物单据，便于仓库保管人员进行货物确认。

（5）进行统计查询。

主要用于物流配送中心的入库、出库、残损及库存信息的统计查询，可按相应的货物编号、分类，便于供应商、客户和仓库保管人员进行统计查询。

（6）进行账目管理。

主要用于物流配送中心核算某一时间段的各种货物明细账、每类货物的分类账和全部在库货物的总账，便于仓库实行经济核算。

（7）进行货位调整。

主要用于物流配送中心对库存货物的货位进行调整，进行货位调整查询，以便仓库管理人员掌握各种货物的存放情况，便于及时、准确地查找在库货物。

（8）进行条码打印。

主要用于物流配送中心的货物自编条码打印、货物原有条码打印等，便于仓库实行条码管理，自动打印各种货物的条码。

（9）进行库存货物保质期报警。

主要用于对物流配送中心的库存货物进行质量管理。

首先，对超过保质期的货物进行警告：对库存货物的保质期在当天到期的货物进行信息提示，对超过保质期的货物进行警告。

其次，对货物的保质期进行查询：对库存货物的保质期进行查询，便于仓库管理人员对在库货物进行质量管理，及时处理过期的货物，提高库存货物的质量。

7.1.3 配送信息管理系统的结构

配送信息管理系统的功能结构规划与设计应主要考虑 4 个因素：配送中心在流通渠道中的作用；配送中心的功能、组织结构和作业内容；管理政策；管理方法。要特别注意在不增加费用和少增加费用的前提下引进现代物流管理观念和方法。

根据配送中心的各项作业将配送系统划分为以下 4 个模块：采购入库管理系统、销售出库管理系统、经营绩效管理系统、财务会计管理系统，每个系统下又包括各自的子系统，如图 7-1 所示。

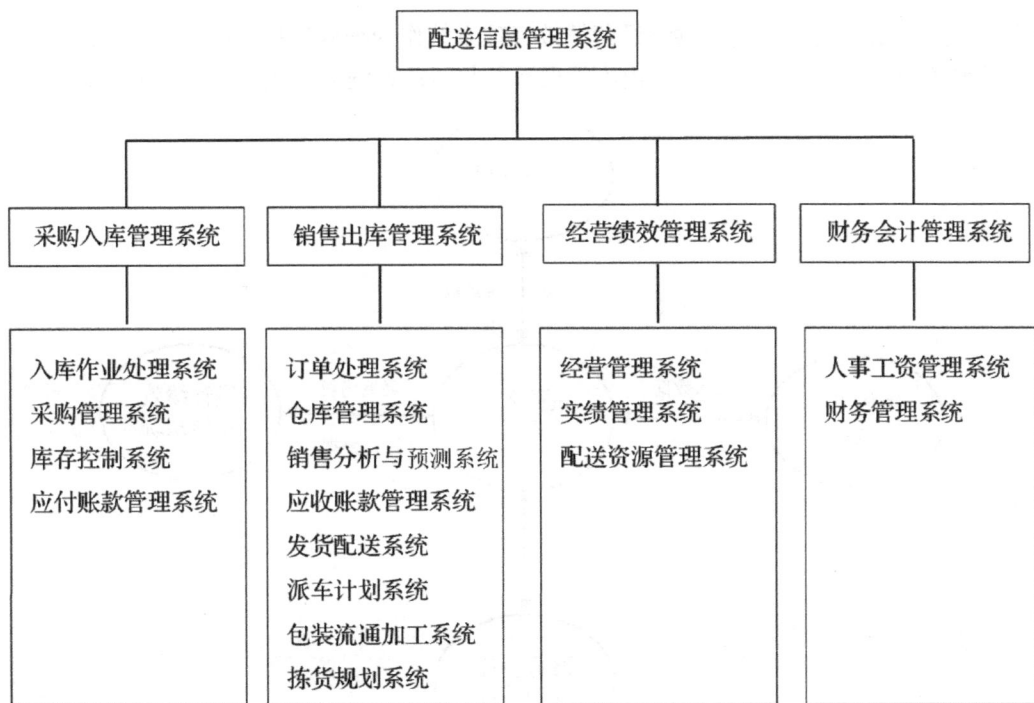

图 7-1　配送信息管理系统总结构图

1．采购入库管理系统

采购入库管理系统是企业处理与生产厂商相关的作业的管理系统，涉及商品实际入库、根据入库商品进行库存管理、根据商品需求向供货厂商下订单等。采购入库管理系统与其他系统的关联图如图 7-2 所示。

采购入库管理系统包括入库作业处理系统、采购管理系统、库存控制系统和应付账款管理系统，各个子系统的具体功能如下。

（1）入库作业处理系统：订单数据处理、入库数据处理、入库检验作业、入库上架作业、直接出库作业、退货入库作业。

（2）采购管理系统：包括采购数量、采购时间、品名建议系统，供应厂商报价数据管理系统和打印采购单。

（3）库存控制系统：商品分类分级、经济订货批量及时间点的确定、库存实时管理系统、盘点作业系统。

（4）应付账款管理系统：应付账单额核定、收支登记及维护、应收账款统计表、收支状况一览表。

2．销售出库管理系统

销售出库管理系统的整个作业都以为客户服务为主。销售出库管理系统内部各系统的作业顺序是首先统计订单需求量，然后将订单需求量传送给采购入库管理系统作为库存管理参考的数据，并由采购入库管理系统记录货品，在货品外送后将应收账款账单转入会计部门，最后将各项内部资料提供给经营绩效管理系统作为绩效考核的参考，并由经营绩效管理系统获得各项营运指示。销售出库管理系统与其他系统的关联图如图 7-3 所示。

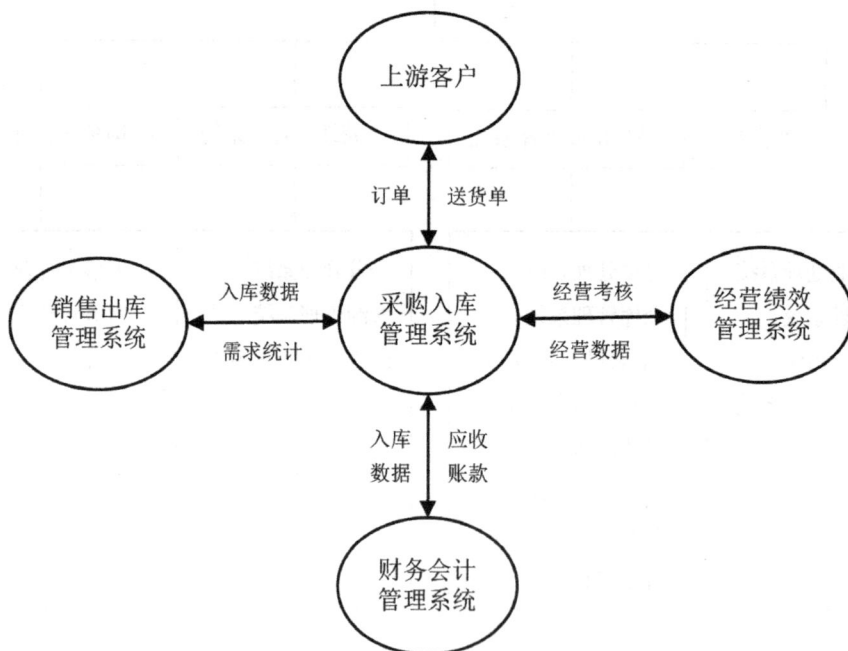

图 7-2　采购入库管理系统与其他系统的关联图

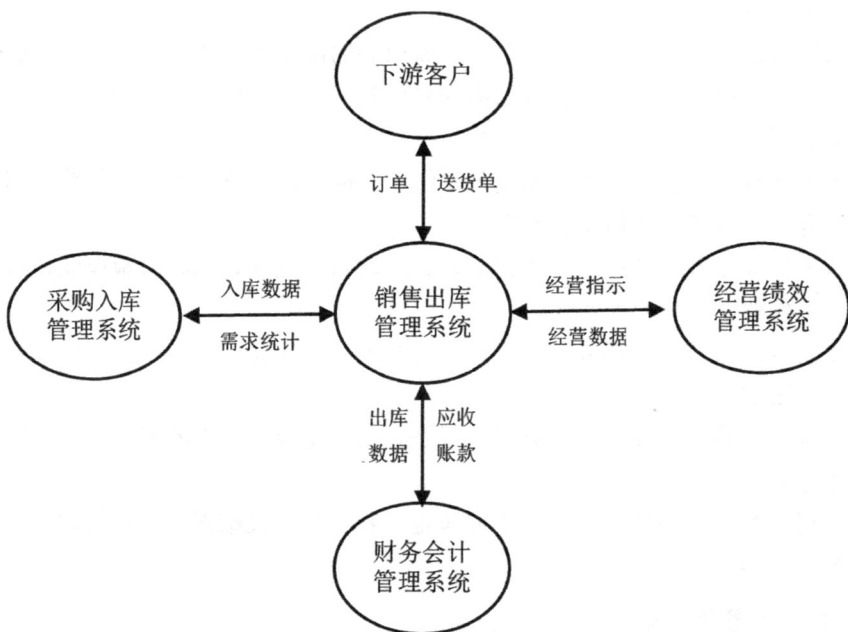

图 7-3　销售出库管理系统与其他系统的关联图

销售出库管理系统包括订单处理系统、仓库管理系统、销售分析与预测系统、应收账款管理系统、发货配送系统、派车计划系统、包装流通加工系统和拣货规划系统，各子系统的具体功能如下。

（1）订单处理系统：包括订单自动接收、客户信用调查系统、报价系统、库存数量查询、包装能力查询、配送设备能力查询、配送人力查询、订单数据输入、退货数据处理。

（2）仓库管理系统：包括月台使用计划、仓库规划、拣货区规划、包装区规划、仓储区规划、托盘管理系统、车辆维护管理系统、燃料耗材管理系统。

（3）销售分析与预测系统：包括销售分析、销售预测、商品管理与贡献率。

（4）应收账款管理系统：包括应收账款额核定、发票打印、收支登记及维护、应收账款统计表、收支状况一览表。

（5）发货配送系统：包括打印出库单、配送路线选择系统、配送商品跟踪系统、配送意外情况处理、人工数据输入。

（6）派车计划系统：包括装车计划编制、装车计划规划、人工数据输入。

（7）包装流通加工系统：包括计划编制、计划规划、补货计划与规划、人工数据输入、数据转换与通信。

（8）拣货规划系统：包括拣货计划编制、拣货计划规划、补货计划与规划、数据转换与通信。

3. 经营绩效管理系统

经营绩效管理系统从各系统及流通业取得信息，制定各种经营政策，然后将政策内容及执行方针告知各个经营部门，并将配送中心的数据提供给流通业。经营绩效管理系统与其他系统的关联图如图 7-4 所示。

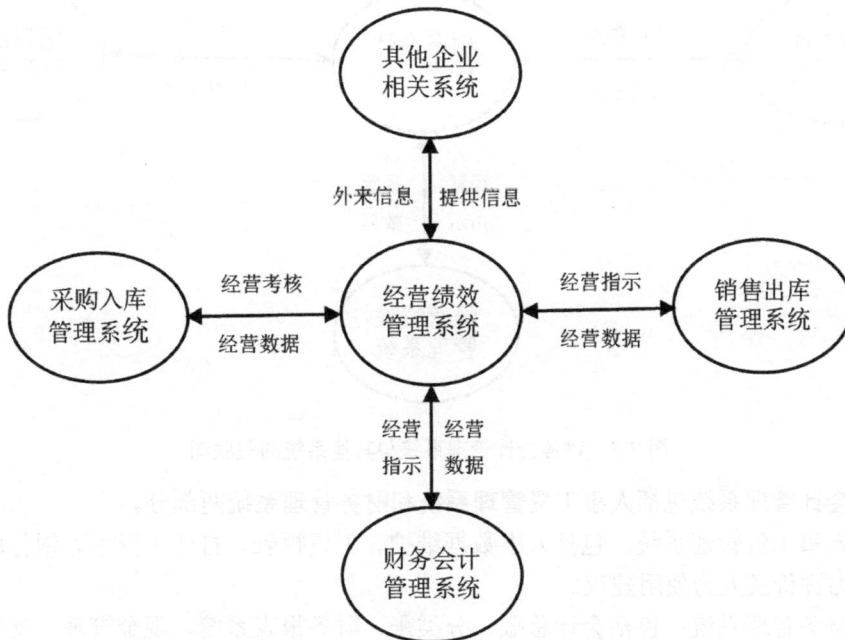

图 7-4　经营绩效管理系统与其他系统的关联图

经营绩效管理系统包括经营管理系统、实绩管理系统、配送资源管理系统，各子系统的具体功能如下。

（1）经营管理系统：包括车辆设备采购租用管理系统、销售策略计划、运费制定系统、配送成本分析系统、外用车辆管理系统。

（2）实绩管理系统：包括作业人员管理系统、客户管理系统、出库处理实绩、入库处理实绩、库存商品实绩、拣货包装实绩、设备使用实绩、车辆使用率、仓库使用率、商品保管率。

（3）配送资源管理系统：包括多仓库的仓库地点与数量规划、多仓库库存控制、多仓库人力资源计划、多仓库商品分配计划、多仓库配送计划、多仓库采购计划。

4．财务会计管理系统

财务会计部门主要用采购部门传来的商品入库数据核查供货厂商送来的催款数据，并据此给供货厂商付款；或通过从销售部门取得出货单来制作应收账款催款单并收取账款；还可以利用财务会计管理系统制作各种财务报表以供经营绩效管理系统参考。财务会计管理系统与其他系统的关联图如图 7-5 所示。

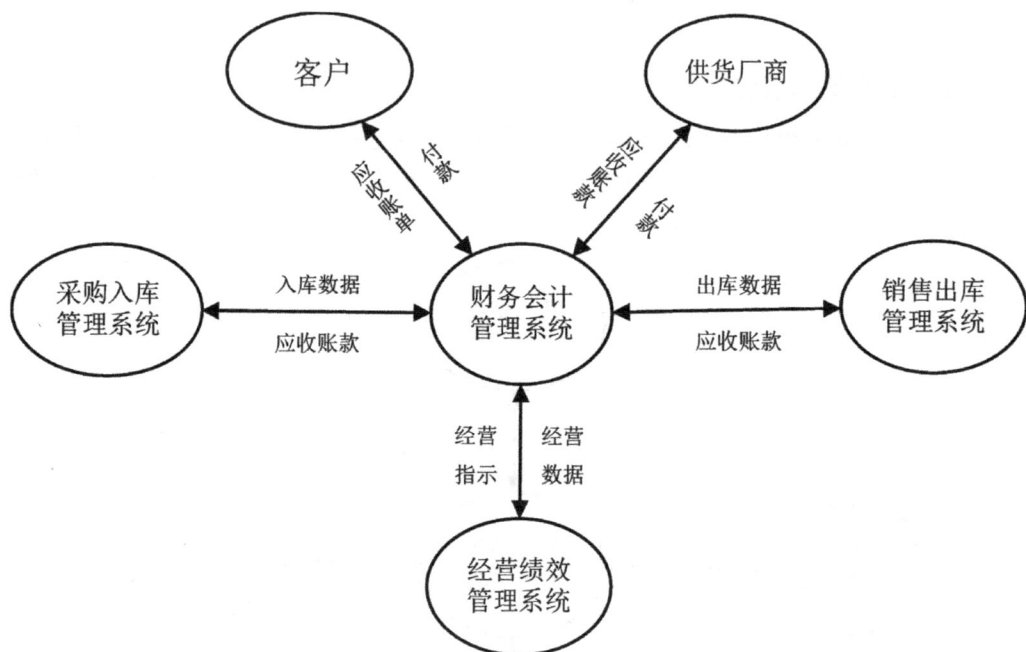

图 7-5　财务会计管理系统与其他系统的关联图

财务会计管理系统包括人事工资管理系统和财务管理系统两部分。

（1）人事工资管理系统：包括人事数据维护、工资报表、打印工资单、银行联网转账系统、人力评价及人力使用建议。

（2）财务管理系统：包括会计总账、分类账、财务报表系统、现金管理、支票管理、银行联网转账系统。

7.2 配送计划

配送计划是指配送企业（配送中心）在一定时间内编制的生产计划，它是配送中心生产经营的首要职能和中心环节。配送计划的主要内容应包括配送时间、车辆选择、货物装载、配送路线、配送顺序等。

7.2.1 配送计划的概念

配送计划是指为了提高客户服务水平，在市场竞争中处于优势地位，根据货物的体积、重量，以及送货、收货时间等需求信息，结合物流企业自身的仓储能力、库存信息、设备和人员等实际情况，考虑企业的客户服务目标，然后在配送成本和客户服务目标之间寻找平衡点并在此基础上制订的配送计划。

配送是物流管理中的重要环节，配送计划完善与否直接关系到企业的总体绩效和未来发展。从本质上讲，企业的配送计划就是将产品安全、及时地运到目的地。配送计划与产品数量、产品特性、仓库、运输工具及目的地有密切关联。另外，制订配送计划还需要考虑公司的客户服务目标，在配送成本和客户服务目标之间寻找平衡点。

7.2.2 配送计划的分类

配送中心的配送计划一般包括配送主计划、日配送计划和特殊配送计划。

（1）配送主计划。

配送主计划是指针对未来一定时期内，对已知的客户需求进行前期的配送规划，便于对车辆、人员、支出等进行统筹安排，以满足客户的需要。例如，为迎接家电行业每年 3~7 月空调销售旺季的到来，配送中心可以提前根据各个客户前一年的销售情况及当年的预测情况，预测当年空调销售旺季的配送需求量，并据此制订空调销售旺季的配送主计划，提前安排车辆、人员等，以保证销售任务完成。

（2）日配送计划。

日配送计划是配送中心逐日进行实际配送作业的调度计划，包括订单增减、订单取消、配送任务细分、时间安排、车辆调度等。制订日配送计划的目的是使配送作业有章可循。与配送主计划相比，配送中心的日配送计划更具体、更频繁。

（3）特殊配送计划。

特殊配送计划是指配送中心针对突发事件或不在配送主计划规划范围内的配送业务，或者不影响正常性的日配送业务所做的计划。它是配送主计划和日配送计划的必要补充，如空调在特定商场进行促销活动，可能会导致短期内的配送需求量突然增加，这时需要制订特殊配送计划，增强配送业务的柔性，提高服务水平。

7.2.3 配送计划需考虑的要素

"凡事预则立，不预则废"，配送计划的拟定对于整个配送活动的实施具有重要作用。配送计划作为一种全局性的事前方案，对于整个配送活动具有客观上的指导性和过程上的规定性，是有效开展配送活动的第一步。具体而言，拟定配送计划应考虑以下内容：配送货物的种类、配送货物的价值、货物的配送数量或库存量、物流渠道、配送的对象、交货时间、物流服务水平等。

1. 配送货物的种类

在配送中心处理的货物品项数差异性非常大，多则上万种，少则数百种，由于品项数的不同，其复杂性与困难性也有所不同。例如，所处理的货物品项数为一万种的配送与货物品项数为一千种的配送是完全不同的，其货品的储位安排也完全不同。另外，在配送中心处理的货物种类不同，其特性也完全不同，如目前比较常见的配送货品有食品、日用品、药品、家电、服饰、化妆品、汽车零件及书籍货物等，它们分别有各自的特性，因而配送中心的厂房硬件设施及物流设备的选择也完全不同。

2. 配送货物的价值

在制订配送计划时，还应该注意研究配送货物额外的价值。配送货物的价值与物流成本有很密切的关系，因为在物流的成本计算方法中，往往会计算物流成本占货物成本的比例，如果货物的单价高，则物流成本所占的百分比相对会比较低，客户能够负担得起；如果货物的单价低，则物流成本所占的百分比相对会比较高，客户会感觉负担较重。

3. 货物的配送数量或库存量（Q）

这里的 Q 包含 3 方面含义：一是配送中心的出货数量；二是配送中心的库存量；三是配送中心的库存周期。

货物的出货数量的多少和出货数量随时间而出现的变化趋势会直接影响配送中心的作业能力和设备配置，如一些节日引起的物流高峰会引起出货数量的变动。

配送中心的库存量和库存周期将影响对配送中心的面积和空间的需求。因此，应对库存量和库存周期进行详细的分析。一般进口商的配送中心因进口船期等原因必须拥有较长时间（约 2 个月以上）的库存量；而流通型的配送中心则完全不需要考虑库存量，但必须注意库存空间的利用率。

4. 物流渠道

目前，常见的物流渠道主要有以下几种模式。

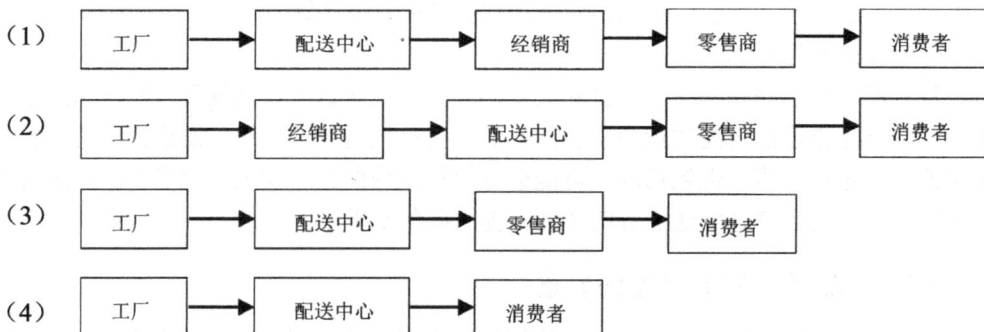

（1）　工厂 → 配送中心 → 经销商 → 零售商 → 消费者

（2）　工厂 → 经销商 → 配送中心 → 零售商 → 消费者

（3）　工厂 → 配送中心 → 零售商 → 消费者

（4）　工厂 → 配送中心 → 消费者

因此，在制订配送计划时，必须了解物流渠道的类型，然后根据配送中心在物流渠道中的位置和上下游客户的特点进行规划。

5．配送的对象

由于配送中心的种类很多，所以配送的对象，即客户也有所不同，其出货形态也不尽相同。这些客户可能是经销商、配送中心、大型超市、百货公司、便利店及平价商店中的一种或几种。其中，经销商（营业所）、配送中心及大型超市等的订货量较大，其出货形态大部分是整托盘出货，小部分为整箱出货；而超市的订货量仅次于上述客户，一般它的出货形态 10%属于整托盘出货，60%属于整箱出货，30%属于拆箱出货；而便利店及平价商店的订货量较小，它的出货形态可能是 30%属于整箱出货，70%属于拆箱出货。配送中有可能同时出现整托盘、整箱及拆箱出货的情形，由于此种情形的客户层次不同，订货量大小不同且差异性很大，订货方式非常复杂，同时有业务员抄单、电话订货、传真订货及计算机联网等方式，是配送中比较复杂的一种方式，难度也较高。配送中心的出货形态也可能出现整托盘及整箱出货的形态（大型超市及百货公司），以及整箱及拆箱出货的形态（超市及便利店），此种情形主要是由客户层次不同与订货量大小的差异造成的，大部分订货都采用的是计算机联网方式，它是配送中比较简单的一种订货方式，难度也比较小。

6．交货时间

在物流服务品质中，交货时间非常重要，因为交货时间太长或不准时都会严重影响零售商的业务，所以交货时间的长短与守时与否成为物流从业者重要的评估项目。所谓交货时间是指从客户下订单开始，到订单处理、库存查询、理货、流通加工、装车及配送货物到达客户手上的这一段时间。依厂商的服务水准的不同，交货时间可分为 2 小时、12 小时、24 小时、2 天、3 天、1 星期送达等。

7．物流服务水平

物流企业建设配送中心的一个重要目的就是提高企业的物流服务水平，物流服务水平的高低与物流成本成正比，也就是物流服务品质越高，则其成本也越高，但是站在客户的立场而言，客户希望以最经济的成本得到最佳的服务，所以原则上，应该在合理的物流成本下保持较高的物流服务水平，即物流成本不比竞争对手高，而物流服务水平比竞争对手高一点。判断物流服务水平的主要指标包括订货交货时间、货品缺货率、增值服务能力等。企业应该针对客户的需求制定合理的服务方案。

7.2.4　制订配送计划

1．制订配送计划的依据

制订配送计划的主要依据如下。

（1）客户订单。

一般客户订单对配送商品的品种、规格、数量、送货时间、送达地点、收货方式等都有要求。因此，客户订单是制订配送计划的最基本的依据。

（2）客户分布、运输路线、距离。

客户分布是指客户的地理位置分布。客户位置与配送据点的距离长短、配送据点到达客户收货地点的路径选择会直接影响配送成本。

（3）配送货物的体积、形状、重量、性能、运输要求。

配送货物的体积、形状、重量、性能、运输要求是决定运输方式、车辆种类、车辆载重、车辆容积、装卸设备的主要因素。

（4）运输、装卸条件。

运输道路交通状况、运达地点及其作业地理环境、装卸货时间、天气气候等对配送作业的效率也有较大的影响。

2. 制订配送计划的步骤

在充分掌握以上依据所列出的必需的信息资料后，可由电子计算机编制形成配送计划表，或由计算机直接向具体执行部门下达指令。

在不具备上述条件而由人工编制配送计划时，主要步骤如下：

（1）按日汇总各用户的需求资料，可用地图标明，也可用表格列出；

（2）计算向各用户送货所需的时间，以确定启运提前期；

（3）确定各配送点每日的配送计划，可以用图表作业法完成，也可通过计算完成；

（4）按配送计划的要求选择配送方式；

（5）以表格形式制订详细的配送计划。

3. 制订配送计划的内容

（1）排定配送商品等。

按日期排定用户所需商品的品种、规格、数量、送达时间、送达地点、送货车辆与人员等。

（2）排定配送车辆及路线。

优化车辆行走路线与运送车辆趟次，将送货地址和车辆行走路线在地图上标明或在表格中列出。如何选择配送距离短、配送时间短、配送成本低的线路，需要根据用户的具体位置、沿途的交通情况等做出判断。除此之外，还必须考虑有些客户或其所在的地理环境对送货时间、车型等方面的特殊要求，如有些客户一般不在上午或晚上收货，有些道路在某高峰期实行特别的交通管制等。因此确定配送批次顺序应与配送路线优化综合考虑。

（3）确定启运提前期。

按用户需求的送货时间结合运输距离确定启运提前期。

（4）选择送达服务。

按用户要求选择送达服务的具体组织方式。确定配送计划之后，还应将货物的送达时间、品种、规格、数量等信息通知给客户，使客户按计划准备好接货工作。

4. 配送计划的拟定

（1）基本配送区域划分。

基本配送区域划分就是将客户所在地的具体位置进行系统统计，并在区域上进行整体划分，将客户囊括在不同的基本配送区域之中，以作为下一步决策的基本参考。

（2）决定配送批次。

当配送中心的货品性质差异很大，有必要分批配送时，就要根据各订单的货品特点进行优先划分。例如，生鲜食品与一般食品的运送工具不同，需分批配送，一些化学物品与日常用品的配送条件也有差异，要分开配送。

（3）暂定配送先后次序。

信用是创造后续客源的基础，因此在客户要求的时间内准时送货非常必要。在考虑其他因素确定配送顺序前，应先按各客户的订货时间，对配送先后次序进行大体划分。

（4）车辆安排。

车辆安排要解决的问题是安排怎样的配送形式、安排什么种类的配送车辆，是使用自用车还是外雇车，注意从客户方面、车辆方面及成本方面综合考虑。在客户方面，必须考虑各客户的订货量、订货体积和重量的限制；在车辆方面，要知道到底有哪些车辆可供调派，以及这些车辆的积载量与重量限制；在成本方面，就必须根据自用车的成本及外雇车的计价方式来考虑选择哪种车辆较划算。在安排车辆时，要全面考虑上述 3 方面的问题，以便做出最佳决策。

（5）决定每辆车负责的客户点。

既然已做好配送车辆的安排，还应决定每辆车负责的客户点。

（6）路径选择。

知道了每辆车需负责的客户点后，应根据各客户点的位置关联性及交通状况进行路径选择，以最快的速度完成对这些客户点的配送。除此之外，还应考虑送达时间的限制，如有些客户不愿中午收货，或有些巷道在高峰时间不准卡车进入等。

（7）确定最终送货顺序。

完成车辆的调配安排及配送路径的选择后，应根据各车辆的调配安排及配送路径确定最终的送货顺序。

（8）车辆装载方式。

确定最终送货顺序后，接下来就要考虑如何装车，以什么次序装车的问题。

7.2.5　配送计划的实施

配送计划的实施通常分为 5 个阶段。

1. 下达配送计划

下达配送计划是指通知用户和配送点，以使用户按计划准备接货，使配送点按计划组织送货。

2. 配送点配货

配送点配货是指各配送点按配送计划落实货物和运力。

3. 下达配送任务

下达配送任务是指配送点向运输部门、仓库、分货包装及财务部门下达配送任务。

4. 发货

发货是指理货部门按要求将各用户所需的各种货物进行分货、配货、配装，并将货物交接单交给驾驶员或随车送货人。

5．配达

配达是指车辆按规定路线将货物送达用户，用户接到货物后在回执单上签字盖章。配送任务完成后，财务部门需要进行结算。

7.3　配送绩效管理

7.3.1　绩效管理概述

1．绩效管理的含义

绩效管理是一个完整的系统，在这个系统中，经理和员工全部参与进来，经理和员工通过沟通的方式确定企业的战略、经理的职责、管理的方式和手段，以及员工的绩效目标等基本内容。在持续不断沟通的前提下，经理帮助员工清除工作过程中的障碍，并为其提供必要的支持、指导和帮助，与员工共同完成绩效目标，从而实现组织的远景规划和战略目标。

在绩效管理过程中，应注意以下4点。

（1）目标管理。

目标管理的最大好处就是使员工明白自己努力的方向，使经理明确如何更好地通过员工的绩效目标对员工进行有效的管理，并向员工提供支持帮助。同样，绩效管理也强调目标管理，"目标＋沟通"的绩效管理模式被广泛提倡和使用。只有绩效管理的目标明确，经理和员工的努力才有方向，经理和员工才会更加团结一致，共同致力于实现绩效目标，共同提高绩效能力，更好地服务于企业的远景规划和战略目标。

（2）系统管理。

绩效管理是一个完整的系统，不是一个简单的步骤。绩效管理并非一个特殊的事物，更不是人事部门的专利。归根结底，绩效管理就是一种管理手段，涵盖计划、组织、领导、协调控制等职能。所以，我们必须系统地看待绩效管理。

（3）重视过程。

绩效管理不仅强调工作结果，还重视达成目标的过程。绩效管理是一个循环过程，这个过程不仅应关注结果，更应强调目标、评价和反馈。

（4）强调沟通。

沟通在绩效管理中起着决定性的作用。制定绩效、帮助员工实现目标年终评估、帮助员工分析原因寻求进步都需要沟通。离开了沟通，企业的绩效管理将流于形式。

2．绩效管理在企业中的地位

绩效管理的战略地位是绩效管理的目标与方向。要做好绩效管理工作，首先必须明确绩效管理的目标，明确定位绩效管理。

一个企业能否做出正确的战略选择至关重要，同样企业能否正确地实施战略也非常重要。绩效管理在企业战略中起的作用有以下两点。

（1）战略目标需通过发挥组织中员工的作用来实现。

战略目标的实施必然通过组织体系落实到每个人身上，职位说明书、岗位职责、任职标准等只规定了岗位的职责和资格等内容，它们不能说明不同时期每一岗位的具体内容。如果按岗位说明去履行责任，员工就会找不到工作方向，而绩效管理就像一条线把每个职位串联起来，给每一位员工都赋予战略任务。通过制定每一位员工的绩效目标，使企业战略、岗位、员工合为一体。

（2）绩效管理是企业战略目标实现的一种辅助手段。

通过目标的有效分解和逐步逐层的落实可以帮助企业实现预定的战略目标，在此基础上，还应理顺企业的管理流程、规范管理手段、提升管理者的管理水平、提高员工的自我管理能力。

3．绩效管理在企业中的作用

（1）提升计划管理的有效性。

有些企业的绩效管理并没有一定的计划性，管理的随意性易使企业经营处于不可控状态，而绩效管理则可以弥补这一问题。因为绩效管理体制强调制定合理的目标，通过绩效考核这一制度性要求，使组织上下认真分析每一季度的工作目标，并在月末对目标完成情况进行评价，从而加强各级部门和员工工作的计划性，提高公司经营过程的可控性。

（2）提高管理者的管理水平。

有部分管理人员缺乏基本的管理知识和技能，沉迷于具体的业务工作，不知道如何管理员工，如何发挥部门优势、员工优势，而绩效管理的制度性要求部门主管必须制订工作计划，必须对员工进行评价，必须与下属充分讨论工作，并帮助下属提高绩效。绩效管理就是要设计一套制度化的办法来规范每一位管理者的行为。绩效管理体制是提高管理者管理水平的一种有效方法。

（3）发现企业管理问题。

绩效管理是企业中运用最普遍的管理方法，也是遇到问题最多的管理方法。企业在实施绩效管理时会遇到许多问题与矛盾，也会产生一些疑问。实际上，这些问题一直潜伏在企业内部，只是之前没有暴露而已，这些问题可能是企业自身的问题，以往不易被觉察，这些问题的暴露会帮助企业找到管理方向。

7.3.2 配送绩效评价概述

配送绩效是指在一定的经营期间内，企业的经营效益和经营者的业绩。配送绩效评价运用数量统计和运筹学的方法，采用特定的指标体系，对照统一的评价标准，按照一定的程序，通过定量定性分析，对配送中心在一定经营期间内的经营效益和经营者的业绩，做出客观、公正、准确的判断。开展配送绩效评价能正确判断配送的实际经营水平，及时发现运营方面的不足，从而采取积极、有效的措施加以改进，提高企业的经营能力和管理水平，并通过配送绩效评价调动各部门及员工的积极性，为客户提供更加优质的产品和服务，进而增加配送企业的整体效益。

1．配送绩效评价的特点

配送绩效评价具有如下特点。

（1）静态性和动态性相结合。配送绩效评价既可以是一个静态的评价结果，也可以是产生该结果的动态的活动过程。两者既可以单独评价，也可以同时作为考核指标，这充分体现了其应用灵活的特点。

（2）可组合性和可分解性。

（3）物流系统应该具有完整性、开放性等特点。

2．配送绩效评价原则

配送绩效评价就是运用科学、规范的评价方法，对企业一定经营时期内的配送活动的经营业绩和效率进行定量定性分析，获取有关任务的完成水平、取得的效益、付出的代价等信息，进而在管理活动中利用这些信息不断控制和修正工作的一个持续的动态管理过程。利用各种指标公式进行计算，对企业的配送活动进行绩效评价，其目的是了解企业配送系统的实际运行状况，找出其不足和薄弱环节并加以改进，以便进一步达到经营合理化的目标，进而提高企业的经营能力，增加企业的整体效益。进行企业配送绩效评价应遵循以下基本原则。

（1）全面系统的评价原则。

虽然配送绩效评价的主要对象是配送活动的经营成果，但配送活动的经营成果的产生和形成涉及企业经营活动的全过程，是一个复杂的系统活动。因此，配送绩效评价要对经营结果与经营过程、内部系统与外部系统进行综合分析，多方收集信息，进行多层次、多渠道、全方位的评价。

（2）客观公正的评价原则。

配送绩效评价必须采用科学的方法和手段，坚持定量与定性相结合、静态与动态相结合，建立科学、适用的评价指标体系及标准，避免主观臆断。应以客观的立场评价优劣、以公正的态度评价得失、以合理的方法评价业绩、以严密的计算评价效益。

（3）目标与激励的评价原则。

配送绩效评价可以采用目标管理的方法，通过将目标与激励相结合来有效实现预期的绩效评价体系的设计目标。

（4）反馈与修改的评价原则。

必须及时反馈配送绩效评价的结果，并将反馈的两种结果区分开来，即把正确的行为、程序、步骤、措施坚持下去，发扬光大；对于不足之处，必须加以纠正和弥补。

（5）经常化、制度化的评价原则。

配送绩效评价是对企业的现有能力、效率与效益的评价，也是对未来经营结果的一种预测。因此，配送绩效评价必须在科学合理的绩效评价制度的基础上进行，将正式评价与非正式评价相结合，使配送绩效评价经常化、制度化，充分了解配送系统的现实能力和潜能，发现组织中存在的问题，从而不断改进。

3．影响配送绩效评价的因素

影响配送绩效评价的因素有以下两个。

（1）快速响应。

快速响应关系到配送企业能否及时提供满足客户需求的配送服务的能力。时间是衡量效率最直接的因素，时间最能体现配送中心的整体作业能力。因此，配送中心要降低从订货到收货的时间，使配送活动在较短的时间内完成。信息技术提高了配送企业在较短的时间内完成作业和尽快交付客户所需物品的能力，使用信息技术，配送中心可以把作业重点从过去的根据预测储备大量的物品转移到根据顾客需求进行配货和送货方面上来。

（2）最小变异。

变异是指破坏系统稳定的任何意想不到的迹象，最小变异用来衡量配送活动的服务质量是否达到客户满意的水平。客户最大的担忧是配送企业不能保证供应，因此，配送重要的一点是必须提高对客户的供应保证能力。配送中心应尽力减少缺货次数，要根据客户的指示把货物交付到正确的地点，按时按质进行送货。

配送中心要根据客户的要求进行配送，特别是当出现特殊情况时，按时按质送货尤为重要。

7.3.3　配送绩效评价的内容

1．配送中心内部绩效评价

配送中心内部绩效评价是指对配送中心内部的物流绩效进行评价，主要是将现有的物流作业结果与以前的作业结果或本期的作业目标进行比较。例如，运送错误率可以与上一期的实绩进行比较，也可以与本期的目标进行比较。配送中心内部绩效评价的数据比较容易收集，所以大多数配送中心都会进行内部绩效评价。配送中心内部绩效评价的内容一般包括配送中心成本、配送中心客户服务、配送中心生产率、配送中心资产管理和配送中心质量等，如图 7-6 所示。

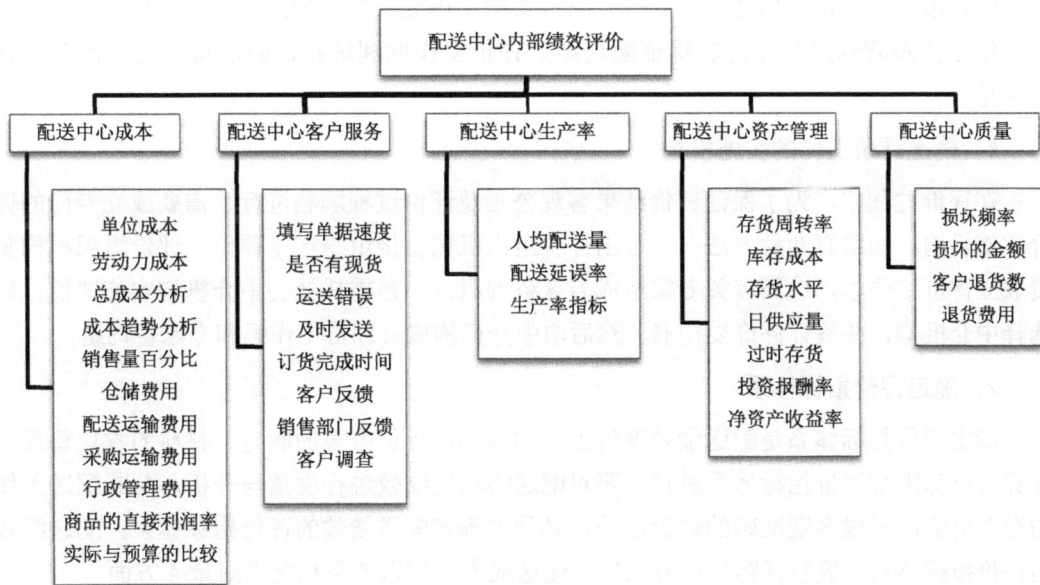

图 7-6　配送中心内部绩效评估的内容

2．配送中心外部绩效评价

配送中心外部绩效评价是指从外部（如客户和优秀企业）的角度对连锁企业的配送系统进行绩效评价。配送中心外部绩效评价一般采用的评价指标主要有两个：一个指标是客户满意度，即由客户进行评价，通过问卷调查、客户座谈会等与客户进行交流的方式来获取有关的评价信息；另一个指标是最佳实施基准，即采取选择模拟的或实际的"标杆"来进行对比性评价。进行配送中心外部绩效评价时，有些指标的考核可以用定量方式描述，而有些指标的考核只能用定性方式描述，所以需要采用定量和定性相结合的方法进行配送中心外部绩效评价。

（1）客户满意度。

客户满意度是对企业所能提供的总的客户服务水平的衡量，可以通过产品的可用性、完成周期、信息的可用性、问题的解决率和产品支持率、按期或提前发货的比例、担保费用等评价客户满意度。

（2）最佳实施基准。

基准是企业运行管理的基本准则或基础标准。确定基准是目前经营管理中普遍采用的评价方法。最佳实施基准是识别最佳实践和修正实际知识以获得卓越绩效的系统程序。越来越多的厂商通过将自己的运作方式和竞争对手或顶尖厂商进行比较来确定最佳实施基准。确定最佳实施基准的关键领域有资产管理、成本控制、客户服务、生产率、质量、战略、技术、运输、仓储、订货处理等。

7.3.4 配送绩效评价的步骤

配送绩效评价是一项复杂、系统的工作，必须明确要求按照配送绩效评价规则有计划、有组织、按步骤地进行才能够保证配送绩效评价工作顺利进行，并取得客观、准确的评价结果。

1．确定评价工作的实施机构

在评价过程中，为了保证评价结果客观公正及评价过程顺利进行，需要成立专门的评价实施机构。通常有两种方法：一是由评价组织机构直接组织实施评价，评价组织机构负责成立评价工作组，选聘有关专家组成专家咨询组；二是委托社会中介机构实施评价，先选择中介机构，并签订评价委托书，然后由中介机构成立评价工作组和专家咨询组。

2．确定评价指标体系

确定评价指标体系是配送绩效评价工作的基础，评价方案的制定、材料的收集整理与计算分析都围绕评价指标体系进行。要对配送活动的绩效进行度量与分析，判断配送工作的存在价值，形成客观准确的评价结论，必须先确定配送绩效的评价指标体系。配送绩效的评价指标体系一般包括客户服务水平、配送成本、配送效率和配送质量4方面。

3．制定评价工作方案

配送绩效的评价工作方案是由评价工作组制定的工作安排，由评价组织机构批准后，即可组织实施评价工作方案，并把评价工作方案送给专家评审。评价工作方案的内容包括评价对象、评价目的、评价依据、评价项目负责人、评价工作人员、时间安排、评价方法和标准、准备评价资料及相关工作要求等。

4. 收集并整理基础资料和数据

根据评价工作方案的要求收集并整理基础资料和数据（包括评价方法、评价准则、连续 3 年的会计结算报表及有关统计数据、定性评价等基础资料），制作各种调查表，并将调查表分发给各调查对象，提出填写要求，然后及时收回调查表并对数据进行分类登记。

5. 进行计算分析与评价计分

计算分析与评价计分是评价过程的关键步骤，企业的经营绩效主要是由一系列指标反映出来的，因此，在进行配送绩效评价的过程中应根据企业配送绩效评价的指标体系计算出相应的指标值，然后对指标值进行综合分析评价，并得出综合评价结果。

6. 形成评价结论

可以将配送绩效的综合评价结果与同行业相当规模的企业的配送绩效进行比较分析，也可以将配送绩效的综合评价结果与企业自身的历史综合评价结果进行比较分析或选择行业内水平先进的组织或企业中的标杆进行比较分析。通过对企业配送绩效进行深入、细致的分析判断，形成评价结论，并听取企业有关方面负责人的意见，进行适当的修正和调整，使评价结论更加客观、准确，能够全面反映企业配送活动的实际情况。

7. 撰写评价报告

形成评价结论以后，评价工作人员要撰写配送企业配送绩效的评价报告。评价报告的主要内容包括评价结果、评价分析、评价结论及相关附件等，将评价报告送给专家咨询组征求意见，完成评价报告后经评价项目主持人签字，并将其报送评价组织机构审核认定，如果委托中介机构进行评价，需要加盖中介机构的公章方能生效。

8. 评价工作总结

评价项目完成后，工作组应该进行工作总结，需将评价工作的背景、时间、地点、基本情况、评价结果、工作中的问题及措施、工作建议等形成书面材料，建立评价工作档案，同时将评价工作总结报送企业备案。

7.3.5 配送绩效管理

在实施配送绩效评价的过程中会遇到很多问题，加强配送绩效管理需要解决以下问题。

1. 进行绩效培训

成功进行绩效考核的前提之一是配送中心的员工必须对绩效考核有比较全面且正确的认识。很多配送中心中只有少数员工了解绩效考核，而大部分员工对绩效考核一知半解。

2. 明确考核关系

民主评议费时、费力且效果不佳，建议取消；即使保留民主评议，也只能将其结果作为参考。针对各部门负责人的考核应由配送中心的领导与人事部门组成的考核小组实施；

而对一般员工的考核，则由其直接上级领导来实施。人事部门主要负责组织与执行考核，对考核人员进行技能培训，以及与人员沟通等方面的工作，主要考核人为公司领导代表与本部门负责人。

3. 调整人事工作

调整人事工作主要包括① 增加人事部门的人员，充分发挥人力资源管理的作用；② 将原先由业务附属部门负责的绩效考核工作统一交由人事部门负责，由人事部门统一负责配送中心的绩效考核的各项工作；③ 调整人事部门，把精力重点放在对配送中心各部门的调查、研究、分析、制定考核方案及完善考核方案上。

4. 编制考核内容

首先，应明确绩效考核的含义。绩效考核，顾名思义，是对绩效的一种检测，所以考核内容应是工作业绩、工作能力和个人主观能动性。绩效考核的考核项目不得超过这 3 个基本框架范围。工作业绩所占的比例应在一半以上，而其余两项所占的比例应基本相等。

其次，应根据各部门的考核目标，根据人事部门对各部门的深入认识，在对各部门进行沟通了解的基础上，制定各部门的考核项目。如果部门中岗位之间的差别很大，在制定考核项目时，也要进行适当的调整。

5. 确定考核标准

配送中心对绩效考核标准的规定过于统一和绝对，这样容易导致因不同部门和不同员工的绩效考核标准一致而无法区分。绩效考核标准应根据绩效内容的不同而有所不同，另外，绩效考核标准既要具有挑战性又不能脱离实际，即大多数人经过努力是可以达到的，同时，绩效考核标准要有一定的稳定性。绩效考核标准是考核一个人工作绩效的权威性标准，因此，需要相当的稳定性，以保证绩效考核标准的权威性。

6. 安排考核周期

如果配送中心的考核周期为一年，考核周期未免太长。应对考核周期进行调整，根据员工层级的不同而采取不同的考核周期。高层管理者、高级技术人员的考核周期为一年；中层管理者、一般技术人员的考核周期为一季度；一般管理人员、基层员工的考核周期为一个月。

总之，从绩效评估的选择和实施方面来考虑，对其中的主要问题进行探讨，有助于配送中心分析配送绩效，提高配送中心的经营能力，进而提高配送中心及整个供应链的整体效益。所以配送企业在实行绩效评估时，应先明确目标，再关注绩效实施过程中的一些细节，借鉴绩效评估中取得成绩的成功案例，才能取得有效的成果。

复习思考题

问答题

1. 简述配送信息管理系统的功能及作用。

2．描述配送信息管理系统的结构。

3．配送中心的配送计划有哪些？其内容是什么？

4．如何制订一个合理的配送计划？

5．什么是配送绩效管理？理解这一概念需注意哪些方面？

6．为什么配送绩效管理在企业战略中非常重要？

7．进行配送绩效评价应遵循什么原则？

8．影响配送绩效评价的因素有哪些？

9．配送绩效评价的内容有哪些？

10．如何加强配送绩效管理？

第 8 章

组织配送作业

知识目标：

- 熟悉配送作业、车辆调度、车辆配载的概念
- 掌握配送作业的基本要求及其影响因素
- 熟悉配送作业流程且会进行路线优化
- 掌握车辆调度、配载的原则及要求
- 掌握车辆配载的计算方法

能力目标：

- 能够根据实际情况规划出最优的送货路线
- 能够根据客户要求规划配送作业
- 能够根据车辆类型和货物属性设计车辆配载方案
- 能够编制送货作业计划并在实施送货作业计划的过程中进行管理安排

导入案例

美团外卖人工智能调度系统为骑手提供路径规划提高配送效率

一直以来，配送效率都是外卖行业的痛点，为了提升用户体验，以"让每个人吃得更好、活得更好"为使命的美团点评利用大数据、人工智能和云计算搭建了一套智能调度系统。

有专业人士估计，目前有 3 万亿元的餐饮市场，预计未来几年中国的餐饮市场规模将突破 5 万亿元。为了优化服务，也为了在市场竞争中抢占优势，美团点评一直在缩短配送时间上不断努力。

经过短短几年的潜心钻研，美团外卖实现了平均配送时间从 32 分钟降至 30 分钟，再降至 28 分钟的质的飞跃。美团外卖在帮助数百万餐饮商户快速地把商品送到用户手中的同时，也为商户留住了更多忠实的用户。

外卖订单的生命周期一般在 1 小时之内，但在现实生活中，用户对时间的要求远远低于 1 小时，一般半个小时内如果外卖没有送到，用户就有可能给差评。

针对这个痛点，美团点评依靠人工智能、大数据和云计算等前沿技术，研发出人工智

能调度系统，该系统可以在 50 毫秒内迅速找到配送的最优组合，并且为骑手提供路径规划，使骑手用 28 分钟甚至更少的时间，将外卖送到用户手中，有效解决了千万级订单并发下的骑手调度问题。

外卖行业的下半场开局，美团点评一边升级服务，一边反哺商户，赋值传统餐饮业，在强壮自身力量的同时，也在餐饮业中发挥着更重要的价值。

（资料来源：https://www.toutiao.com/a6461753648559948301/）

思考题：什么是配送作业？它有什么基本要求？如何提高配送效率？

8.1　配送作业

配送作业通常是短距离、小批量、高频率的运输形式，它以服务为目标，以尽可能满足客户要求为宗旨。如果单从运输的角度看，它是对干线运输的一种补充和完善，属于末端运输、支线运输，主要由汽车运输进行。具有城市轨道货运条件的，可以采用轨道运输进行配送作业，对于跨城市的地区配送可以采用铁路运输的方式进行，或者在河道水域通过船舶进行配送作业。在配送运输过程中，货物可能从工厂等生产地仓库直接送至客户手中，也可能通过批发商、经销商或由配送中心、物流中心转送至客户手中。

8.1.1　配送作业的概念及影响因素

1．概念

配送作业是指利用配送车辆把客户订购的货物按用户要求在配送中心或物流节点进行货物配备，并以最合理的方式送至客户手中的经济活动。

从实物运动形态的角度出发，理解配送作业需掌握 5 个要点。

（1）配送作业是接近用户的资源配置的全过程。

（2）配送作业的本质是送货，它不是偶然行为，而是一种固定形态，甚至有确定组织、确定渠道，有特定装备、管理力量和技术力量，是现代化、高水平的送货形式。

（3）配送作业是一种中转形式的物流运动。

（4）配送作业是"配"与"送"的有机结合形式。

（5）配送作业是以用户要求为出发点的活动。

2．影响因素

影响配送作业的因素有很多，具体如下。

（1）动态因素，如车流量变化、道路施工、配送客户的变动、可供调动的车辆变动等。

（2）静态因素，如配送客户的分布区域、道路交通网络、车辆运行限制等。

各种因素互相影响，很容易造成送货不及时、配送路径选择不当、贻误交货时间等问题。因此，对配送作业进行有效管理极为重要，否则不仅会影响配送效率和信誉，还将直接导致配送成本增加。

8.1.2　配送作业的基本要求

配送作业的基本要求如下。

1．时效性

时效性是客户最重视的因素，即确保能在指定的时间内交货。影响时效性的因素有很多，除配送车辆故障外，选择的配送路线不当、中途客户卸货不及时等均会造成时间上的延误。因此，必须在认真分析各种因素的前提下用系统化的思想和原则，有效协调、综合管理配送作业，选择合理的配送路线、配送车辆和送货人员，使每位客户都能在预定的时间内收到所订购的货物。考核配送作业水平的一项重要指标就是准点率。

2．经济性

取得一定的经济利益是配送企业追求的基本目标，而经济性是指以较低的成本来完成配送作业，是配送企业建立双赢机制、加强合作的基础。因此，配送作业不仅要满足客户的要求，提供高质量、及时方便的配送服务，还必须提高配送效率，加强成本管理与控制。

3．便利性

便利性是指配送作业要以服务为目标，以最大限度地满足客户要求为宗旨。因此，配送作业应尽可能地让客户享受到便捷的服务。通过采用高弹性的送货模式，如采用应急送货、顺道送货与退货辅助资源回收等方式，为客户提供真正意义上的便利服务。

4．可靠性

可靠性是指将货品完好无缺地送达目的地，这是对配送中心的差错率、货损率的考核指标。要实现可靠性，关键在于提高配送人员的素质，具体包括以下内容。

（1）装卸货物时的细心程度。

（2）运送过程中对货物的保护措施。

（3）对客户地点及作业环境的了解程度。

（4）操作规范程度。

5．沟通性

沟通性是指配送作业是配送的末端服务，通过送货上门服务直接与客户接触，配送作业是与客户沟通最直接的桥梁。配送作业不仅代表着公司的形象和信誉，还在沟通中起着非常重要的作用。所以，必须充分利用与客户沟通的机会，维护与提高公司的信誉，为客户提供更优质的服务。

8.1.3　配送作业的流程

配送作业的流程如下。

1．划分基本配送区域

为使整个配送作业有一个基本依据，应首先将客户所在地的具体位置进行系统的统计，并对各作业区域进行整体划分，将每一客户囊括在不同的基本配送区域之中，作为下一步决策的基本参考。如按行政区域或交通条件划分不同的配送区域，在这一区域划分的基础上再进行弹性调整，以便更好地安排配送作业。

2．车辆配载

由于配送货物的品种、特性各异，为提高配送效率、确保货物质量，在接到订单后，配送企业首先必须将货物依特性进行分类，然后分别选取不同的配送方式和运输工具，如按冷冻食品、速食品、散装货物、箱装货物等分类配载；其次，配送货物也有轻重缓急之分，必须按照先急后缓的原则合理组织运输配送。

3．暂定配送先后顺序

在考虑其他影响因素，做出确定的配送方案前，应先根据客户订单要求的送货时间对配送作业的先后次序进行排序，为后面的车辆积载做好准备工作。计划工作的目的是保证达到既定的目标，所以，暂定配送先后顺序既可以有效地保证送货时间，又可以尽可能地提高运作效率。

4．车辆安排

进行车辆安排首要解决的问题是安排什么类型、吨位的配送车辆进行最后的配送。一般企业拥有的车辆类型有限，车辆数量亦有限，当本企业车辆无法满足要求时，可使用外雇车辆。在保证配送运输质量的前提下，是组建自营车队还是以外雇车辆为主进行配送需要视经营成本而定。但无论使用自有车辆还是外雇车辆，都必须事先掌握有哪些车辆符合要求并可以供调派，即这些车辆的容量和额定载重是否满足要求；此外，安排车辆之前，还必须分析订单上的货物的信息，如对装卸的特别要求（体积、重量、数量等），综合考虑各方面因素的影响，做出最合适的车辆安排。

5．选择配送路线

确定了每辆车负责配送的具体客户后，如何以最快的速度完成对这些货物的配送，即如何选择配送距离短、配送时间短、配送成本低的线路，需要根据客户的具体位置、沿途的交通情况等做出优先选择和判断。除此之外，还必须考虑有些客户或其所在地的交通环境对送货时间、车型等方面的特殊要求，如客户特定的收货时间要求等。

6．确定最终的配送顺序

做好车辆安排并选择好配送路线后，可依据各车负责配送的具体客户的先后顺序确定最终的配送顺序。

7．完成车辆积载

明确了客户的配送顺序后，接下来就是确定如何将货物装车、以什么次序装车的问题，即车辆积载问题。原则上，确定了客户的配送顺序后，只要将货物依"后送先装"的顺序装车即可。但有时为了有效利用空间，可能还要考虑货物的性质（怕震、怕压、怕撞、怕湿等）、形状、体积、重量等进行弹性调整。此外，对于货物的装卸方法也必须依照货物的性质、形状、体积、重量等来决定。

8．运送

运送是指根据配送作业计划所确定的路线，在规定的时间内及时、准确地将货物运送到客户手中，在运送过程中应注意加强对车辆的考核与管理。

9．送达交接与结算

将货物送达目的地后，送货人员应协助收货单位完成卸货，做好货物验收工作，并根据相关单证通知财务结算。

8.1.4　配送作业的管理要点

配送作业的管理要点包括以下几点。

1．选择最佳配送路线

根据服务与成本的关系，选择最佳配送路线、最佳配送时间、最佳配送工具，提高车辆的满载率，在同等成本下选择服务水平最高的运输方式。

2．选择适当的配送车辆

车辆调派系统应具备预测所需车辆的种类、数量并建立数据库的功能，以便在配送作业量有波动时能随时与第三方物流公司联系，利用第三方物流公司来完成配送工作。

3．选择适合的配送人员

调派司机及随车人员时要考虑他们的工作能力、体力、以往的工作量和配送区域，以便更有效地安排配送人员。

4．加强数据处理能力

由于配送的客户较多且分布范围广，而配送的货物批量少、品种多，所以配送企业需具备较强的数据处理能力。

5．做好配送困难分析

在配送作业过程中遇到困难或不能完成任务时，应返回配送中心进行原因分析，以避免日后出现相同或类似的错误。

在进行配送操作的过程中，除上述管理要点外，还应注意明确订单内容、掌握货物的性质、明确配送地点、充分考虑各配送作业点装卸货的时间等。

8.2　配送路线优化

配送路线是指各送货车辆向各个客户送货时所要经过的路线。配送路线是否合理对配送速度、车辆的合理利用和配送费用等都有直接影响，因此配送路线的优化问题是配送作业的主要问题之一。采用科学、合理的方法来确定配送路线是配送活动中非常重要的一项工作。

8.2.1　配送路线优化的原则

配送路线优化的原则包括以下几条。

（1）准确性最高的原则。准确性是配送中心重要的服务指标。

（2）成本最低的原则。以成本最低为原则，实际上也是选择了以效益最高为目标。

（3）路程最短的原则。如果成本与路程的相关性较强，而和其他因素的相关性较弱，可以选择以路程最短为原则优化配送路线。

（4）效益最高的原则。效益最高的原则是指以利润最大为目标优化配送路线。

（5）吨·千米数最小的原则。在节约里程法的计算方法中，以吨·千米数最小为原则。

（6）运力利用最合理的原则。

（7）劳动消耗最低的原则。

8.2.2　配送路线优化的考虑要素

配送路线优化的考虑要素如下。

（1）道路情况。道路情况良好，无塌方、暂时不通的情况。

（2）车辆装载情况。安排合适的车辆及司机，尽可能满载，提高车辆的实载率，降低单位运输成本。

（3）卸货点之间的距离。要选择便于卸货操作的地点。

（4）每个卸货点的卸货时间。卸货时间的长短直接影响返程时能否捎货，以及车辆下一趟运输货物的安排。

（5）具体的到货时间。具体的到货时间会影响由车程计算的运输开始时间。

（6）天气条件。天气好坏会直接影响车辆走哪条线路及是否绕行等。

（7）综合考虑车辆、驾驶员、线路等情况。

8.2.3　配送路线优化的约束条件

无论选择哪个目标或实现哪个目标，都有一定的约束条件，只有在满足这些约束条件的前提下才能实现这些目标。一般在进行配送路线优化时有以下几个约束条件。

（1）满足收货人对货物品种、规格、数量的要求。

（2）满足收货人对货物送达时间范围的要求。

（3）在允许通行的时间段内进行配送。

（4）货物量不得超过车辆容积和载重量的限制。

（5）在配送中心现有运力允许的范围内优化配送路线。

8.2.4　配送路线优化的方法

配送路线优化的目标与送货作业的目标是一致的，都是让客户满意并使成本尽可能降低。从路线的角度看，让客户满意的体现就是送货的时间尽可能短，以便尽快将货物交付到客户手中。要想配送时间短可以从两个方面考虑，即送货速度快或送货路程短。送货速度快往往意味着费用高，成本控制方面压力较大；而送货路程短则可以在同等时间内以相对经济的速度满足客户的要求。送货路程短可以使各项送货成本均得到一定程度的降低，因此，通常配送路线的优化都是以路程最短为原则来进行的。下面介绍设计最短路线的主要方法。

根据送货作业的实际情况，在送货业务中出现最多的是以下两种情况：从单个配送中心向单个客户往返送货及从单个配送中心向多个客户循环送货后返回。在这两种情况下设计最短路线可以归结为两类问题，即两点之间的最短路线问题和单起点多回路的最短路线问题。

1．两点之间的最短路线问题

在配送路线设计中，当配送的起点和终点都只有一个，即由一个配送中心给一个特定的客户专门送货时，这种情况一般针对优质的主要客户，客户的需求量大且对到达时间的准确性要求较高，需专门派一辆或多辆车，一次或多次送货，其配送的重点在于节省时间、多装快跑、提高送货时间的准确性。另外，在构造单个配送中心的配送网络路线图时，需要计算配送中心与每个客户之间的最短路线，这些都可以归结为在设计配送路线时，寻求两点之间的最短路线问题。下面用一个实例来说明解决此问题的方法。

图 8-1 所示为某配送中心与一个客户之间的公路网络示意图，O 点为配送中心所在的位置，P 点为客户所在的位置，A、B、C、D 点代表从 O 点到 P 点途中要经过的节点，节点与节点之间有线路连接，图中标明了两个节点之间的距离，可以以运行时间（分钟）表示，也可以用距离（千米）表示，下面以运行时间（分钟）表示。现在要在该图中找出一条从配送中心（O 点）到客户（P 点）之间的最短路线。

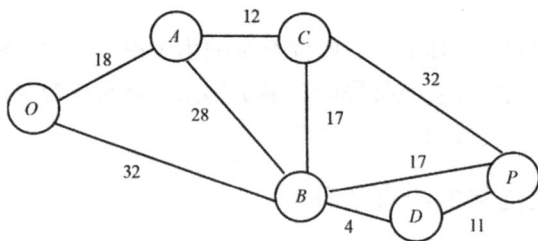

图 8-1　某配送中心与一个客户之间的公路网络示意图

在图 8-1 中，起点是 O 点，与 O 点直接连接的节点有 A 点和 B 点。

首先，我们可以看到 A 点是距 O 点最近的节点，记为 OA，由于 A 点是唯一选择，所以它成为已解的节点。

其次，找出距 O 点和 A 点最近的未解的节点，列出距各个已解的节点最近的节点，有 O—B、O—A—C、O—A—B。

注意从 O 点通过已解的节点到某节点所需的时间应该等于到达这个已解节点的最短时间加上从已解节点到未解节点的时间，也就是说，从 O 点经过 A 点到达 B 点的距离为 $OA+AB=18+28=46$ 分钟；同样，从 O 点到达 C 点的时间为 30 分钟；而从 O 点直达 B 点的时间为 32 分钟。现在从 O 点到 C 点的距离最短，C 点也成了已解的节点。

重复上述过程直到到达终点 P，最短路线的距离是 47 分钟，最短路线为 O—B—D—P。

2. 单起点多回路的最短路线问题

单起点多回路的最短路线是指由一个配送中心向多个客户进行循环送货，送货车辆送完货后再返回配送中心。由于受送货时间及送货路线里程的制约，通常不可能用一条路线为所有客户送货，所以需要设计数条送货路线，利用每条路线为某几个客户送货。在同一条路线上由一辆配装着这条路线上所有客户需求的货物的车，按照预先设计好的最佳路线依次将货物送达该路线上的每一个客户并最终返回配送中心。负责的送货车辆装载这条路线上所有客户的货物的总量不能大于车辆的额定载重量，而且每次车辆在这条路线上运行的总里程不能超过配送路线的合理限度。找到这些送货路线的最短路线可以保证按客户要求将货物及时送到，且能节约车辆行驶里程，缩短送货的整体时间，节省费用，还能在客观上减少交通流量，缓解交通压力，响应国家节能减排的政策。

解决单起点多回路的最短路线问题最常用的方法是节约里程法，可以用并行方式和串行方式来优化行车距离，这是形成人工和计算机计算单起点多回路的最短路线的基础，常用于解决运输车辆数目不确定的问题，又称节约算法或节约法。

（1）节约里程法的基本思想（见图 8-2）。

为实现高效率的配送，使配送时间最短、配送距离最短、配送成本最低而寻找的最佳配送路线如下。

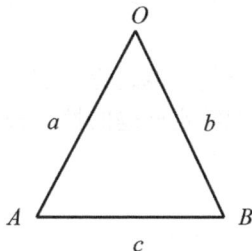

图 8-2　节约里程法的基本思想

O 点为配送中心所在地，A 点和 B 点为客户所在地，三者相互间的道路距离分别为 a、b、c。要从配送中心 O 运送货物给客户 A 和 B。第一条路线是先 $O—A—O$，再 $O—B—O$，总距离为 $a+a+b+b=2a+2b$；还可以选择另外一种路线，$O—A—B—0$，总距离为 $a+b+c$。综合考虑，第二种方案的行驶路线的节约里程数是 $(2a+2b)-(a+b+c)$，即 $a+b-c$。

（2）节约里程法的基本规定。

利用节约里程法确定配送路线的主要出发点：根据配送中心的运输能力、配送中心到各个用户及各个用户之间的距离来制定使总的车辆运输的吨·千米数最小的配送方案，同时还需满足以下条件。

① 所有用户的要求。

② 不使任何一辆车超载。

③ 每辆车每天的总运行时间或行驶里程不得超过规定的上限。

④ 要考虑客户要求的交货时间，即一条线路的送货总里程不能太长，否则会影响向客户交货的时间。

（3）节约里程法的注意事项。

① 节约里程数从不为负。因为三角形的两边之和总是大于第三条，所以节约里程数从不为负。

② 将客户连接起来，增加了节约里程数。

③ 客户之间的距离越近，而且它们距离配送中心越远，那么节约里程数就会越大。

④ 此方法可以用时间来代替距离进行计算。

3．启发式方法

（1）启发式方法的含义。

启发式方法也称逐次逼近法，即简单求出初始解，然后利用一些经验法则反复计算修改初始解，并通过模仿人的跟踪校正过程使之逐步达到最优解的方法，该方法对于求解非确定性决策非常有效。

启发式方法把决策过程中的黑箱变成明确的决策准则，也就是研究简化问题、解决问题的启发过程，即采取什么样的启发式方法，为何种特定问题选用特定的寻优过程，以及以什么样的顺序寻找可行解等问题。

虽然启发式过程是从决策者的思考过程中推导出来的，但是启发式过程一经明确，并且将其编成计算机程序，会大大加快求解过程。目前，启发式方法不仅能模拟实际的决策过程，也能通过计算机求解一些人工无法处理的复杂问题。

（2）启发式方法的特点。

传统的优化方法为了应用最优化的计算过程，需要把决策问题结构化。与此相反，启发式方法为了求得可行解，就要适应特定问题的性质去得到接近最小成本的方法，具体步骤如下。

① 求出初始解。

② 求出次优解。

③ 求出最优解。

在物流管理领域，运筹方法得到了广泛应用，运筹方法是量化的方法，包括多种最优化方法。运用这些方法对有限的资源（人力、物力、财力、时间、信息）等进行计划、组织、协调和控制，以达到最佳效果。同一种优化方法可以用于不同领域，用来解决不同的实际问题。例如，网络技术可以用来安排生产计划，也可以用来解决运输问题。另外，对于同一类问题，又可以用不同的方法解决。例如，运输问题可以用线性规划法求解，也可以用上述方法求解。可以根据问题的复杂程度和限制条件选择不同的求解方法。

4．经验调度法和运输定额比法

当有多种车辆时，使用车辆的经验原则为尽可能使用能满载运输的车辆进行运输，如运输 5 吨的货物，就安排一辆载重量为 5 吨的车辆进行运输；在能够保证满载的情况下，优先使用大型车辆，且先载运大批量的货物。一般而言，大型车辆能够保证较高的运输效率和较低的运输成本，如某建材配送中心，某日需运输水泥 580 吨、盘条 400 吨和不定量的平板玻璃。该中心有大型车 20 辆、中型车 20 辆、小型车 30 辆。各种车每日只能运输一种物资，车辆运输定额表如表 8-1 所示。

表 8-1　车辆运输定额表　　　　　　　　　　　　　　　　单位：吨/（日·辆）

车 辆 种 类	运 水 泥	运 盘 条	运 玻 璃
大型车	20	17	14
中型车	18	15	12
小型车	16	13	10

根据经验派车法，车辆安排顺序为大型车、中型车、小型车，货载安排的顺序为水泥、盘条、玻璃。得出经验派车法派车方案如表 8-2 所示，共完成货运量 1090 吨。

表 8-2　经验派车法派车方案

车 辆 种 类	运水泥车辆数	运盘条车辆数	运玻璃车辆数	车 辆 总 数
大型车	20	—	—	20
中型车	10	10	—	20
小型车	—	20	10	30

根据以上车辆的运输能力得到车辆运输定额比，如表 8-3 所示。

表 8-3　车辆运输定额比

车 辆 种 类	运水泥/运盘条	运盘条/运玻璃	运水泥/运玻璃
大型车	1.18	1.21	1.44
中型车	1.2	1.25	1.5
小型车	1.23	1.3	1.6

其他种类的车辆运输定额比都小于 1，不予考虑。在表 8-3 中，中、小型车运输水泥的定额比较高，因此，要先安排小型车运输水泥；其次，由中型车运输盘条；剩余的物资由大型车完成。可得如表 8-4 所示的定额比优先派车法，共完成货运量 1091 吨。

表 8-4　定额比优化派车法

车 辆 种 类	运水泥车辆数	运盘条车辆数	运玻璃车辆数	车 辆 总 数
大型车	5	5	9	19
中型车	—	20	—	20
小型车	30	—	—	30

8.3　车辆调度

8.3.1　车辆调度的概念及原则

1．概念

车辆调度是指制定行车路线，使车辆在一定的约束条件下有序地通过一系列装货点和卸货点，达到诸如路程最短、费用最小、耗时最少等目标。

2．基本原则

（1）按制度调度。坚持按制度办事，按车辆的使用范围和对象派车。

（2）科学、合理调度。科学调度是指要掌握单位车辆的使用特点和规律。合理调度就是要按照现有车辆的行驶方向，选择最佳行车路线，不跑弯路，不绕道行驶，不在一条线路上重复派车。在一般情况下，不能一次性派出所有车辆，要留备用车辆应急。

（3）弹性机动调度。所谓弹性机动调度，就是对于没有明确规定制度而确定需要用车的紧急情况，要从实际出发，弹性机动调度，恰当处理，不能误时误事。

3．特点

（1）计划性。车辆调度必须以生产经营计划，特别是运行作业计划为依据，要围绕完成计划任务来开展调度业务。同时，调度人员要不断总结经验，协助计划人员提高生产经营计划的编制质量。

（2）权威性。车辆调度工作必须高度集中统一，要建立一个强有力的生产调度系统，各级调度部门是同级生产指挥员的有力助手，他们应按照计划和临时生产任务的要求，发布调度命令，下一级生产部门和同级有关职能部门必须坚决执行。各级领导人员应当维护调度部门的权威。

8.3.2 车辆调度程序

1. 做好用车预约

应坚持做到当班用车一小时前预约，下午用车上午预约，次日用车当日预约，夜间用车下班前预约，集体活动用车两天（三天）前预约，长途用车三天或一周前预约等。调度对每日用车要做到心中有数，做好预约登记工作。

2. 做好派车计划

调度应根据掌握的用车时间、等车地点、乘车人单位和姓名、乘车人数、行车路线等情况做好计划安排，并将执行任务的司机姓名、车号、出车地点等在调度办公室公布或口头通知司机本人。

3. 做好解释工作

对未能安排上车辆，或变更出车时间的人员，要及时说明情况，做好解释工作，以减少误会，避免误事。

调度工作应做到原则性强，坚持按制度办事，不徇私；要有科学性，即掌握单位车辆的使用特点和规律；还要加强预见性，做好车辆调度的准备工作。

8.3.3 车辆调度要求

1. 车辆调度的总体要求

各级调度应在上级的领导下进行运力和运量的平衡，合理安排运输，直接组织车辆运行并随时进行监督和检查，保证月度生产计划的实现，具体要求如下。

（1）根据运输任务和运输生产计划编制车辆运行作业计划，并通过车辆运行作业计划组织企业内部的各个生产环节，使其形成一个有机整体，进行有计划的生产，最大限度地发挥汽车运输潜力。

（2）掌握货物流量、流向、季节性变化，全面、细致地安排运输生产计划，并及时反映运输工作中存在的主要问题，向有关部门提出要求，采取措施，保证完成运输计划。

（3）加强现场管理和运行车辆的调度指挥，根据调度情况组织合理运输，不断研究和改进车辆调度工作，以最少的人力、物力完成最多的运输任务。

（4）认真贯彻汽车预防保养制度，保证运行车辆能按时调回进行保养，严禁超载，保持车辆状况完好。

2. 车辆调度人员的责任要求

为了做好各项工作，一般调度部门会设置计划调度员、值班调度员、综合调度员和调度长。

（1）计划调度员的责任。

① 编制、审核车辆平衡方案和车辆运行作业计划，并在工作中贯彻执行，检查总结。

② 掌握运输计划及重点物资的完成情况，及时进行分析研究，提出意见和措施。

（2）值班调度员的责任。

① 正确执行车辆运行计划，发布调度命令，及时处理日常生产中发生的问题，保证上

下级调度机构之间的联系。

② 随时了解运输计划和重点任务的完成进度，听取各方面的反映，做好调度记录，发现有关情况及时向领导请示、汇报。

③ 随时掌握车况、货况、路况，加强与有关单位的联系，加强单位内外协作。

④ 签发行车路单，详细交代任务和注意事项。

⑤ 做好车辆动态登记工作，收集行车路单及相关业务单据。

（3）综合调度员的责任。

① 及时统计运力及其分布、增减情况，以及运行效率指标。

② 统计安全运输情况。

③ 统计运输生产计划和重点运输的完成进度。

④ 统计车辆运行作业计划的完成情况及保养对号率。

⑤ 及时对相关资料进行汇总和保管。

（4）调度长的责任。

全面领导和安排工作，在调度工作中正确贯彻执行有关政策法规，充分发挥全组人员的积极性，确保运输任务的完成。

3．调度工作的"三熟悉、三掌握、两了解"

调度人员通过调查研究，对客观情况必须做到"三熟悉、三掌握、两了解"。

（1）三熟悉。

① 熟悉各种车辆的一般技术性能、技术状况、车型、技种、吨位容积、车身高度、自重、使用性能、拖挂能力、技术设备、修保计划、自编号与牌照号，以及驾驶员姓名。

② 熟悉车辆运输的各项规章制度、安全工作条例、交通规则、监理制度等基本内容。

③ 熟悉营运指标的完成情况。

（2）三掌握。

① 掌握运输路线、站点分布、装卸现场的条件及能力等，并加强与有关部门的联系。

② 掌握货物流量、流向、货种性能、包装规定，不断分析研究物资货源的分布情况，并加强与有关部门的联系。

③ 掌握天气变化情况。

（3）两了解。

① 了解驾驶员的技术水平、思想情况、个性、特长、爱好、身体健康情况、家庭情况等。

② 了解各种营运单据的处理程序。

4．车队的工作要求

车队在生产上的工作应围绕和服务于汽车运行，为使运行安排和调度命令顺利实施，应做好以下工作。

（1）对驾驶人员加强服从调度指挥的教育，对不服从调度指挥的驾驶员应进行帮助教育。

（2）车队应经常和调度室取得联系，及时将车队的车辆技术状况、驾驶员的身体情况和完成任务情况等告诉调度室，并出席有关的业务会议。

（3）驾修合一，车队应按计划保修车辆，提高保修质量，为运输生产提供安全、质优、量大的车辆。

（4）及时收集和反映对调度工作的意见，协助调度室改进调度工作。

（5）车队应主动配合调度部门的工作，不要干预车辆运行。驾驶人员应服从调度指挥，严禁无调度行车，如对调度有意见，应向车队和调度室反映，在调度更改前不得拒绝执行调度命令。

调度部门编制好车辆运行计划，仅仅是调度工作的开始，调度工作还要保证车辆运行计划的全面实施。在运输生产过程中，调度员既是运输生产的参谋，又是车辆运行的指挥员；既是工人和驾驶员的勤务员，又是宣传员。驾驶员必须听从调度员的指挥。

在行车作业中，驾驶员遇到各种障碍，调度员可以从组织上、技术上给予帮助，帮其消除障碍。凡是作业计划被打乱、不能及时完成作业计划的情况，调度员可以适当采取措施，调配运力，以恢复正常运行；如果车辆发生故障，也可与调度员联系，请求派车修理。调度员还可以将各种道路、货源、现场、装卸等变化及时通知驾驶员，以免造成不必要的损失。驾驶员在行车过程中必须听从调度员的指挥，驾驶员还应将行车中发生的千变万化的情况及时反映给调度部门，以便进一步完善货运计划。

8.4　车辆配载

车辆配载是货物装车之前一项细致、复杂而又十分重要的工作。它是保证车货安全、合理使用车辆、正确组织装卸、顺利完成货物运输的重要环节。在车辆配载过程中，除对人员进行系统培训外，还需指导装卸工人按车辆配载计划表的装货顺序配载装车。

8.4.1　车辆配载概念及车辆运输生产率

1. 车辆配载概念

配送中心配送货物的特点是种类多、数量少，一种货物不足以装满一辆车，而且不同货物的比重、体积及包装形式各不相同，在装车过程中，既要考虑车辆的载重量，又要考虑车辆的容积，因此，就需要车辆配载。车辆配载是指在充分保证货物质量完好和数量正确的前提下，尽可能提高车辆在容积和载重量两方面的装载量，以提高车辆的利用率、节省运力、降低配送费用。

2. 车辆运输生产率

车辆运输生产率是一个综合性指标，是一系列效率指标的综合体现。在车辆的运行组织中，除车辆行程利用率外，还有一个重要指标，就是吨位利用率。

车辆按额定吨位满载运行时，表示车辆的载运能力得到了充分利用。而在实际工作中，则会因不同货物配送的流量、流向、流时、流距及运行中的某些问题，造成车辆未能按额定吨位满载运行。载运能力的利用程度通常用吨位利用率指标来表示。

$$吨位利用率=（实际完成周转量/总载运行程额定载重量）×100\%$$

配送运输车辆的吨位利用率应保持在 100%，即按车辆额定吨位装足货物，既不要亏载，造成车辆载重能力浪费，也不要超载。超载可能会造成车辆提前损坏和过度磨损等问题，同时，还会增加车辆的运行燃料、润料的消耗，而且容易致使车辆发生运行事故，可能给企业、货主造成重大损失。

8.4.2　配送车辆亏载的原因

1．货物特性

如轻泡货物，由于车厢容积的限制和运行限制（主要是超高），而无法装足吨位。

2．货物包装情况

如货物包装容器的体积不与车厢容积成整倍数关系，就无法装满车厢。

3．不能拼装运输

如遇不能拼装运输的情况，则应尽量选派额定吨位与所配送的货物数量接近的车辆进行运输，或按有关规定减载运行，有些危险品货物必须减载运送才能保证其安全。

4．装载技术的原因

装载技术的原因主要指因装载技术不恰当而造成不能装足吨位的情况。

8.4.3　车辆配载原则

1．坚持直达原则

凡是可以直达运送的货物，必须直达运送；凡是必须中转的货物，应按合理流向配载，不得任意增加中转环节。

2．坚持"四先运"原则

"四先运"原则包括中转先运、急件先运、先托先运与合同先运。对一张托运单和一次中转的货物，应一次运清，不得分批运送。

3．中途预报原则

加强预报中途各站的待运量，并尽可能使同站装卸的货物在吨位和容积上相适应。

4．性质搭配原则

拼装在一个车厢内的货物，其化学性质、物流属性不能相互抵触。如不能将散发臭味的货物与具有吸附性的货物混装，不能将散发粉尘的货物与清洁货物混装。

5．轻重搭配原则

装货时，应将重货置于底部，将轻货置于上部，避免重货压坏轻货，且要注意装入货物的总重量不超过车辆额定载重量。

6．大小搭配原则

为了充分利用车厢的容积，可在同一层或上下层合理搭配不同尺寸的货物，以减小车厢内的空隙，防止在车辆运行中因发生震动而造成货物倒塌和破损，且要注意体积大的货物不能压在体积小的货物上面。

7．合理堆置原则

货物堆放要遵循前后、左右、上下重心平衡的原则，以免发生翻车事件。同一批货物应堆置在一起，货签应向外，以便工作人员识别。应将运距较短的货物堆放在车厢的上面或后面，以便卸货作业顺利进行。

8．后送先装原则

当同一车中有目的地不同的货物时，要把先到站的货物放在易于装卸的外面和上面，把后到站的货物放在里面和下面，而且货与货之间、货与车辆之间应留有空隙并适当衬垫，防止货损。

9．一次配载原则

发往同一地点的适合配装的货物，应尽可能一次配载，尽可能多地装入货物，充分利用车辆的有效容积和载重量。

除此之外，配送车辆的载重能力和容积能否得到充分利用还与货物本身的包装规格有很大关系。小包装的货物容易降低亏箱率，同类货物用纸箱比用木箱包装亏箱率要低一些。但是，亏箱率的高低还与采用的配载方法有关，因此，恰当的配载方法能使车厢内部的高度、长度、宽度都得到充分利用。

8.4.4 提高车辆配载效率的方法

1．依据货物性质调配车辆

根据客户所需要的货物品种和数量，调配适宜车型的车辆承运货物，这就要求配送中心依据货物性质调配车辆。

2．尽可能拼装运输

凡是可以拼装运输的货物，应尽可能拼装运输，但要防止出现差错。

3．综合考虑车辆、货物、客户距离

研究各类车厢的装载标准，根据不同货物和不同包装体积的要求，并结合客户与配送中心距离的远近，合理安排装载顺序，努力提高装载技术和操作水平，力求装足车辆额定吨位。

8.4.5 车辆配载的计算方法

厢式货车有确定的车厢容积，其载货容积为确定值，设车厢容积为 V，车辆载重量为 W。现要装载质量体积比为 R_1、R_2 的两种货物，使得车辆的载重量和车厢容积均被充分利用。设两种货物的配装重量为 W_1、W_2，则有

$$W_1 + W_2 = W$$

$$W_1R_1+W_2R_2=V$$
$$W_1=(V-WR_2)÷(R_1-R_2)$$
$$W_2=(V-WR_1)÷(R_2-R_1)$$

【例 1】某物流公司接到一个配载任务，需运送水泥和玻璃两种货物，水泥的质量体积比为 0.9 立方米/吨，玻璃的质量体积比为 1.6 立方米/吨。计划使用车辆的载重量为 11 吨，车厢容积为 15 立方米。经理要求业务员利用现有条件对这两种货物进行合理配载，使车辆的载重量和车厢容积被充分利用。

解：设水泥的载重量为 W_1，玻璃的载重量为 W_2。

V=15 立方米，W=11 吨，R_1=0.9 立方米/吨，R_2=1.6 立方米/吨。

$W_1=(V-WR_2)÷(R_1-R_2)=(15-11×1.6)÷(0.9-1.6)≈3.71$ 吨

$W_2=(V-WR_1)÷(R_2-R_1)=(15-11×0.9)÷(1.6-0.9)≈7.29$ 吨

通过计算最终确定该车装水泥 3.71 吨、玻璃 7.29 吨可使车辆满载。

8.4.6　装车准备工作

装车准备工作如下。

（1）整理各种随货同行单据，包括提货联、随货联、托运单、零担货票及其他附送单据，按中转和直达区分。

（2）按车辆容积、载重量和货物的形状、性质进行合理配载，填写配装单和货物交接清单。填单时应按货物先远后近、先重后轻、先大后小、先方后圆的顺序填写，以便按单据顺序装车，对到达站不同和需要中转的货物要分单填制，不得混填一单。

（3）将整理后的各种随货单证分别附于交接清单后面。

（4）按单核对货物的堆放位置，做好装车标记。

8.4.7　装车作业

装车作业主要包括备货、交代装车任务、装车、监装。装车作业是货物运送过程中的一项重要内容，其注意事项如下。

1. 装车前

装车前应将车厢清扫干净，清理库场和作业道路，准备好相应的垫隔物料，调配好装（卸）劳力和班组，并在车辆的公共场所公布配载计划图，以便装卸工班、理货人员掌握各车的配装货种和装载要求。

2. 装车时

（1）按交接清单的顺序和要求点件装车。应将沉重的、体积大的、长度长的货物，或者包装结实的零担货物放在车厢的下层。装完货物后，要复查货位，防止错装、漏装、误装。

（2）起运地装车应严格遵守操作规程和货运质量标准，合理使用装卸设备，轻搬轻放、破包不装车、重不压轻、木箱不压纸箱、箭头向上、堆码整齐，将贵重物品放在防压、防撞的位置，保证货物的运输安全。

（3）起运地装车应做到一票一清。应在每票装车结束前检查货场、车辆、作业线路，检查有无漏装、掉件，发现漏装应及时补装，发现掉件情况应及时将掉件拣归原批。

3．装车后

（1）装车作业完成以后，应仔细检查货物的装载状态，清点随货单证，并将货票与交接清单逐笔对照，确认无误后由随车理货员或驾驶员在交接清单上签章。

（2）检查车辆的关锁、遮盖、捆扎等情况。

（3）装车完毕后，仓库方应将运单、交接清单、配载图表等整理好后交给车辆方，办好交接手续。如果在规定的办理交接时间内未办妥交接签证手续，车辆不得开行。车辆开行后，仓库方应及时、准确地向目的地发电告知其车货情况。

（4）原则上计划配装的货物不许退装，如因故必须退装，起运地应与车辆方进行协商。换装地可以分批转运一次转运有困难的大宗货物。

8.5 送货作业

进行送货作业需要与企业自身拥有的资源和运作能力相匹配。由于企业自身的运作能力和资源有一定的限制，而客户需求具有多变性、多样性和复杂性，所以，制订合理的送货作业计划并安排实施送货作业计划是送货管理人员主要的工作内容。

8.5.1 制订送货作业计划

送货作业部门需要预先对送货任务进行估计并实时调度，对运送货物的种类、数量、去向、运货线路、车辆种类及载重量、车辆趟次、送货人员做出合理的计划安排。

1．制订送货作业计划的依据

（1）客户订单。

一般客户订单上对配送商品的品种、规格、数量、送货时间、送达地点、收货方式等都有要求。因此，客户订单是制订送货作业计划的最基本的依据。

（2）客户分布。

客户分布是指客户的地理位置分布。客户离配送据点的距离和配送据点到达客户收货地点的路径选择会直接影响送货成本。

（3）配送货物条件。

配送货物的体积、形状、重量、性能、运输要求是决定运输方式、车辆种类、载重量、容积、装卸设备的制约因素。

（4）运输条件和装卸条件。

运输道路交通状况、运达地点及其作业环境、装卸货时间、天气等对送货作业的效率也有相当大的影响。

2．送货作业计划的内容

首先，按日期排定用户所需商品的品种、规格、数量、送达时间、送达地点、送货车辆与人员等。

其次，对客户所在地的具体位置进行系统统计，并进行区域上的整体划分，再将每个客户划分到不同的基本送货区域（本章 8.2 节讲的"单起点多回路的最短路线"就是这一作业内容的体现），以作为配送决策的基本参考。

再次，在区域划分的基础上再进行弹性调整来安排送货顺序，根据客户订单的送货时间确定送货的先后次序。

最后，选择配送距离短、配送时间短、配送成本低的配送路线。这需要根据客户的具体位置、沿途的交通情况等做出优先选择和判断。

除此之外，还必须考虑有些客户所在地对送货时间、车型等的特殊要求。例如，有些客户一般不在上午或晚上收货，有些道路在某高峰期实行特别的交通管制等。因此，确定运送批次顺序应与配送路线优化综合考虑。另外，还需按用户指定的时间结合运输距离来确定启运提前期，按用户要求选择送达服务的具体组织方式等。

3．送货作业计划的调整

送货作业过程情况复杂，在送货作业计划的执行过程中，难免会发生偏离计划要求的情况。因此，必须进行详尽的分析与系统的检查，才能分清缘由，采取有效措施消除干扰计划执行的不利因素，保证按计划实施。一般干扰送货作业计划执行的影响因素主要包括下列各项。

（1）车辆运行途中出现技术故障。

（2）临时变更送货路线或交货地点。

（3）车辆的运行效率或装卸效率提高，提前完成送货作业。

（4）装卸机械故障、装卸停歇时间超过定额、办理业务手续意外拖延等。

（5）行车人员无故缺勤、私自变更计划、不按规定时间收发车，以及违章驾驶造成技术故障和行车肇事等。

（6）道路情况，如临时性桥断路阻、路桥施工、渡口停渡或待渡时间过长等。

（7）气候情况，如突然降雨、降雪，河流涨水，冰冻等。

为避免上述因素对送货作业计划的影响，除积极加强预报预测外，还必须采取一定的措施及时进行补救与调整。在送货作业过程中，驾驶员如遇到各种障碍，应及时上报，以便管理人员及时调整变更计划。一旦作业计划被打乱，不能按原计划完成，计划人员应迅速进行变更及调整，并协调相关部门或人员采取适当的措施，保证计划得以顺利实施。

8.5.2 送货作业的实施

1．基本原则

在送货作业过程中，常会遇到一些难以预料的问题，因此，调度管理人员需要随时掌握车况、路况、气候变化、驾驶员状况、行车安全等情况，以确保送货作业过程顺利进行。车辆调度工作应遵循以下原则。

（1）全局统筹原则。

送货作业应从全局出发，保证重点、统筹兼顾。送货作业安排应贯彻"先重点，后一般"的原则和"安全第一，质量第一"的原则。送货作业的调度工作要始终把运行安全和质量控制放在首要位置。

（2）计划性原则。

调度工作要根据客户订单的要求并以运行计划为依据，监督和检查计划的执行情况，按计划进行送货作业。

（3）合理性原则。

要根据货物的性能、体积、重量，以及车辆技术状况、道路通行条件、气候变化、驾驶员状况等因素合理调度车辆，合理安排车辆的运行线路，有效降低运输成本。调度组织实施计划时，要努力降低消耗（人力消耗、物力消耗、资金占用等），提高经济效益，以最低的送货作业成本满足客户需求。

2．送货作业的实施过程

（1）送货前查验。

由于送货车辆经常变换（常常会向外租赁车辆），驾驶人员的流动也比较频繁，所以，为确保送货作业的安全，调度管理人员在送货车辆出发前必须仔细进行例行查验，查验内容如下。

① 查验机动车驾驶证。机动车驾驶证是由符合国务院公安部门规定的驾驶许可条件的人持有的证件，在实习期内驾驶机动车的人应当在车身后部粘贴或悬挂统一式样的 "实习" 标志。

② 查验机动车行驶证。它是机动车上路行驶的合法证件，驾驶员在驾驶机动车时，必须随车携带机动车行驶证。

③ 查验道路运输证。凡在我国境内从事道路运输经营活动和非经营性道路运输的机动车辆，均须持有道路运输证。道路运输证是合法经营的标志，一车一证，随车携带。

④ 查验运行车辆完好证明。二级强制维护是对汽车进行的一次较为彻底的技术维护作业，应实行一车一卡，凡从事运输活动的车辆，需随车携带二级维护卡。

⑤ 查验驾驶、押运、装卸人员的从业资格证。经营性道路货物运输驾驶员和道路危险货物运输从业人员必须取得相应的从业资格，方可从事相应的道路运输活动。

⑥ 查验是否超限、超载。运输的货物应当符合货运车辆额定的载重量，载物的长、宽、高不得违反装载要求，禁止货运车辆违反国家有关规定，超限、超载运输。

（2）送货作业控制。

车辆在送货作业过程中，调度管理人员要实时掌握车辆的运行情况，及时消除其工作中偏离计划要求的不正常现象，才能使已经制订的运输计划顺利完成，因此，必须对汽车在路线上的工作进行有效控制，需要控制的内容包括下列几方面。

① 监督和指导货物的配载装运过程。

② 监控车辆按时出车。

③ 监控车辆按时到达装卸货地点。

④ 了解车辆完成计划的情况及不能完成计划的原因，并及时采取使之恢复正常工作的措施。

（3）填写送货日志。

为不断改进送货作业的水平，调度管理人员还要进行日常统计工作。日常统计工作一般通过填写送货日志的方式完成。送货人员每天工作结束前均要做好送货日志的填写，填写送货日志时笔迹要清晰，不要随意涂改。送货日志是管理部门获得必要的统计资料的重要途径。根据日志统计出的资料，管理部门就能清楚地了解作业计划的执行情况，以便及时采取适当措施，保证完成计划。

（4）行驶作业记录管理。

由于送货作业主要由短距离的公路运输完成，所以，送货车辆的行驶作业管理也是送货作业管理的重要内容。尽管人们可以通过建立数学模型使运输路线优化，利用计算机管理软件对车辆进行合理的调度、对货物实行有效配装，还可以将配送计划做得非常周详，但影响货物输送效率与配送服务质量的因素有很多，其中不乏许多不可预期的因素。在送货作业过程中，往往会出现因临时的交通状况变化、天气变化、行车人员在外不按指令行车或在外部驾驶过程中突发安全事故等难以直接控制或不可控因素的影响而导致货物不能如期送达、货物受损等情况，从而使运输成本上升，最终影响配送服务质量与配送效益。因此，在送货作业管理中必须加强行驶作业记录管理。

（5）行车作业人员的考核与管理。

为了确保行车作业能按送货作业计划有效运行，需要对行车作业人员进行考核和管理。对行车作业人员进行考核与管理的数据，可以通过驾驶成绩报告书、送货人员出勤日报表来反馈。

（6）送达与回访。

当将货物送达交货地点后，送货人员应协助客户将货物卸下车，放到指定位置，并与客户单位的收货人员一起清点货物。同时，请客户填写好送货服务质量跟踪表。如果有退货、调货的要求，则应将退货、调货商品随车带回，并办理有关的单证手续。

复习思考题

问答题

1．简述配送作业的概念及影响配送作业的因素。
2．配送作业应满足什么要求？其管理要点有哪些？
3．简述配送作业的流程。
4．在运送货物的过程中，如何进行路线优化？有哪些具体的方法？
5．在进行配送路线优化时，应遵循什么原则？需考虑的要素有哪些？
6．什么是车辆调度？它有什么特点？
7．如何做好车辆调度工作？应遵循什么原则？
8．送货车辆在进行配载时应遵循什么原则？
9．如何进行车辆配载？怎样提高车辆配载效率？
10．怎样做好送货作业？应本着什么原则进行？

第9章

配送中心运作与管理

知识目标：

- 掌握配送中心的基本概念及功能
- 熟悉配送中心的基本类型
- 了解配送中心系统规划的含义及原则
- 熟悉配送中心的系统规划程序及内容
- 掌握配送中心战略的含义及特征

能力目标：

- 分辨不同的配送中心
- 辨析各类配送中心在企业运作中的地位
- 掌握各类配送中心在经济中发挥的作用
- 熟悉配送中心不同的作业流程
- 能够运用所学的方法对配送中心进行战略实施

导入案例

沃尔玛的配送中心

沃尔玛于1945年诞生在美国。在创立之初，由于沃尔玛地处偏僻的小镇，几乎没有分销商愿意为它送货，于是沃尔玛不得不自己向制造商订货，再联系货车送货，效率非常低。在这种情况下，沃尔玛的创始人山姆·沃尔顿决定建立自己的配送组织。1970年，沃尔玛的第一家配送中心在美国阿肯色州的一个小城市——本顿维尔建立，这个配送中心给4个州的32个商场供货，集中处理公司约40%的经销商品。

沃尔玛配送中心的运作流程：供应商将商品的价格标签和UPC条形码（统一产品码）贴好，运到沃尔玛的配送中心；配送中心根据每个商店的需要，对商品进行就地筛选，重新打包，将商品从"配区"运到"送区"。

由于沃尔玛的商店众多，每个商店的需求各不相同，这个商店也许需要某些种类的商品，那个商店则有可能需要另外一些种类的商品，沃尔玛的配送中心会根据不同商店的需要，把产品分类放入不同的箱子。这样，员工就可以在传送带上取到自己所负责的商店所需的商品。那么在传送商品的过程中，他们怎么知道应该取哪个箱子呢？传送带上有一些信号灯，有红的、绿的、黄的信号灯，员工可以根据信号灯的提示来确定箱子应被送往的商店，再拿取这些箱子。这样，所有的商店都可以在各自所属的箱子中拿到需要的商品。

在配送中心，货物成箱地被送上激光制导的传送带，在传送过程中，用激光扫描货箱上的条形码，传送带全速运行时，只见纸箱、木箱在传送带上飞驰，红色的激光闪射，将货物送到正确的卡车上，传送带每天能处理 20 万箱货物，配送的准确率超过 99%。

20 世纪 80 年代初，沃尔玛配送中心的电子数据交换系统逐渐成熟。到了 20 世纪 90 年代初，沃尔玛购买了一颗专用卫星，用来传送公司的数据及信息。这种以卫星技术为基础的数据交换系统，将沃尔玛的配送中心与供应商及各个商店有效地连接起来，沃尔玛总部及配送中心随时都可以知道每一个商店现在有多少存货，有多少货物正在运输过程中，有多少货物存放在配送中心等；同时还可以了解某种货物上周卖了多少，去年卖了多少，并能够预测将来能卖多少。沃尔玛的供应商也可以利用这个系统直接了解自己昨天、今天、上周、上个月和去年的销售情况，并根据这些信息来安排组织生产，保证市场供应，同时使库存降低到最低限度。由于沃尔玛采用了这项先进技术，其配送成本只占其销售额的 3% 左右，其竞争对手的配送成本则占到销售额的 5% 左右，仅此一项，沃尔玛每年就可以比竞争对手节省下近 8 亿美元的商品配送成本。20 世纪 80 年代后期，沃尔玛从收到订单到将货物送达各个店面需要 30 天，现在由于采用了这项先进技术，这个时间缩短至 2～3 天，大大提高了物流的速度和效益。

从配送中心的设计上看，沃尔玛的每个配送中心都非常大，平均占地面积约 11 万平方米，相当于 23 个足球场大小。一个配送中心负责一定区域内多家商场的送货，从配送中心到各家商场的路程一般不会很远，以保证送货的及时性。配送中心一般不设在市区，而设在郊区，这样有利于降低用地成本。

虽然沃尔玛的配送中心面积很大，但它只有一层，之所以这样设计，主要是考虑到货物流通的顺畅性。有了这样的设计，沃尔玛就能让产品从一个门进，从另一个门出。如果产品不在同一层就会出现许多障碍，如电梯或其他物体的阻碍，导致产品无法顺利流通。

沃尔玛配送中心的一端是装货月台，可供 30 辆卡车同时装货；另一端是卸货月台，可同时停放 135 辆大卡车；每个配送中心有 600～800 名员工，24 小时连续作业；每天有 160 辆货车来配送中心卸货，有 150 辆车装好货物开出。

在沃尔玛配送中心，大多数商品停留的时间不会超过 48 小时，但某些产品有一定数量的库存，这些产品包括化妆品、软饮料、尿布等日用品，配送中心会根据这些商品的库存量自动补货。到现在，沃尔玛在美国已有 30 多家配送中心，分别给美国 18 个州的 3000 多家商场供货。

沃尔玛的供应商可以把产品直接送到各个商店，也可以把产品集中送到配送中心，两相比较，显然将商品集中送到配送中心可以使供应商节省很多钱。所以在沃尔玛销售的商品中，有 87% 左右的商品要经过配送中心，而沃尔玛的竞争对手经过配送中心的商品仅能达到 50% 左右。由于配送中心能降低物流成本，所以沃尔玛能比其他零售商向顾客提供更廉价的商品，这正是沃尔玛迅速成长的关键所在。

（资料来源：http://www.docin.com/p-109780254.html）

思考题：沃尔玛与其他竞争对手相比为什么能够提供更加廉价的商品？

沃尔玛配送中心的工作流程如何？

9.1 配送中心概述

9.1.1 配送中心的概念及配送中心与存储型仓库的区别

1．配送中心的概念

配送中心是指接受并处理末端用户的订货信息，对上游客户运来的多品种货物进行分拣，根据用户的订货要求进行分货、拣选、加工、组配等作业，并给用户送货的现代流通设施和机构。

《中华人民共和国国家标准：物流术语》中规定，从事配送业务的物流场所和组织应符合下列条件。

（1）主要为特定的用户服务。

（2）配送功能健全。

（3）拥有完善的信息网络。

（4）辐射范围小。

（5）从事多品种、小批量的货物配送。

（6）以配送为主，以储存为辅。

配送中心有储存功能、集散功能、分拣功能、加工功能、衔接功能、信息功能等，其内部区域可划分为接货区、储存区、分拣备货区、分放配装区、外运发货区、加工区和办公管理区。

2．配送中心与存储型仓库的区别

配送中心与存储型仓库的区别在于配送中心内往往有较大的作业空间，用于完成分拣或其他加工作业，一些自动化程度较高的配送中心甚至还广泛使用了自动化拣货装置和传输装置，在传送带上流动的商品可以自动完成打包、装托盘等作业；而存储型仓库主要由货架或货位组成，以存储为主。随着现代物流的发展，由于配送中心能够降低库存成本，同时能够借助各种增值服务提高个性化服务水平，所以配送中心日益受到人们的重视，成为现代仓库业发展的重要趋势。从功能上看，配送中心的功能主要体现在 3 个方面：集运、分解、兼具集运和分解的混合功能。

9.1.2 配送中心的地位和功能

1．配送中心的地位

配送中心是末端物流的节点设施与组织。配送中心通过有效地组织配货和送货，使资源的终端配置得以完成，配送中心在流通中的地位十分重要。

（1）指导地位。

由于在物流系统中配送中心直接面对客户，所以配送中心不仅承担着直接对客户服务的功能，还起着根据客户的要求指导物流全过程的作用。

现代流通中的配送中心是顺应流通的需要而产生并发展起来的。现代流通要求进入营销渠道中的企业按需生产和销售，以满足客户的需要为企业的经营宗旨。为此，处于营销渠道中的供应商、生产者和中间商在从事市场营销活动时，需要不断地收集市场信息，根据准确的市场需求动态制定正确的经营方向。但由于社会分工的需要，各类企业在经济活动中的侧重点不尽相同：供应企业侧重于上游产品——原材料的供应工作，对最终消费品的市场情况了解得并不多；中游生产企业则侧重于提供质量上乘、数量巨大的产品，对最终产品的适销对路状况了解得也不深入；中间商中的零售商虽然对市场情况比较熟悉，但力量较弱，无力承担引导生产的重任。顺应大流通需要而诞生的配送中心，特别是综合型配送中心，则可利用其规模和物质上的优势，以及在供需之间进行衔接的特殊位置，为供应商和生产商提供相关的市场信息，帮助其及时掌握市场需求的最新动态，指导其及时调整市场定位，按需供应、按需生产、按需经营。

（2）衔接地位。

在经济生活中，企业和用户始终存在着诸多差异：一是产品品种差异和产品数量差异。企业在生产过程中，其产品大多品种单一、单位批量较大；而各类零售企业在经营中则需品种丰富、单位批量较小、批次较多的产品。二是产销空间差异。生产企业选址需要考虑交通、电力、水源及其他相关因素，故产品的生产地大多较为集中；而零售企业为了满足广大消费者的需要，则需要遍布销售网点。三是产销时间差异。在人类生活中，生产和消费并非同步进行，有很多产品是常年生产、季节性消费的，如冬装、建筑材料；也有相当一部分产品是季节性生产、常年消费的，如农产品。

针对上述供需矛盾，配送中心利用自己的专门设施，集物流、商流、信息流于一体，通过开展货物配送活动，把各种工业品和农产品直接运送到用户手中，客观上配送中心起到了生产和消费的媒介作用。同时，配送中心还可以结合产需双方的业务需求，进行大量采购、大量配送、合理储存、合理运输，使生产企业和销售业企业的购货成本和销货成本大幅度降低。另外，通过集货和储存货物，配送中心又起到了平衡供求关系的作用，有效地解决了季节性货物的产需衔接问题。

2. 配送中心的功能

一个较为完善的配送中心应该具备下列基本功能。

（1）采购功能。

配送中心只有采购到所要供应配送的商品，才能及时、准确无误地为其用户，即生产企业或商业企业供应物资。为此，针对市场的供求变化情况制订并及时调整采购计划，由专门的人员与部门组织实施采购活动是配送中心的首要功能。

（2）储存功能。

配送中心的服务对象是为数众多的生产企业和商业网点，配送中心的职能和作用是按照用户的要求及时将各种配装好的货物送交到用户手中，满足生产需要和消费需要。为顺畅而有序地完成向用户配送货物的任务，更好地发挥保障生产和消费需要的作用，配送中心通常要建设现代化的仓库，并配备一定数量的仓储设备，储存一定数量的商品。某些区域性大型配送中心和开展"代理交货"配送业务的配送中心，不但要在配送货物的过程中储存货物，它们所储存的货物往往数量更大、品种更多。

（3）分拣功能。

作为物流节点的配送中心的服务对象很多。在众多客户中，其经营范围不尽相同，经营规模也不一样，在订货或进货时，不同的客户会对商品的品种、规格、型号、数量、质量、送达时间和地点等提出不同的要求。面对这种情况，为了能够有效地同时向不同的用户配送多种货物，配送中心必须采取适当的方式对接收的货物进行拣选，并在此基础上按照配送计划分装和配装货物。

（4）分装功能。

生产企业常常通过大批量生产来降低生产成本，但使用产品的用户为了降低库存，加快资金周转，减少资金占用，则往往要采用小批量进货的方法进货。配送中心为了满足双方用户的要求，在大量购进产品后，需就地分装，然后按需实施配送。

（5）集散功能。

集散功能是配送中心应具备的基本功能。配送中心凭借其特殊的地位和拥有的各种先进设施和设备，将分散在各个生产企业的产品集中到一起后，经过分拣、配装，把各个用户所需要的多种货物有效地集合在一起，向多家用户发运。实践证明，利用配送中心来集散货物，可以提高卡车等运输工具的满载率，降低物流成本。

（6）加工功能。

为了扩大经营范围并提高配送水平，目前，国内外许多配送中心都配备了各种简单的加工设备。这些配送中心能够按照用户提出的要求，根据合理配送商品的原则，将组织进来的货物加工成一定的规格、尺寸和形状。开展加工业务不但方便了用户，省去了不少烦琐的劳动，还大大提高了物流资源的利用率和配送效率，强化了配送中心的功能。

9.1.3　配送中心的类型

随着商品流通规模的扩大和商品流转速度的加快，社会上对配送中心的需求不断增加，各种功能和形式的配送中心应运而生。

1. 按配送中心运营主体的不同分类

（1）制造商型配送中心。

制造商型配送中心是以制造商为主体，由制造类企业成立的配送中心。这种配送中心配送的物品100%由自己生产制造，配送中心及时地将预先配齐的成组元器件运送到规定的加工和装配工位，这种配送中心专门服务于制造企业本身的生产、销售活动，以降低企业产品的流通费用，提高企业的售后服务质量和客户服务水平，这种配送中心易控制物品从生产制造到生产出来后的多个流程，其现代化、自动化水平较高，但不符合社会化的要求。

（2）批发商型配送中心。

批发商型配送中心是由批发商或代理商成立的配送中心，是以批发商为主体的配送中心。批发商型配送中心一般是按部门或物品类别的不同，把每个制造厂的物品集中起来，然后将各种产品进行组合搭配，单一地向消费者或零售商进行配送。这种配送中心的物品来自各个制造商，它所进行的一项重要活动是对物品进行汇总和再销售。

（3）零售商型配送中心。

零售商型配送中心是由零售商向上整合，以零售商为主体所成立的配送中心，零售商型配送中心主要服务于大中型零售商店、超级市场、百货商店、建材商场、粮油商店、食品商店、宾馆、饭店等。零售企业的经营规模达到一定水平后，企业可以通过集中采购和集中运输等手段获得规模效益，包括节省运输成本、降低采购价格等。零售商型配送中心在零售商的采购过程中起到集运的作用，然后通过组合各种产品，将货物整车运到需求点。

（4）专业型配送中心。

专业型配送中心包括两种类型：一种类型是配送对象、配送技术属于某一专业范畴，在某一专业范畴有一定的综合性，综合这一专业范畴的多种物资进行配送的配送中心。例如，多数制造业的销售配送中心。另一种类型是以配送为专业化职能，由专业的物流公司出资建设的配送中心，它属于社会化的配送中心，由专业的第三方物流公司管理，向社会提供公共配送服务，这种配送中心通常具有较强的运输、配送能力，地理位置优越，能迅速按照客户的要求将产品送到指定地点。它为制造商或供应商提供物流服务，而配送中心的货物仍属于制造商或供应商，配送中心只提供仓储管理和运输配送服务。与其他配送中心相比，专业型配送中心的物流设施的利用率高、成本低、服务范围广、现代化程度高。

2．按配送中心的流通职能分类

按配送中心的流通职能分类，配送中心可分为以下几种。

（1）供应型配送中心。

供应型配送中心是指执行供应的职能，专门为某个或某些用户（如连锁店、联合公司）组织供应的配送中心。例如，为大型连锁超级市场组织供应的配送中心；代替零件加工厂送货的零件配送中心，零件配送中心可以使零件加工厂对装配厂的供应合理化。供应型配送中心的主要特点是配送的用户有限并且稳定、用户的配送要求范围固定、其用户一般属于企业型用户。因此，供应型配送中心的库存品种比较固定，供应型配送中心的进货渠道也比较固定，同时，供应型配送中心可以采用效率比较高的分货式工艺配送。

（2）销售型配送中心。

销售型配送中心是指执行销售职能、以销售经营为目的、以配送为手段的配送中心。销售型配送中心有两种类型：一种是生产企业将自身生产的产品直接销售给消费者的配送中心，在国外，这种类型的配送中心有很多；另一种是流通企业作为本身经营的一种方式，建立配送中心以扩大销售，我国目前拟建的配送中心大多属于这种类型，国外的例证也很多。销售型配送中心的用户一般是不确定的，而且用户的数量很大，每个用户购买的数量又较少，属于消费者型用户。销售型配送中心很难像供应型配送中心一样实行计划配送，其计划性较差。

3．按配送中心的功能分类

按配送中心的功能分类，配送中心可分为以下几类。

（1）加工型配送中心。

加工型配送中心以加工产品为主，由于其加工的产品多为单品种、大批量的产品，所以，虽然加工型配送中心的进货量比较大，但是其分类、分拣工作量并不太大，一般加工型配送中心都不单独设立拣选、配货等环节，麦当劳和肯德基的配送中心均属于这一类型的配送中心。加工型配送中心的特点：加工的产品多为单品种、大批量的产品，进货量比较大，但是分类、分拣工作量不大，不单独设立拣选、配货等环节。

（2）流通型配送中心。

流通型配送中心基本上没有长期储存功能，是仅以暂存或随进随出的方式进行配货、送货的配送中心。这种配送中心的典型方式：大量货物整进并按一定批量零出，采用大型发货机，进货时货物直接进入分货机传送带，然后货物被分送到各用户的货位或直接被分送到配送汽车上，只有少量货物在配送中心停滞，配送中心内只有暂存货物，如需大量储存则依靠一个大型补给仓库。这种配送中心主要是指从事第三方物流配送的企业。流通型配送中心的特点：货物整进零出，采用大型分货机。

（3）仓储型配送中心。

仓储型配送中心是有很强的储存能力的配送中心，仓储型配送中心具有库存形式集中、库存量较大的优势。在实际生产中，企业的原材料、零部件供应和成品销售都需要有较大的库存支持，需要实施大范围配送的配送中心，也需要有较大的库存。仓储型配送中心将多方库存需要整合在一起，实施大空间储存、大范围加工、大面积配送。例如，瑞士 Giba Geigy 公司的配送中心，它拥有规模居于世界前列的储存仓库，可储存 4 万个托盘；美国赫马克配送中心拥有一个有 163 000 个货位的储存仓库，其储存量非常大。仓储型配送中心的特点：大空间储存、大范围加工、大面积配送。

（4）综合型配送中心。

综合型配送中心是指集采购、储存、配货、加工、供应及销售于一体的大型配送组织，具体分为以下类型。

① 区域配送中心。

区域配送中心是指以较强的辐射能力和库存储备，向全国乃至国际范围内的用户提供配送服务的配送中心。这种配送中心的配送规模较大，设施设备齐全，辐射能力较强，活动范围较大，配送的货物批量大而批次相对少，其用户所需配送的商品数量也较大。这种配送中心既可以大批量配送货物给下一级的城市配送中心，也可以配送货物给营业所、商店、批发商和企业用户，虽然区域配送中心也从事零星的配送，但不是其主体形式。这种类型的配送中心在国外十分普遍，如日本的阪神配送中心、美国的沃尔玛配送中心等。

② 城市配送中心。

城市配送中心是以城市为配送区域，向城市范围内的用户提供门到门的配送服务的配送中心。由于城市一般处于汽车运输的经济里程之内，所以这种配送中心可直接配送到户。由于在城市范围内，一般采用中小型和厢式货车进行配送，运输距离短，所以，城市配送中心在组织送货时体现出小批量、多批次、高频率的服务特点。城市配送中心往往和零售经营相结合，其服务对象主要是城市内的生产企业、零售商或连锁店铺。由于配送距离短、反应能力强，所以城市配送中心从事多品种、少批量、多用户的配送有较大优势，北京食品配送中心就属于城市配送中心。因城市配送中心的辐射能力较弱，所以它一般通过与区域配送中心联成网络的方式运作。

4．按配送中心的物流设施的归属分类

按配送中心的物流设施的归属分类，配送中心可分为以下几类。

（1）自用型配送中心。

自用型配送中心是由供应链上某一个环节自行建立、客户范围窄、多为企业内部服务、很少对外提供服务的配送中心。如海王星辰配送中心就是由公司独资建立，为本公司所属的连锁店提供商品配送服务的自用型配送中心。自用型配送中心的设施归一家企业或企业集团所有，具备一定规模，是企业物流组织体系和物流系统的构成部分，通常情况下，自用型配送中心具备一种或少数几种具有明显竞争力的物流服务功能。为了降低营运成本，自用型配送中心在能力富余的情况下，有时会有限地对外提供配送服务。

（2）公共型配送中心。

公共型配送中心是从整个社会系统的要求出发，为社会或某个行业所有用户服务的配送中心，通常是由若干家企业共同投资、持股或管理，专业从事物流与配送服务的经营实体；也可以根据与客户的合同，提供合同制的、个性化的、定制化的配送服务，由于中心城市具有市场发达、用户相对集中、信息集中、地理位置优越、交通运输和通信设施发达等优势，通常情况下，公共型配送中心主要建立在中心城市。为此，在配送中心的总量中，这类配送中心占的比例较大。而且，有的配送中心不仅提供第三方配送服务，还具有商业交易的功能。

5．按配送中心所处理或经营的货物种类分类

按配送中心所处理或经营的货物种类分类，配送中心可分为以下几类。

（1）散装货物配送中心。

散装货物配送中心是指向加工厂提供原料、食用油、水泥、煤炭、石油等散装货物的配送中心，大多散装货物配送中心建造在铁路沿线和港口，如我国的煤炭配送中心、石油配送中心等。

（2）原材料配送中心。

原材料配送中心是指向生产企业配送诸如钢材、木材、建材等原材料的配送中心。在经营过程中，由于生产企业对原材料的需求很大，所以原材料配送中心多以集装箱为单元装载货物。

（3）件杂货配送中心。

件杂货配送中心是指按件杂货包装形式的不同，以袋装货物、箱装货物、桶装货物、捆装货物和重大件货物等方式向购买方配送钢材及钢材制品、铁及铁制品、木材及木材制品、玻璃及玻璃制品、纸类、棉花、天然橡胶、皮革制品、服装制品、塑料制品、机械设备、交通工具、文具、日用品、工艺品等的配送中心。

（4）冷冻食品配送中心。

冷冻食品配送中心是指为生产和经营肉、禽、水产、乳、蛋、蔬菜和水果等易腐食品的企业提供加工、冷冻服务的配送中心。冷冻食品分为冷却食品和冻结食品。冷却食品不需要冻结，将冷却食品的温度降至冻结点附近，并将冷却食品在此温度下保藏即可；冻结食品需要冻结后在低于冻结点的温度下保藏。冷冻食品易保藏，肉、禽、水产、乳、蛋、

蔬菜和水果等易腐食品的生产、运输和储存广泛应用冷冻保藏，其优点是营养、方便、卫生、经济，冷冻食品的市场需求量很大。

（5）特殊商品配送中心。

特殊商品配送中心是一种专门处理和运送一些特殊商品（如有毒物品、易燃物品、易爆物品、特种药）的配送中心。这些物流组织通常都设置在人口稀少的地区，并且要对所存放的物品进行特殊管理。

除上述分类外，还可以根据配送货物的种类将配送中心分为食品配送中心、日用品配送中心、医药品配送中心、化妆品配送中心、家用电器配送中心、电子（3C）产品配送中心、书籍产品配送中心、服饰产品配送中心、汽车零件配送中心及生鲜处理配送中心等。

9.1.4　配送中心的定位

无论从现代物流学科建设方面，还是从经济发展的要求方面来讲，都需要对配送中心这种经济形态进行明确的界定。

1．层次定位

在整个物流系统中，流通中心定位于商流、物流、信息流、资金流的综合汇集地，具有非常完善的功能；物流中心定位于物流、信息流、资金流的综合设施，其涵盖面比流通中心窄，属于第二个层次的中心；如果配送中心具有商流职能，则配送中心属于流通中心的一种类型，如果配送中心只有物流职能，则属于物流中心的一种类型，配送中心可以被流通中心或物流中心覆盖，它属于第三个层次的中心。

2．横向定位

从横向来看，与配送中心作用大体相同的物流设施有仓库、货栈、货运站等，这些设施都处于末端物流的位置，可以实现资源的最终配置。不同的是，与其他可以实行取货、一般送货的简单设施不同，配送中心的设施是有完善组织和设备的专业化流通设施。

3．纵向定位

配送中心在物流系统中的纵向定位：如果将物流过程按纵向顺序划分为物流准备过程、首端物流过程、干线物流过程、末端物流过程，配送中心处于末端物流过程的起点。配送中心所处的位置是直接面向用户的位置，因此，它不仅承担直接对用户服务的功能，还起着根据用户的要求指导全物流过程的作用。

4．系统定位

在整个物流系统中，配送中心在系统中的作用是提高整个系统的运行水平。现代物流利用集装方式在很多领域实现了"门到门"的物流，对可以利用集装方式提高整个物流系统效率的物流对象做了很大的分流，所剩下的主要是多品种、小批量、多批次的货物，这种类型的货物是传统物流系统难以提高物流效率的对象。在包含着配送中心的物流系统中，配送中心对提高整个系统的效率起着决定性作用，所以，在包含了配送中心的大物流系统中，配送中心处于重要位置。

5．功能定位

配送中心的功能是通过配货和送货完成资源的最终配置，配送中心的主要功能是围绕配货和送货而确定的。例如，信息活动、交易活动、结算活动等虽然也是配送中心不可缺少的功能，但是它们必然服务和服从于配货和送货这两项主要功能。

因此，配送中心是一种末端物流的节点设施，可以通过有效地组织配货和送货完成资源的最终配置。

9.2　配送中心的管理

配送中心作为可提高流通企业组织化程度、实现集约化经营、优化社会资源配置、创造规模效益、实现流通现代化的组织，已被企业和社会广泛接受并积极推进。但是应该建立怎样的配送中心，如何规划配送中心仍是企业需要面对并解决的问题。

9.2.1　配送中心系统规划

1．含义

配送中心系统规划是指从空间和时间上对配送中心的新建、改建和扩建进行全面系统的规划。

配送中心的建设代表一个企业在赢得时间与地点效益方面所做出的努力，在一定程度上还是企业实力的代表。更为重要的是配送中心系统规划还将对配送中心的设计、施工和运用，配送中心作业的质量和安全，以及配送中心所处地区和企业的物流合理化产生直接和深远的影响。

2．配送中心系统规划的原则

（1）严肃性和预见性。

配送中心系统规划包括对仓库建设方面的重大问题进行决策，决策一旦付诸实施，则很难改变。由于规划不合理带来的"后遗症"将长期对仓库所在地区的物流产生影响，所以，在进行配送中心系统规划时决不能草率行事，既要满足当前需要，又要考虑到整个企业、整个地区今后的发展需要。

（2）适用性和经济性。

配送中心系统规划需要投入大量资金，所以配送中心系统规划必须从实际出发、满足实际需要、适合中转供应和仓储作业的要求、节省投资和运行费用。

（3）科学性和可行性。

配送中心系统规划必须符合科学原理，必须通过分析、计算、比较提出最优方案，同时还要考虑资金、人员、技术、管理等各方面的可行性。

3．配送中心系统规划的程序及内容

配送中心系统规划是项复杂的工作，大体可以按照以下流程进行。

（1）前期准备。

前期准备工作是为配送中心系统规划提供必要的基础资料，主要包括以下内容。

① 收集建设配送中心的内部条件、外部条件及潜在客户的信息等；

② 分析配送中心经营商品的品种、货源、流量及流向等；

③ 调查物流服务的供需情况、物流行业的发展状况等。

前期准备工作主要采用调研的方法，包括网上调研、图书资料调研与现场调研等。

（2）确定规划目标及原则。

确定配送中心建设的规划目标是配送中心系统规划的第一步，主要依据前期准备工作收集的资料确定建设配送中心的近期、中期、远期目标。

一般建设配送中心的原则是根据物流学原理及项目的实际情况确定的。

（3）选址规划。

配送中心拥有众多建筑物及固定机械设备，一旦建成很难搬迁，如果选址不当，将付出很大的代价，因此，需要对配送中心的选址规划给予高度重视，选址规划的过程具体如下。

① 分析约束条件，如客户需求、运输条件、用地条件、公用设施及相关法规等；

② 确定评价标准；

③ 选择选址方法，根据实际情况，一般采用定性与定量相结合的方法选址；

④ 得出选址结果。

（4）功能规划。

功能规划是将配送中心作为一个整体的物流系统来考虑，依据确定的目标规划配送中心为完成业务而应该具备的物流功能。作为一种专业化的物流组织，配送中心不仅需要具备一般的物流功能，还应该具备适合不同需要的特色功能。对配送中心进行功能规划，首先需要对配送中心的运输、配送、保管、包装、装卸搬运、流通加工、物流信息等功能要素进行分析，然后综合物流需求的形式、配送中心的发展战略等因素选择配送中心应该具备的功能。

（5）作业流程规划。

作业流程规划是配送中心系统规划的重要步骤，决定了配送中心作业的详细要求，如设施配备、场所分区等，对配送中心的后续建设具有重要影响。对传统物流企业进行作业流程重组、提高物流作业效率、降低物流成本等是传统物流企业向现代配送中心转型的重要途径。不同类型的配送中心，其作业流程也有很大的不同，应该根据配送中心的功能，结合商品特性与客户需求规划作业流程。

（6）信息系统规划。

信息化、网络化、自动化是配送中心的发展趋势，信息系统规划是配送中心系统规划的重要组成部分。信息系统规划既要考虑满足配送中心内部作业的要求，提高物流作业的效率，也要考虑同配送中心外部的信息系统相连，方便配送中心及时获取和处理各种经营信息。一般来讲，信息系统规划包括以下两部分。

① 分析与设计配送中心内部的管理信息系统；

② 设计配送中心的网络平台架构。

（7）设施设备规划。

配送中心的设施设备是保证配送中心正常运作的必要条件，设施设备规划涉及建筑模式、空间布局、设备安置等多方面，需要运用系统分析的方法求得整体优化方案，最大限度地减少物料搬运，简化作业流程，创造良好、舒适的工作环境。在传统物流企业的改造过程中，设施设备规划要注意对企业原有的设施设备进行充分利用和合理的改造，这样可以减少投资。配送中心的设施设备规划一般包括以下几方面的工作。

① 对原有的设施设备进行分析；

② 对配送中心的功能进行定位；

③ 对内部的设施设备进行布局；

④ 对公用设施进行规划。

9.2.2　配送中心的作业流程

不同类型的配送中心，其业务活动的方式不同，故其作业流程也长短不一、内容各异，配送中心的作业流程通常分为一般作业流程和特殊作业流程两种。

1．一般作业流程

一般作业流程是指配送中心作为一个整体在进行配送作业时所展现出来的基本作业流程。从某种意义上说，一般作业流程也是配送中心的总体活动所显示的作业流程，如图 9-1 所示。

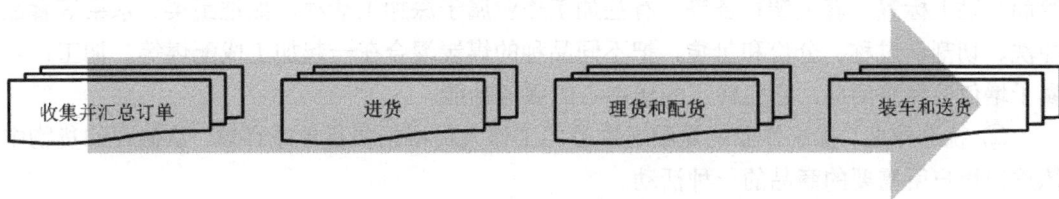

图 9-1　配送中心的一般作业流程

（1）收集并汇总订单。

无论从事何种货物的配送作业，配送中心都有明确的服务对象。因此，在进行实质性配送活动之前，配送中心要以各种方式收集并汇总订单或要货单。按照惯例，接受配送服务的用户要在规定的时间内将订单或要货单交给配送中心，配送中心则应在规定的时间截止之后将各个用户的订单汇总，以此来确定所要配送的货物的种类、规格、数量和配送时间等。

收集并汇总订单是配送中心组织与调度进货、理货、送货等活动的重要依据，它是配送中心的作业流程的开端。

（2）进货。

配送中心的进货流程如下。

① 订货。配送中心收到用户的订单以后，首先要确定配送货物的种类和数量，然后要查询本系统现有库存物资中是否有所需要的现货。如有现货，则转入拣选流程；如果没有现货，或虽然有现货但数量不足，则要及时向供应商发出订单，进行订货。有时配送中心会根据各用户的需求情况、商品销售情况或与供应商签订的协议提前订货。

② 接货验收。通常在商品资源宽裕的条件下，配送中心向供应商发出订单之后，供应

商会根据订单的要求快速组织供货，配送中心的有关人员接到货物以后，先在送货单上签收，然后采取一定的手段对接收的货物进行货物质量和数量的检验。若检验结果与订货合同相符，则很快将货物转入下一流程；若检验结果不符合合同要求，配送中心将详细记载差错情况并拒收货物。按照规定，质量不合格的商品将由供应商自行处理。

③ 分类。对于生产商送交来的商品，有关部门验收之后，配送中心的工作人员要按照类别、品种将其区分，或将各类货物分门别类地存放到指定的货位和场地。

④ 储存。为了保证配送活动正常运行，也为了享受价格上的优惠待遇，有些配送中心常常大批量进货，继而将货物暂时储存起来。

（3）理货和配货。

为了顺利、有序地出货，以及向众多客户发送商品，配送中心一般都要对进入配送中心的各种货物进行整理，并将货物依据订单要求组合。理货和配货是整个作业流程中最关键的环节，也是配送活动的实质性内容。从理货和配货流程的作业内容来看，它主要由以下几项作业构成。

① 加工作业。对于在配送中心进行的加工作业：有些加工作业属于初级加工活动，如按照用户的要求把一些原材料切割或截成一定尺寸的坯件，将长材、大材改制成短材、小材等；有些加工作业属于辅助性加工，如按照与生产企业达成的协议，在配送中心给服装等商品贴上标签、套上塑料袋等；有些加工作业属于深加工活动，如把蔬菜、水果等食品冲洗、切割、过称、分份和包装，把不同品种的煤炭混合在一起加工成配煤等。加工作业属于增值性经济活动，它完善了配送中心的服务功能。

② 拣选作业。拣选作业就是配送中心的工作人员根据要货单或订单，从储存的货物中拣选出用户所需要的商品的一种活动。

③ 包装作业。配送中心将用户所需要的货物拣选出来以后，为了便于运输和识别各个用户的货物，有时还要重新对配备好的货物进行包装，并在包装好的货物上加贴标签。

④ 组合或配装作业。为了充分利用载货车辆的容积并提高运输效率，配送中心常常把同一条送货路线上不同用户的货物组合或配装在同一辆货车上，这要求在理货和配货流程中完成组合或配装作业。在配送中心的作业流程中安排组合或配装作业，把多家店铺的货物混载于同一辆车上进行配载，不但能降低送货成本，还可以减少交通流量，改善交通拥堵的状况。

（4）装车或送货。

装车或送货是配送中心的末端作业。也是整个配送流程中的一个重要环节。它包括装车和送货两项经济活动。

① 装车。配送中心的装车作业有两种表现形式：一是使用机械装载货物；二是利用人力装车。通常，批量较大的实重商品都放在托盘上，用叉车装车；有些散装货物，或用吊车装车，或用传送设备装车。

因各配送中心普遍实行混载（或同载）的送货方式，故装车作业有两点要求：首先，按送货点的先后顺序组织装车，将先到的货物放在混载货体的上面或外面，将后到的货物放在混载货体的下面或里面；其次，要做到轻者在上，重者在下，重不压轻。

② 送货。在一般情况下，配送中心都使用自备的车辆进行送货作业，有时也借助于社会上专业运输组织的力量联合进行送货作业。此外，为适应不同用户的需要，配送中心在进行送货作业时常常做出多种安排：有时按照固定时间、固定路线为固定用户送货；有时配送中心不受时间、路线的限制，机动灵活地进行送货作业。

2. 特殊作业流程

特殊作业流程是指某类配送中心（个别配送中心）进行配送作业时所经过的流程，主要包括以下流程。

（1）不设储存库的作业流程。

在流通实践中，有的配送中心主要从事配货和送货作业，这些配送中心本身不设置仓库和存货场地，而是利用设立在其他地方的公共仓库来补充货物，因此，在其配送作业流程中，没有储存流程。但为了保证配货、送货工作的顺利开展，有时这类配送中心也会暂存一部分货物，一般将其存放在理货区，而不单独设置储货区。实际上，在这类配送中心内部，货物暂存和配货作业是同时进行的。在现实生活中，配送生鲜食品的配送中心通常都按照不设储存库的作业流程开展配送作业，如图 9-2 所示。

进货 ➡ 分拣 ➡ 暂存 ➡ 配货 ➡ 装货 ➡ 送货

图 9-2 不设储存库的配送中心的作业流程

（2）加工型配送中心的作业流程。

加工型配送中心多以加工产品为主，在其配送作业流程中，储存作业和加工作业居主导地位。由于流通加工多为单品种、大批量产品的加工作业，并且是按照用户的要求安排的加工作业，所以，虽然加工型配送中心的进货量比较大，但是加工型配送中心的分类、分拣工作量并不大，此外，因加工的产品品种较少，一般加工型配送中心都不单独设立拣选、配货等环节，而是将加工好的产品（特别是生产资料产品）直接运到按用户名字命名的货位区，然后进行包装、配货。加工型配送中心的作业流程如图 9-3 所示。

进货 ➡ 储存 ➡ 加工 ➡ 配货 ➡ 分装 ➡ 送货

图 9-3 加工型配送中心的作业流程

（3）分货型配送中心的作业流程。

分货型配送中心是以中转货物为主要职能的配送中心。在一般情况下，这类配送中心在配送货物之前要先按照要求把单品种、大批量的货物（如不需要加工的煤炭、水泥等物资）分类，然后再将分好的货物分别配送到用户指定的接货点，其作业流程比较简单，无须进行拣选、配货、配装等，如图9-4所示。

接货 ➡ 储存 ➡ 分货 ➡ 送货

图9-4 分货型配送中心的作业流程

9.2.3 配送中心的组织结构

配送中心要高效率地发挥其作用，首要条件是建立一个合理的组织结构，明确每个岗位的任务、权力、责任、相互关系及信息沟通渠道，使员工在实现目标的过程中，能充分发挥各自的力量，取得更高的效率。

配送中心作为一个流通型组织，其组织结构可选择产品型组织结构、区域型组织结构和职能型组织结构三种类型。

1. 产品型组织结构

随着企业经营的产品越来越多样化，把不同制造工艺的产品集中在同一职能部门，会给企业的运作带来许多困难。在这种情况下，就需要按产品分工设置组织结构，建立产品型组织结构。该结构要求高层管理者授予一位部门管理人员在某种产品经营上的广泛权力，并要求其承担一部分利润指标，而高层管理者仍控制财务、人事等方面的职能，规划整个企业的发展方向。

配送中心设立产品型组织结构可减少市场风险、提高劳动效率、降低经营成本；有利于企业加强对外部环境的适应性，以市场为主导，及时调整经营方向；有利于促进企业内部竞争。但按产品划分部门，必须有较多的有全面管理能力的人员，由于总部和事业部内的职能部门可能会重叠，从而会导致管理费用的增加；各产品部门的负责人具有较大的决策权，可能会过分强调本单位的利益而影响企业的统一指挥。为了避免失控，企业应把一定的决策权和控制权掌握在总部手里。

2. 区域型组织结构

在经营范围分布很广的企业中，应按区域划分部门，建立区域型组织结构，即将一个指定地区的经营活动集中在一起，委托给一个管理者去完成经营活动。

按区域划分部门可以调动各地区管理者的积极性，加强各地区的各种活动的协调；还可以减少运输费用和时间，降低配送成本。但选择区域型组织结构存在着需要较多管理人员、造成机构重复设置、高层管理者难以控制各地区的管理工作等问题。这种组织结构较适用于综合型配送中心。

3. 职能型组织结构

职能型组织结构是指企业按职能划分部门。按职能划分部门来组织经营活动可以体现企业的活动特点。配送中心利用其高效、快速的配送能力实现商品流通，其基本的企业职能是营销、储运和财务，同时配送中心还有一些保证经营活动顺利进行的辅助性职能，如人事公共关系和法律事务等。在配送中心的基本职能部门内也会发生相应的任务划分，即当任何职能的部门发觉自己所管辖的事务太宽时，自然会派生出一些子部门，以此来适应管理的需要。

职能型组织结构可以确保高层管理者维护企业基本活动的权力与威望，可充分发挥人力的作用，但由于各职能部门的管理人员长期在一个专业部门工作，形成了自己的行为模式，所以管理人员往往习惯从本部门的角度出发考虑问题，只忠于自己所在的部门，而不把企业看成一个整体，部门之间难以协调，从而导致企业对外界的反应比较慢。

职能型组织结构适用于外部环境比较稳定，采用常规技术的中小型企业，如专业配送中心和特殊配送中心。

9.3　配送中心战略

配送中心为使企业适应快速变化的经营环境，最高管理层要制定实现企业总任务和总目标的长远的总体规划，该总体规划应指出配送中心在较长的一段时间内的发展方向。

9.3.1　配送中心战略概述

1. 含义

配送中心战略是指配送中心根据其经营战略确定未来的行动目标，拟定实现目标的各种可行方案，并从中选择的一个合理的方案。

任何组织和管理者大部分时间都在做决策。配送组织及其管理人员也是如此，他们要进行一系列的决策。可以说，无论是组织还是个人，决策都是行动的前提和基础，正确的行动来自正确的决策。

2. 配送中心战略的特征

配送中心战略覆盖了其活动的各个方面，具有全局性、系统性、长远性和竞争性等特征。

（1）全局性。

配送中心战略是其高层管理者制定的配送经营活动纲领，是对配送作业中各项业务环节都具有普遍性、权威性的指导计划，而不是某项具体管理的一般性决策。

（2）系统性。

配送中心战略本身就是一个系统，它包括战略思想构成、战略方向和目标、战略重点和方针、战略措施等。同时，配送中心还是产业发展系统、国民经济发展系统、世界经济发展系统中重要的一环。

（3）长远性。

配送中心战略是关于企业长期发展的、为使企业适应未来环境变化的、有目的的对策。制定配送中心战略的目的不在于维持企业的现状，而在于创造企业的未来。

（4）竞争性。

竞争性随着市场经济的发展而发展。市场经济发展得越快，企业间竞争的程度就越激烈，在制定配送中心战略的过程中要具有充分的前瞻性，以应对竞争对手的战略。

配送中心战略是配送企业在具体实施某些活动之前对全局的总体把握，由于外部环境的不确定性和随机性，在实施配送中心战略的过程中往往存在一定的风险性，为降低这种风险，配送中心要密切关注对企业有重大影响作用的外部环境因素，及时调整自己的经营战略。

3. 配送中心战略的作用

配送中心战略关系着企业在市场中的前途和命运，是配送中心的一切工作所必须遵循的总纲。市场竞争过程是一个不断择优的过程，优胜劣汰是竞争的无情法则，如果一个企业的总体战略失误，即使其具体工作搞得再好，也难逃失败的命运，因此，制定好的配送中心战略至关重要。

（1）配送中心战略将为企业确定使命，为企业指明发展方向。

一个机构的出现总是为了实现某一使命。起初，一个机构的使命或目的是明确的，但随着时间的推移，由于机构的发展，经营环境的变化，以及新业务、新市场的开发，其使命就会变得模糊，这时，管理者会思考：我们目前的业务是什么？企业的消费者价值是什么？我们的顾客是谁？这些问题看似简单，却关系着企业未来的发展方向。善于发现、分析并解决这些问题的企业将具有极大的潜力，它们会在企业战略的指导下不断调整自己的使命，使自己的使命更加明确，更符合实际，并能在更大范围的环境中实现自己的目标。

（2）配送中心战略使企业不断思索战略计划过程。

战略计划过程是企业及其业务单位为了生存和发展而制定长期总战略所采取的一系列重要步骤，包括制定企业的任务、未来目标、投资计划、新业务方向等。

9.3.2　配送中心战略的种类

企业最高领导层在分析了影响企业经营活动的外部市场环境并了解了企业的内部资源优势以后，即可选择适合本企业的配送中心战略。

1. 密集增长战略

如果配送中心的现有产品和市场尚未完全开发且具有潜在机会，配送中心就可以采取密集增长战略。密集增长战略包括产品/市场发展矩阵图中的市场渗透、市场开发和业务开发三种具体形式的战略，产品/市场发展矩阵图如图 9-5 所示。

	现有业务	新业务
现有市场	市场渗透	业务开发
新市场	市场开发	多元化增长

图 9-5　产品/市场发展矩阵图

（1）市场渗透。

市场渗透即配送中心通过完善广告、宣传和推销工作，以及在某些地区增设配送节点等措施，在市场上扩大现有配送业务的容量。市场渗透包括千方百计地使现有顾客尽量多地使用本企业现有的配送设施；把竞争者的客户吸引过来，使其使用本企业的配送设施；想办法在市场上把配送业务推广给从未使用过本企业的配送设施的客户。

（2）市场开发。

市场开发即配送中心通过在新地区增设配送节点、加强人员促销等措施，在新市场上推广本配送中心的配送业务。例如，配送中心的原配送区域只限于经济发达区域，现在，配送中心进入经济欠发达地区开展配送业务。

（3）业务开发。

业务开发即配送中心通过增加配送品种和增设配送路线等措施，向现有市场提供新业务或改进业务，使客户的需求得到更好的满足。

2．多元化增长战略

多元化增长战略就是配送中心跨行业生产和经营多种产品和业务，扩大企业的生产范围和市场范围，充分发挥企业的特长，使企业的人力、财力、物力、信息等资源得到充分利用，从而提高企业的经营效益。多元化增长战略属于产品/市场发展矩阵图中的第四种战略形式。

现代企业在生产和经营中，由于原有产品、劳务需求规模和经营规模的限制，企业难以深入发展，而外界环境与市场需求的变化为企业向其他产品或劳务方向发展提供了可能，单产品生产经营的风险性也促使企业谋求不同产品或劳务使用的时间差，以丰补歉，抗御经营风险。但是，运用多元化增长战略，要求配送中心自身具有拓展经营项目的实力和管理更大规模的企业的能力，要求配送中心具有足够的资金支持，此外，配送中心还应具备相关专业人才作为技术保证。

3．一体化增长战略

如果配送中心的基本行业有发展前途，而且配送中心在供、产、销方面实行一体化能提高其配送效率、加强控制、扩大销售，则配送中心可以实行一体化增长战略，如图9-6所示。

（1）后向一体化。

后向一体化指配送中心通过收购或兼并若干原材料供应商、产品供应商等，拥有或控制其供应系统，实行供配一体化。

（2）前向一体化。

前向一体化指配送中心通过收购或兼并若干批发商、零售商等，拥有或控制其分销系统，实行配销一体化。

（3）水平一体化。

水平一体化指配送中心通过收购或兼并同类型的企业，或者与其他同类企业合资经营。

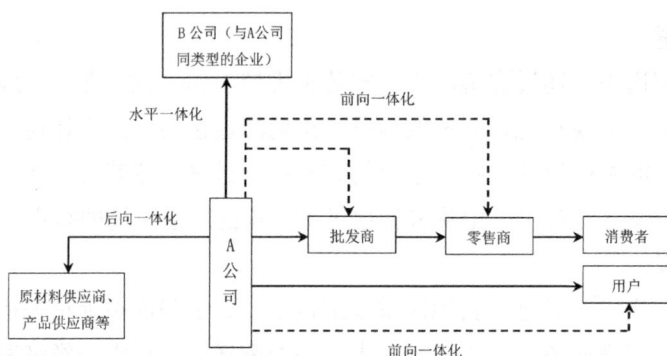

图 9-6　一体化增长战略

4．竞争战略

哈佛大学商学院米歇尔·波特（Michael Porter）教授于 20 世纪 90 年代提出了一个新的战略模型，即米歇尔·波特四战略，也称竞争战略，具体如下。

（1）总成本领导（Overall Cost Leadership）战略。

总成本领导战略即配送中心通过开展大规模、多品种的配送业务，以低成本使其配送价格低于其竞争对手，成为占领市场份额的第一名。例如，美国沃尔玛的配送中心。

（2）差别（Differentiation）战略。

差别战略即配送中心形成他人无法超越的配送服务并采用高价销售配送服务，从而在市场中成为领导企业。例如，美国联合邮包服务公司。

（3）焦点（Focus）战略。

焦点战略是指配送中心只将注意力集中在某细分市场，并且很好地满足该细分市场的客户的要求。

（4）"路中间"（Middle-of-the-road）战略。

"路中间"战略是指配送中心不采用上面提到的三种战略，而是跟随市场上的其他企业行动。实施这种战略的企业没有具有吸引力的业务，由于其战略飘忽不定，顾客对其也不甚满意，因而实行此战略的配送中心不能像实行差别战略和焦点战略的配送中心一样收取高价格的费用。

9.3.3　配送中心战略实施

配送中心战略实施的过程可以分为 5 个阶段。

1．发现问题和机会

有人认为，决策就是解决问题的过程，而机会往往蕴藏在问题之中。因此，决策过程的第一步就是要发现问题，进而发现更多机会。发现问题并不是一件容易的事，必须不断地调查、分析、研究企业的现行业务与环境的适应情况，才能准确地找到问题的关键。配送中心分析和评价企业的业务情况时可以采取以下两种方法。

（1）波士顿咨询集团法。

波士顿咨询集团法，又称波士顿矩阵法、四象限分析法、产品系列结构管理法等，它是由美国大型商业咨询公司——波士顿咨询集团首创的一种分析和评价战略业务单位的方法。

　　配送中心通过测算各种配送产品的销售增长和相对市场占有率，可将企业的配送业务分成 4 种不同性质的业务类型：销售增长率和相对市场占有率"双高"的明星类；销售增长率和相对市场占有率"双低"的瘦狗类；销售增长率高、相对市场占有率低的问号类；销售增长率低、相对市场占有率高的现金牛类。波士顿咨询集团法如图 9-7 所示。

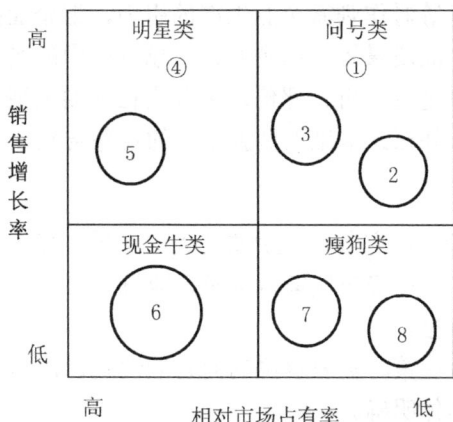

图 9-7　波士顿咨询集团法

　　针对不同的业务类型，配送中心可采取不同的决策，以保证配送中心不断淘汰无发展前景的业务，保持问号类、明星类、现金牛类和瘦狗类业务的合理组合，实现资源分配结构的良性循环。

　　4 种不同业务类型的业务的战略决策如下。

　　① 明星类业务。这类业务可能成为配送中心的现金牛类业务，需要对此类业务加大投资以支持其快速发展。对于明星类业务，应采用的发展战略是积极扩大明星类业务的经济规模和市场机会，以长远利益为目标，提高其相对市场占有率，提升企业的竞争地位。最好采用事业部形式管理与组织明星类业务。

　　② 瘦狗类业务。对这类业务应采用撤退战略。首先，应减少瘦狗类业务的产品批量，逐渐撤退瘦狗类业务，对那些销售增长率和相对市场占有率均极低的产品应立即淘汰。其次，应将瘦狗类业务的产品的剩余资源向其他产品转移。最后，应整顿产品系列，最好将瘦狗类业务与其他事业部合并，统一管理。

　　③ 现金牛类业务，又称厚利业务。这类业务可为企业回收资金，现金牛类业务是支持其他业务，尤其是明星类业务的后盾，因此，可以采用收获战略，减少资源投入以达到短期收益最大化，尽量压缩设备投资和其他投资，采用榨油式方法，争取在短时间内获取更多的利润，为其他业务提供资金。

　　④ 问号类业务。对问号类业务应采取选择性投资战略，对那些经过改进可能会成为明星类业务的问号类业务应进行重点投资，提高其相对市场占有率，使之转变成明星类业务；对将来有希望成为明星类业务的业务，则应在一段时期内采取扶持对策。因此，对问号类

业务的改进与扶持方案一般均被列入配送中心的长期计划。

（2）通用电气公司法。

通用电气公司法是分析、评价战略业务单位的另一种方法,此法因通用电气公司于1970年在公司战略计划中首先应用而得名。

通用电气公司法是美国通用电气公司用波士顿咨询集团法的原理,扩大其考核内容而形成的一种规划企业产品组合、评价企业发展方向的战略分析方法。这种方法把市场容量、利润率、市场销售增长率等看作刺激企业生产的引力,把企业的技术力量、生产能力、市场占有率、推销能力、产品质量等看作企业在市场竞争中的实力。通用电气公司法根据以上要素对企业的业务加以定量分析、评价,划分出相应的类型,针对每种类型列出相应的发展、维持及淘汰策略,并在此基础上调整企业的业务结构,确定企业的发展方向。

2. 确定决策目标

决策目标是指管理者在特定条件下所要达到的结果。能否正确地确定决策目标是关系决策成败的关键。配送中心在确定决策目标时,应符合以下要求。

（1）决策目标要有根据。

配送企业要明确了解决策时需要解决的问题的性质、范围、特点和原因。

（2）决策目标必须具体明确。

决策目标应当可以被分解并落实到具体部门、具体单位。决策目标要有具体的衡量指标,衡量指标应尽量数量化。

（3）决策目标应分清主次。

配送中心在进行多个目标的复杂决策时,在满足决策需要的前提下,要尽量减少目标个数,因为目标越多,决策难度越大。确定各个目标的优先顺序后,应先集中力量实现必须要达到的重要目标。如果多个目标之间不是协调一致的或上下级目标存在矛盾冲突,要按照局部服从全局的原则,采取折中的办法来解决其冲突。

（4）要规定目标的约束条件。

对于有附加条件的目标,附加条件就是约束条件,它可能包括配送企业的人、财、物等客观存在的限制条件,也可能是一定的主观愿望。要实现决策目标,必须满足其约束条件,否则即使达到目标,与付出的代价相比,结果也难以令人满意。

3. 探索拟定各种可行方案

任何问题都不止有一种解决方案,只有经过比较、选择,决策方案才能趋于合理。最好的方案是在比较、选择中得到的,在决策过程中拟定各种可行方案是非常重要的。拟定方案的数量应受到决策时间和决策本身的重要性的制约,拟定方案要讲究效益和效率,决策也是如此。对于较复杂的决策问题,可行方案的拟定过程可以分为大胆设想和精心设计两个阶段。

（1）大胆设想。

大胆设想就是要求拟定方案的人员具有勇于创新的精神和丰富的想象力,这样拟定方案的人员才能从不同的角度设想出各种各样的可行方案,为决策者提供不同的思考角度和选择的余地,为最佳方案的选择和实施提供条件。拟定方案的人员必须以广博的知识作为创新的基础，以超强的思维能力作为创新的保证，要打破条条框框，大胆创新。

（2）精心设计。

与大胆设想相反，精心设计要求拟定方案的人员用冷静的头脑和求实的态度进行分析，确定方案的细节，预测方案的实施后果，如组织工作、日程安排、经费落实等，同时还要预测客观环境变化对实施各方案的预期效果的影响。这一阶段的工作做得越细，得出的决策方案越好。

4．方案的评价、比较和选择

拟定好方案后，配送中心的最高管理层就要根据已定目标的要求，对各个方案进行评定和选择。

（1）评定方案的标准。

配送中心在评定方案时，有以下三个标准。

① 价值标准。方案的价值就是方案的意义、作用、效果等，可以用方案的价值评定方案的好坏。决策的目的是实现一定的决策目标，因此越接近决策目标的方案越好，这就是价值标准。

② 满意标准。衡量满意标准的尺度不尽相同，收益最大、成本最低是理论上的准则，在实践中，只要对决策"足够满意"即可。

③ 最大期望值标准。对于确定型决策，决策者可以根据上述 2 个标准选择方案。但对于不确定型决策，在执行一个方案时可能产生会几种不同的结果。在这种情况下，通常采用最大期望值标准，即按各种客观状况出现的概率所计算的平均值来评定方案。

（2）选择方案的方法。

有了评定方案的标准之后，配送中心的管理层就要根据有效经济的原则从中选出满意的方案，选择方案的方法如下。

① 试验法。先取试点进行试验，在试验的基础上进行改进。

② 数学分析法。当为达到决策目标而设定的变量是连续变量时，需要依靠数学分析的方法使决策准确、优化。如果决策目标是单目标连续型决策变量，可以通过建立数学模型的方法求出最优解。

③ 经验判断法。对于牵涉较多的社会因素、人为因素的决策问题，如配送中心的选址问题等，主要靠经验判断法选择方案，决策者可以根据以往的经验和所掌握的材料经过权衡利弊做出决策。

在上述方法中，虽然每一种方法都可以在配送中心进行战略决策时起到重要作用，但它们都有一定的局限性，若将各种方法综合使用、取长补短，就会得到更好的决策方案。

5．方案的执行和反馈

做出决策之后，配送中心便可将其付诸实施。在决策方案的执行过程中，再完善的决策方案也会因客观环境的变化出现始料不及的问题，配送中心的各级管理人员不仅要运用计划、组织、指挥、协调、控制等管理职能来保证决策方案顺利执行，还要建立信息反馈渠道，以便及时发现新问题、及时修订目标、补充决策方案。

复习思考题

一、问答题：

1. 什么是配送中心？它应该符合什么条件？
2. 简述配送中心在物流体系中的地位及功能。
3. 有哪些不同类型的配送中心？
4. 对配送中心进行系统规划需要坚持什么原则？
5. 对配送中心进行系统规划应按照怎样的程序进行？
6. 配送中心的一般作业流程和特殊作业流程有什么不一样？
7. 配送中心有怎样的组织机构？
8. 什么是配送中心战略？它为配送中心的发展起到了怎样的作用？
9. 配送中心战略具有哪些特征？
10. 如何实施配送中心战略？

第 10 章

危险货物和冷藏货物配送管理

- 熟悉危险货物的包装标识
- 掌握危险货物的包装要求
- 熟悉冷藏货物对包装材料的要求
- 掌握冷藏货物对运输包装标志的要求
- 掌握适合冷藏货物道路运输的适用范围及温度分类

- 学会正确使用危险货物的包装标志
- 掌握危险货物道路运输安全管理
- 辨析危险货物道路运输可能出现的问题
- 掌握冷藏货物的包装检测标准
- 能够运用所学方法改善冷藏货物的包装

导入案例

冷藏车装货运输过程中需要注意：操作规范及控制运输温度

在如今的生活中，沿海城市的海鲜也经常出现在内陆居民的餐桌上，北方的水果蔬菜也会在南方的市场上被挑选。这主要得益于冷链运输，其中冷藏车功不可没。

不同货物对于车厢温度的要求不同，具体要求可以参考《冷藏车货物装载及运输时温度控制一览表》，但运输过程中的温度设定范围还需要大家根据储运的具体情况而定。如果遇到不确定车厢该设置多少温度的情况，最好向货主了解清楚，以防造成额外损失。

（1）精准的温度——时刻关注车厢温度，以防货物损坏。

冷藏车的运费较高，运输中的注意事项也很多。一旦运输过程中车厢温度不稳定（过冷或过热），货物都无法长期保鲜，极容易损坏，司机也将面临对损坏货物进行赔偿的后果。在运输过程中也需要时刻关注车厢温度，如果温度过高，需要进行"打冷"，降低温度，如果温度过低，则需要升高温度。

（2）敏捷的速度是装货和卸货的要点，日常维保也必不可少。

除了在运输过程中要谨慎，装货和卸货的过程也不能马虎。

① 装货前。

应根据运输的货物对温度的要求，对车厢提前进行预冷，直至车厢达到合适装货的温度。

如果厢体内湿气较重，可以手动或自动除霜，一般可以通过温度控制器来控制。

装货前应查看蒸发器等车厢的内部装备是否有保护装备，以防装货和卸货时不小心对其造成损伤。

② 装货时。

装货时要注意尽量不要将车门开得太大，以减少热气和湿气进入。

装货时注意不要遮挡住蒸发器的进风口和出风口。

装货时要注意根据运输的货物的不同，在车厢中预留出一些空间，货物应和车顶及车厢前方预留一定的距离，保证冷气充分流动。

在货物和车厢地板间放置货物托盘，保证底部冷气可以循环流动。

在关门前，一定要确定货箱内无人后再将车门关紧。

除此之外，要经常检修车辆底盘、车厢制冷机组、备用电源等设备，保证其正常工作，不至于在运输过程中出现故障，无法移动，对货物造成损伤。也要经常清理车厢，保持其干净卫生。

冷藏车运输作为冷链中的重要一环，发挥着重要的配送作用，希望相关从业人员谨记上述注意事项，避免造成损失。

（资料来源：https://www.toutiao.com/i6578693403037401613/）

思考题：什么样的货物适合冷藏运输？不同的货物对配送有何不同要求？

如何在冷藏货物运输中做到规范操作？

10.1 危险货物包装

危险货物包装是指符合危险货物对包装的最低要求的容器及为实现包装危险货物所需的其他构件或材料的集合体。危险货物的品种很多，不同品种的危险货物在性能、外形、结构等方面都有差别，因此，危险货物对包装的要求也存在差异。

10.1.1 危险货物的包装要求

危险货物的包装应坚固完好，能抗御运输、储存和装卸过程中的正常冲击、振动和挤压，并便于装卸和搬运。危险货物的包装表面应清洁，不得黏附所装物质和其他有害物质。危险货物的包装材料的材质、规格和包装结构应与所包装的危险货物的性质和重量相匹配。包装容器和拟装物不得发生危险反应或削弱包装强度。

危险货物的包装的衬垫物不得与拟装物发生反应，衬垫物应能防止内装物移动并起到减震的作用。

对于液体危险货物的包装，容器应留有正常运输过程中货物在最高温度下所需的足够的膨胀余位，易燃液体的容器至少要留有 5%的空隙，对液体危险货物要做到液密封口，对可产生有害蒸气、易潮解或遇酸雾能发生危险反应的液体危险货物应做到气密封口。对必须装有通气孔的容器，其设计和安装应能防止货物流出或进入杂质，从容器中排出的气体应不致造成危险或污染。其他危险货物的包装应做到密封不漏。

10.1.2　危险货物包装的分类

危险货物包装有多种分类方法,这里主要介绍三种分类方法,即按危险货物种类分类、按容器类型分类，以及按包装的结构强度、包装的防护性能及内装物品的危险程度分类。

1．按危险货物种类分类

危险货物按其具有的危险性类型可以分为九大类：①爆炸品；②压缩气体和液化气体；③易燃液体；④易燃固体、自燃物品和遇湿易燃物品；⑤氧化剂和有机过氧化剂；⑥毒害品和感染性物品；⑦放射性物品；⑧腐蚀性物品；⑨杂项危险物品。危险货物的包装按其种类可分为以下 6 类。

（1）通用包装。

通用包装适用于④、⑤、⑥类危险货物和①、⑧类中的某些危险货物。

（2）爆炸品专用包装。

爆炸品专用包装的设计必须与该爆炸品的生产设计同时被批准，同时进行，否则不得进行生产，爆炸品专用包装在不同爆炸品之间是不能相互替代使用的。

（3）气瓶。

气瓶是②类危险货物的专用包装，其最显著的特点是能承受很高的内压，所以又称作耐压容器。其设计、选材、制造、使用、维护、维修、检验、标志等都必须符合国家劳动局人事司颁发的《气瓶安全监察规程》的规定，同时应符合《危险化学品安全管理条例》中相应的包装说明。

（4）放射性物品包装。

放射性物品包装专用于盛装各种放射性物品，国际原子能机构（IAEA）对放射性物品包装有专门的规定。

（5）腐蚀性物品包装。

由于不同的腐蚀性物品对不同材料的腐蚀作用千差万别，所以各种材料、各种形式的包装几乎都被使用在腐蚀性物品包装中，而对于某种特定的腐蚀性物品，则只能用某种材料进行包装，其包装材料是专一的。

（6）特殊货物的专用包装。

在③、④、⑤、⑥类危险货物中，有一些货物由于性质特殊必须采用专用包装。例如，碱金属（钾、钠等）专用包装，黄磷专用包装等。

2．按容器类型分类

危险货物包装按其包装容器的类型可分为桶类、箱类、袋类等。这些包装的材质、形状均有所区别，它们各有优缺点。

3．按包装的结构强度、包装的防护性能及内装物品的危险程度分类

各种危险货物包装，除了爆炸品、压缩气体和液化气体、感染性物品的包装另有专门规定，其余危险货物包装均按包装的结构强度、包装的防护性能及内装物品的危险程度分为以下 3 级。

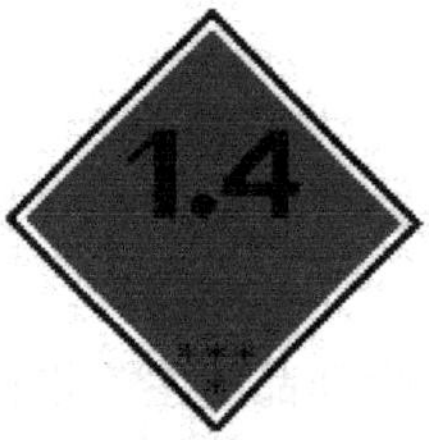

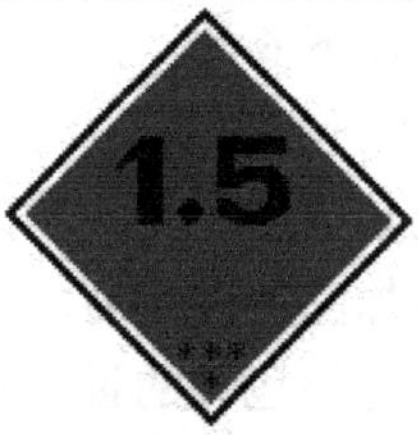

（1）Ⅰ级包装：货物具有大的危险性，包装强度要求高。

（2）Ⅱ级包装：货物具有中等危险性，包装强度要求较高。

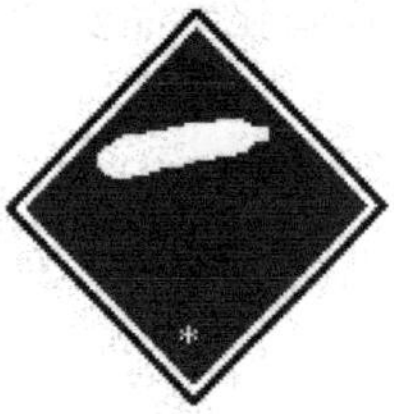

（3）Ⅲ级包装：货物具有小的危险性，包装强度要求一般。

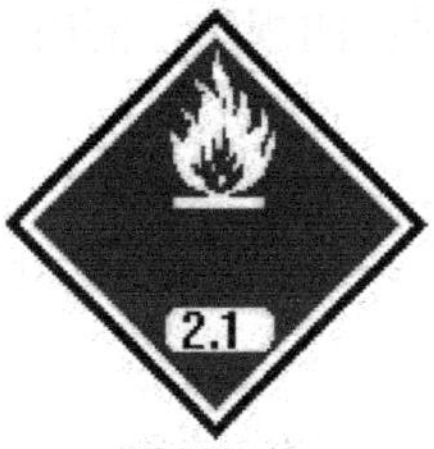

10.1.3　危险品运输标志和使用

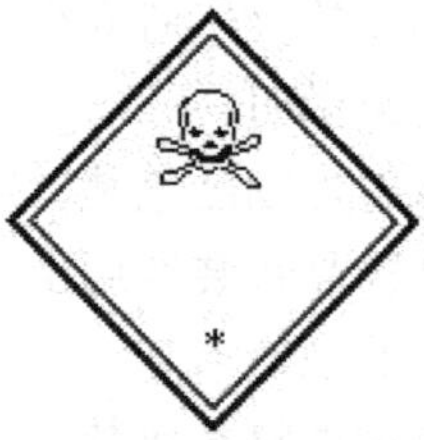

1．危险品运输标志

危险品运输标志如图 10-1 所示。

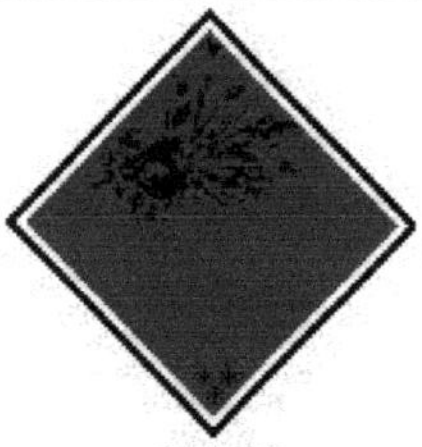

图 10-1　危险品运输标志

易燃气体（第2类）或者易燃液体（第3类） UN Transport symbol for inflammable gases (Class 2) or liquids (Class 3)	易燃固体（第4类） UN Transport symbol for inflammable solids (Class 4)	易自燃物品 UN Transport symbol for substances liable to spontaneous combustion
遇水释放出易燃气体的物品 UN Transport symbol for substances which, in contact with water, emit inflammable gases	氧化剂和有机过氧化物 UN Transport symbol for oxidizing substances and for organic peroxides	感染性物品 UN Transport symbol for infectious substances

放射性物品（第I级） UN Transport symbol for radioactive substances, Category I	放射性物品（第II级） UN Transport symbol for radioactive substances, Category II	放射性物品（第III级） UN Transport symbol for radioactive substances, Category III
放射性物品 UN Transport symbol for radioactive substances	腐蚀性物品 UN Transport symbol for corrosive substances	危险性类别编号的位置：** Location of serial number: **

图 10-1　危险品运输标志（续）

2. 危险品运输标志的使用

（1）危险品运输标志的标打可采用粘贴、钉附及喷涂等方法。

（2）危险品运输标志的位置规定如下。

① 箱状包装：危险品运输标志位于包装端面或侧面的明显处；

② 袋/捆包装：危险品运输标志位于包装的明显位置；

③ 桶形包装：危险品运输标志位于桶身或桶盖处；

④ 集装箱、成箱货物：危险品运输标志粘贴在四个侧面。

（3）每种危险品包装应按其类别粘贴相应的危险品运输标志。但如果某种物质或物品还有其他类别的危险性质，那么其包装上除了粘贴该类标志作为主标志，还应粘贴表明该物质或物品的其他危险性质的危险品运输标志作为副标志，副标志图形的下角不应该标有危险货物的类项号。

（4）储运的各种危险货物性质的区分及其应标打的危险品运输标志应按有关部门规定的危险货物道路运输安全管理的具体办法执行，出口货物的危险品运输标志应按我国执行的有关国际公约（规则）办理。

（5）危险品运输标志应清晰，并保证其在货物储运期内不脱落。

（6）危险品运输标志应由生产单位在货物出厂前标打，危险货物出厂后如改换包装，其危险品运输标志应由改换包装的单位标打。

10.2　危险货物道路运输安全管理

危险货物道路运输是特种运输的一种，是指专门的组织或技术人员对非常规物品使用特殊车辆进行的运输。一般只有经过国家相关职能部门严格审核并拥有能保证安全运输危险货物的相应设施设备的企业才有资格进行危险货物道路运输。

交通运输部办公厅下发了关于加强危险货物道路运输安全监管系统建设工作的通知，通知要求，到 2020 年，全国危险货物道路运输安全监管系统基本建成，运用信息化手段实施"联网监管、精准监管、专业监管、协同监管"的格局基本形成，安全监管能力得到明显提升。

10.2.1　危险货物道路运输安全管理的内容

1. 对运输单位的管理

（1）对营业性单位的管理要求。

凡申请从事营业性危险货物道路运输的单位，及已取得营业性道路运输经营资格需增加危险货物道路运输经营项目的单位，均须按规定向当地县级道路运政管理机关提出书面申请，经地市级道路运政管理机关审核，发给其加盖危险货物道路运输专用的道路运输经营许可证和道路运输营运证，方可经营危险货物道路运输。

凡从事危险货物道路运输的单位，必须拥有能保证安全运输危险货物的相应设施和设备。

凡从事营业性危险货物道路运输的单位，必须具有十辆以上的专用车辆，具有五年以上从事运输经营的管理经验，配有相应的专业技术管理人员，并建立健全安全操作规程、岗位责任制、车辆设备保养维修和安全质量教育等规章制度。

（2）对非营业性单位的管理要求。

如非营业性运输单位需从事危险货物道路运输，须事前向当地的道路运政管理机关提出书面申请，经审查，符合运输基本条件后报地市级运政管理机关批准，发给其道路危险

货物非营业运输证，非营业性运输单位方可进行运输作业。从事一次性危险货物道路运输的企业，须报以县级运政管理机关审查核准，发给其道路危险货物临时运输证后方可进行运输作业。

2．对运输人员的管理

直接从事危险货物道路运输、装卸、维修作业和业务管理的人员必须掌握危险货物道路运输的有关知识，经当地地市级以上的道路运政管理机关考核合格，发给其道路危险货物运输操作证，相关人员方可上岗作业。

3．对装载车辆、容器及装卸器具的规定

运输危险货物的车辆、容器、装卸机械及工具必须符合交通部《汽车危险货物运输规则》的相关规定，并经道路运政管理机关审验合格。

10.2.2　危险货物道路运输注意事项

凡具有腐蚀性、自燃性、易燃性、毒害性、爆炸性等性质，在运输、装卸和储存保管过程中容易造成人身伤亡和财产损毁而需要特别防护的物品，均属危险品。危险品具有特殊的物理性能和化学性能，如果运输过程中防护不当，极易发生事故，并且相关事故所造成的后果较一般车辆事故更加严重。因此，为确保安全，在从事危险货物道路运输的过程中应注意以下 8 点。

1．配备符合规定的驾驶员和押运员

驾驶员和押运员必须经过专门培训并取得危险货物道路运输从业资格证、押运证，要学习掌握一定的化工知识，熟悉承载货物的物理性质、化学性质、危险特性、注意事项，如货物的比重、闪点、燃点、毒性、膨胀系数等。驾驶员和押运员出车时要带齐驾驶证、准运证、从业资格证、押运证、行驶证、车辆年检合格证、养路费凭证和容器安全检验合格报告等证件，以备检查。

2．车辆安全状况和安全性能合格

必须对车辆的安全状况和安全性能进行认真检查，发现车辆故障必须排除后才能投入运行。要特别注意检查容器的安全性能，检查液位计、压力表、阀门、温度表、紧急切断阀等安全装置是否安全可靠，杜绝跑、冒、滴、漏，未处置好故障的车辆不得承运。要保持驾驶室干净，不得有发火用具，危险品标志灯牌应完好。

3．应急处理准备充分

要检查随车消防器材的数量及其有效性。要随车携带灭火的工具、专业堵漏设备、劳动防护用品，不得穿钉子鞋和化纤服装。押运员要携带承载货物的事故技术处置方案（包括危险特性、处置措施、消防处置措施）、产品生产厂家的联系电话，以及交通事故、治安、消防、救护、环保等报警电话。

4．装载货物要注意细节

装载货物时要到现场负责监督，详细核对货物名称、规格、数量等是否与托运单证相

符。要按照堆码整齐、靠紧妥帖、平整牢固、均匀平衡、易于点数的基本要求进行装载。不同的危险化学品不能混装，要做到一车一货。当装载易燃易爆品时，要给车辆的排气管戴防火罩，桶装危险品的桶与桶之间要用编织袋充填空隙。装载罐装液体时，应预留不少于总容量的 5%的膨胀余量。装载有毒有害货物时，要站在上风处。要注意，装载的任何化工产品都要加盖雨布，以防交会车时飞落的烟头。

5. 精心驾驶，平稳行车

行车要遵守交通、消防、治安等法律法规，做到礼让三先，主动避让各种车辆，应控制车速，保持与前车的安全距离，严禁违法超车。不能疲劳驾驶，不开英雄车、赌气车、霸王车，使车辆保持平稳、中速行驶。驾驶过程中要尽量少用紧急刹车，以保持货物的稳定，确保行车安全。

6. 行车途中勤检查

危险品运输的事故隐患主要是从泄漏开始的。由于行车途中车辆难免颠簸震动，容易造成包装破损，因此，行车途中要勤检查。行驶两小时后要查看桶盖上有无货物溢出，用专用扳手拧紧桶盖，如密封圈失效应立即更换；查看铁桶之间的充填物有无跌落，车厢底部及四周有无泄漏液体，如有泄漏液体应查出漏桶，将漏点朝上；查看捆绑的绳索是否松动等。在高温季节，液体会膨胀，更换密封圈时要注意慢慢开盖子，等放走气体后再完全打开盖子，以免开盖过急，液体喷出伤人。

7. 选择行驶路线得当，行车时间恰当

运输危险货物时要选择道路平整的国道主干线，不能贪图近路而走复杂的路段。行车要远离城镇及居民区，如果非通过不可，要再检查一次，确认安全无泄漏后再通过。不能在城市街道或人口密集区停车、吃饭、休息。提倡白天休息，夜间行车，以避让车辆、错开人员高峰期。万一发生泄漏，如果个人力量无法挽回，要迅速将车辆开往空旷地带，远离人群、水源。一旦发生交通事故，要扩大隔离范围，并立即向有关部门报警。

8. 小心卸货，防止污染

危险货物大多具有毒性、腐蚀性，稍不注意就会污染环境。液态货物和气态货物容易污染空气、土地和水源，卸货时要特别注意，经过长途运输，危险货物的外包装难免有一定破损，在没有专用站台的地方卸货时要铺跳板或木杠，用绳拉住包装容器缓缓落地，或用废轮胎垫地，以起到缓冲作用。要告知货主，对危险品不要急于使用，要搁置一段时间，等其各种性能平稳后再使用。需要注意的是，如果发现车厢里有泄漏的痕迹，不要急于清洗，要先用锯末或沙子清扫一遍车厢，让其干透并蒸发后，在远离水源的地方用水冲洗车厢，以免污染环境。

10.2.3 加强我国危险品物流管理对策

在危险品物流管理过程中，为减少危险品物流过程中的事故损失，降低危险品物流风险，政府相关管理部门应从社会效益的角度出发，建立相关管理制度和措施，规划设计危险品物流网络。例如，优化危险源的布局、限制危险品运输的路径、限制危险品运输的时

间等，尽量避免在人口密集的地区、时间进行危险品物流操作。而危险品物流企业应在政府规划设计的危险品物流网络中，通过加强危险品物流的操作管理，选择优化的危险品运输路径和操作方式，从经济效益的角度使企业的成本最低。政府和企业应共同努力，建立危险品物流管理体系，使危险品物流既符合企业的经济效益，又兼顾社会效益。在这样的体系下，结合我国目前的危险品物流现状和国外危险品物流管理的经验，政府和危险品物流企业应采取以下对策和措施，加强对我国危险品物流的管理。

1. 合理规划危险源的布局，建立健全危险品物流的相关规章制度

政府在进行规划时应将需要使用危险品的企业置于合理的地理位置，从宏观角度规划出风险最小的危险品运输网络，并建立快速应急措施，以便在事故发生时快速处理，使损失降至最低，以保障人民的生命财产安全。同时，政府应建立健全危险品物流管理法律法规，在此基础上逐步规范危险品物流的管理操作，做到有法可依，使相关行业有一套可以落实到管理过程中的标准。

2. 参考国外的危险品物流的管理经验，建立一套科学规范的行业标准

建立一套科学规范的行业标准，从事危险品物流的企业就能参照这套科学规范的行业标准制定出安全合理的管理方法。具体而言可以从以下几方面入手：对不同危险品从物流操作的角度进行分类，规定不同种类的危险品适宜的操作环境、不同种类的危险品的包装规范、运输设备要求等，以降低危险品在运输过程中的风险系数。对从事危险品操作的从业人员应根据其工作性质进行严格的培训，并且定期进行评审，检验其是否具有从业资格。

3. 建立一套合理的检查方案，并制定相关的惩处办法

对从事危险品物流操作的单位企业要定期检查，评审其是否具有从事危险品物流操作的资格，是否严格按照相关法律法规进行操作，对不具备从业资格的单位企业要严格查处，对于在从事危险品物流操作过程中违规甚至违法的单位企业要予以惩处。

4. 建立危险品物流管理关键控制点控制体系

任何检查监督措施都有局限性，一方面它不可能检查到所有危险品在任何时间的物流操作，另一方面，即使检查出了问题，事故隐患已经存在，再采取措施，必然会加大处理成本。因此应事前采取预防性的措施，而不只进行事后的检查监督。食品安全管理中的危害分析与关键控制点控制体系是一个可以借鉴的方法，即通过分析危险品物流环节中可能发生的危害和表现特征，制定危害发生后的纠正措施，以减少危害，确保危险品物流作业的安全。

5. 由专业化的物流公司负责危险品物流

现代物流理论和技术的发展为危险品物流管理提供了基础，由专业化的物流公司负责危险品物流，一方面可以改变目前危险品物流企业数量多、规模小、技术含量低的格局，提高危险品物流的集成度，提高企业的经济效益；另一方面也为政府监管危险品物流、保障危险品物流的安全提供了基础。同时，无线射频技术（RFID）、卫星定位技术（GPS）、地理信息系统（GIS）等现代物流技术为危险品物流过程的跟踪、监控、管理等提供了技术支撑，为事故发生后的应急管理提供了技术上的保障。

6．建立全国性的危险品物流管理信息平台

当前，一些地区及企业为自己的车辆安装了 GPS，GPS 最大的优点是能够做到实时监控和轨迹跟踪，当车辆超出运行时间或超出指定路线时，系统就会自动报警，监控人员能与司机随时联系。然而这些监控网络都是独立运行的，只能监控本地区、本企业内部的危险品运输车辆。从已经发生的事故分析中，我们可以看到，就一个地区网络而言，对于从外地驶入的车辆，无论它是否安装了 GPS，都缺乏本地的监控，一旦这些车辆在本地区发生事故，很难在第一时间调动本地区的应急部门进行处理。因此，实现各地区网络和各企业网络之间的连接，实现信息连通，做到事故在第一时间就近、就地处置，是高效、安全处置当前危险货物道路运输车辆事故的迫切需要。

10.3　冷藏货物包装

冷藏货物是指在低于常温但不低于物品冻结温度的条件下，保持冷冻、冷藏类货物所需的低温或恒温环境，以保持货物原有的品质，减少货物损耗的一种保藏措施。冷冻食品是指质量合格的食品原料经过适当的加工处理，在-30℃的温度下进行急冻，完成包装后在-18℃或更低的温度下进行储藏和流通的食品。由于全程采用低温冷链保藏，冷冻食品具有货架期长、不易腐败、食用便利等特点，但由此也对包装材料提出了更高的要求。

10.3.1　对冷藏货物的运输包装要求

1．冷藏货物运输包装内涵

根据冷藏食品的类型、形状及特性等合理选择包装材料和包装技术，确保食品在物流过程中的安全。

运输包装材料或容器应完整、清洁、无污染、无异味、无有毒有害物质，达到相关食品卫生法规和标准要求，且应具有一定的保护措施，在装卸、运输和储存过程中能够避免内部食品受到机械或其他损伤。

冷藏食品的运输包装尺寸应符合 GB/T 15233 和 GB/T 16471 的规定，采用托盘包装时运输包装还应符合 GB/T16470 的规定。

包装不耐压冷藏食品时，应在包装容器内加支撑物或衬垫物，以减少食品的震动和碰撞。包装易失水冷藏食品时，应在包装容器内加塑料衬。各种包装填充物应符合相关食品卫生要求。

2．对冷藏货物的包装材料的具体要求

目前，市场上常见的冷藏食品的包装袋多采用以下材料。

（1）PET/PE。

PET/PE 结构在速冻食品包装中比较常见，其防潮、耐寒、低温、热封性能较好，成本相对较低。

（2）BOPP/PE、BOPP/CPP。

BOPP/PE、BOPP/CPP 结构防潮、耐寒、拉力强度高，成本相对比较低。其中，BOPP/PE

结构的包装袋的外观、手感比 PET/PE 结构的包装袋的外观、手感好，能提升产品的包装档次。

（3）PET/VMPET/CPE、BOPP/VMPET/CPE。

PET/VMPET/CPE、BOPP/VMPET/CPE 结构由于镀铝层的存在，表面印刷精美，但其低温性能和热封性能较差，成本较高，因此其使用率相对较低。

（4）NY/PE、PET/NY/LLDPE、PET/NY/AL/PE、NY/PE。

PET/VMPET/CPE、BOPP/VMPET/CPE 结构的包装耐冷冻、耐冲击，由于 NY 层的存在，其耐刺穿性能很好，但其成本相对较高，一般用于包装有棱角或较重的产品。

另外，还有一种简单的 PE 袋，一般用作蔬菜、简装冷藏食品的外包装袋等。

（5）其他材料。

除包装袋以外，有些冷藏食品需要用到吸塑托盘，最常用的吸塑托盘的材质是 PP，食品级 PP 的卫生性能较好、可在-30℃低温下使用，另外也有 PET 等材质。瓦楞纸箱作为通用的运输包装，其防震、抗压性能及成本优势是冷藏货物包装首先考虑的因素。

3．冷藏货物包装的检测标准

合格的商品必须有合格的包装，商品检测除对产品本身进行检测外，也必须对包装进行检测，检测合格后方能进入流通领域。

目前，冷藏食品包装的检测没有专门的国家标准，行业专家正在联合相关食品生产企业积极推动行业标准的制定。因此，冷藏食品生产企业在采购包装时，必须满足相关包装材料的通用国家标准，示例如下。

（1）GB 9685《食品容器、包装材料用添加剂使用卫生标准》对食品容器、包装材料用添加剂规定了卫生标准。

（2）GB 9688《食品包装用聚丙烯成型品卫生标准》对食品用 PP 类成型包装的理化指标进行了规定，可作为冷冻食品用 PP 吸塑托盘标准的制定依据。

（3）GB/T 4857.3《包装运输包装件基本试验》、GB/T 4857.4《包装运输包装件压力试验方法》及 GB/T 6545《瓦楞纸板耐破强度的测定法》分别给出了瓦楞纸箱的堆码强度及耐破强度的要求。

此外，在实际操作中，冷藏食品生产企业也会根据实际需求，制定一些符合自身情况的企业标准，如对吸塑托盘、泡沫桶等成型品的要求。

4．冷藏货物运输包装标志

冷藏货物运输包装标志的名称、图形、颜色、尺寸及使用方法应符合 GB/T 191《包装储运图示标志》规定。

冷藏货物运输包装标志应使用 GB/T191《包装储运图示标志》规定的"温度极限"标志或用文字直接标明货物应保持的最低温度和最高温度。

冷藏货物运输包装收发货标志应符合 GB/T6388《运输包装收发标志》的规定。

10.3.2 冷藏货物包装的问题及解决措施

1. 问题

由于冷藏货物对温度的要求比较严格,所以在其包装上常见的有以下两个问题。

(1)食品的干耗、冻结烧现象。

冷藏可极大程度地限制微生物的生长繁殖,降低食品腐败变质的速率。但对于某些冷藏货物而言,食品的干耗、氧化现象也会随冷藏时间的延长而加重。

在冷藏室内,温度和水蒸气分布存在这样的情况:食品表面>周围空气>冷却器。一方面食品表面的热量会向周围的空气传递,导致食品自身的温度进一步降低;另一方面,食品表面与周围空气存在的水蒸气分压差会促使食品表面的水分和冰晶蒸发和升华为水蒸气,融入空气。

至此,含有水蒸气较多的空气因吸收了热量而密度减小,向冷冻室上空运动,当其流经冷却器时,由于冷却器的温度极低,该温度下的饱和水分压也很小,在空气被冷却的同时,水蒸气接触冷却器表面并凝结成霜附着在冷却器上,降温后的空气密度变大,从而使水蒸气下沉并再次与食品接触。这一过程会不断重复、循环进行,食品表面的水分则不断损失,重量减轻,这一现象就是干耗。

在干耗现象持续进行的过程中,食品表面会逐渐变为多孔状组织,增大了食品与氧气的接触面积,使食品的脂肪、色素加速氧化,食品表层发生褐变,其蛋白质发生变性,这一现象就是冻结烧。

水蒸气的转移及空气中氧气的氧化反应是导致上述现象发生的根本原因,因此,作为冷冻食品与外界的屏障,其内包装使用的塑料包装材料应具有良好的阻隔水蒸气和氧气的性能。

(2)冷藏环境对包装材料力学强度的影响。

众所周知,塑料长时间处于低温环境中会变脆,易破裂,其物理性能会急剧下降,这反映了塑料材料耐寒性较差的缺点。通常,塑料的耐寒性能用脆化温度表示。随着温度的降低,塑料因其聚合物分子链活动性的降低而变得性脆易折,在规定的冲击强度下,50%的塑料会发生脆性破坏,此时的温度就是脆化温度,也是塑料材料正常使用的温度下限。如果冷冻食品采用的包装材料耐寒性较差,在后期的运输装卸过程中,冷冻食品尖锐的突起很容易刺破包装,造成泄漏,从而加快食品变质。

在储藏和运输环节,冷冻食品是包装在瓦楞纸箱内的。冷库的温度一般设定在-24℃~-18℃。在冷库中,瓦楞纸箱会逐渐吸收环境中的水分,通常经过 4 天瓦楞纸箱可以达到水分平衡。据相关文献表明,当瓦楞纸箱达到水分平衡时,其含水量较干燥状态下会增加 2%~3%。随着冷藏时间的延长,瓦楞纸箱的边压强度、抗压强度、黏合强度将逐步降低,4 天后上述强度将分别降低 31%、50%、21%,这意味着进入冷库后,瓦楞纸箱的力学强度会受到一定的影响,这增加了后期发生塌箱的概率。

冷冻食品在由冷库运输到销售地点的过程中,将经过多次装卸操作,温差的不断变化使瓦楞纸箱箱体周围空气中的水蒸气冷凝在纸箱表面,纸箱的含水率迅速升高至19%左右,其边压强度将下降 23%~25%,此时瓦楞纸箱的力学强度进一步遭到破坏,增加了塌箱发生的概率。另外，在纸箱的堆码环节，上层纸箱会对下层纸箱施加持续的静压力，当纸箱因吸潮而导致抗压能力下降时，底层纸箱会首先发生变形。据统计，因吸潮和超高堆码而引起的纸箱坍塌导致的经济损失约占流通过程总损失的 20%左右。

2. 解决措施

为最大限度地减少上述两大问题的发生频率，保证冷冻食品的安全，可以从以下几方面入手。

（1）选择高阻隔、高强度的内层包装材料。

包装材料的种类繁多、性能各异，只有了解各种包装材料的物理性能，才能根据冷冻食品的防护要求选择合理的材料，使其既能维持食品的风味和质量，又能体现商品的价值。

目前，冷冻食品领域使用的塑料软包装主要分为以下 3 类。

① 单层包装袋，如 PE 袋，其阻隔效果相对较差，普遍用于蔬菜包装等；

② 复合软塑包装袋，采用胶黏剂将两层或多层塑料薄膜材料黏合在一起，如 OPP/LLDPE、NY/LLDPE 等，其防潮、耐寒、耐穿刺性能相对较好；

③ 多层共挤软塑包装袋，将不同功能的原材料如 PA、PE、PP、PET、EVOH 等分别熔融挤出，在总模头汇合，它们经吹胀成型后冷却复合在一起，这类材料不采用胶黏剂，具有无污染、高阻隔、高强度、耐高低温等特点。

资料表明，在发达国家和地区，第③类包装的使用量约占冷冻食品包装总量的 40%，而我国仅占 6%左右。

随着科技水平的不断进步，新材料也层出不穷，其中，可食性包装膜是新材料的代表之一，它以生物降解多糖、蛋白质或脂质为基质，通过包裹、浸渍、涂布或喷洒等手段，在冷冻食品表面形成一层以天然可食性物质为原料、通过分子间相互作用而形成的保护膜来控制水分转移和氧气渗透。这种薄膜具有明显的阻水性、较强的抗气体渗透能力，最重要的是这种材料可与冷冻食品一起食用，无任何污染，因此，它具有广阔的应用前景。

（2）提高内层包装材料的耐寒性和力学强度。

① 选择合理的复合或共挤原料。

尼龙、LLDPE、EVA 都具有优异的耐低温性、耐撕裂性、抗冲击性，在复合或共挤工艺中加入此类原料，可有效提高包装材料的防水阻气性及机械强度。

② 适当提高增塑剂的比例。

增塑剂主要用来削弱聚合物分子之间的次价键，从而增加聚合物分子链的移动性，降低其结晶性，具体表现为聚合物的硬度、伸长率、柔韧性的提高。

（3）提高瓦楞纸箱的抗压强度。

目前市场上基本采用开槽瓦楞纸箱运输冷冻食品，这种纸箱四周由四片瓦楞纸板钉合而成。通过文献分析和试验验证可发现瓦楞纸箱坍塌多发生于箱体结构中竖直放置的四块瓦楞纸板处，因此，加强该处的抗压强度可有效提高纸箱整体的抗压强度。具体来说，首先可在瓦楞纸箱内壁四周增加环形内套，建议采用瓦楞纸板，其弹性、减震性较好，可防止冷冻食品的尖锐处刺破受潮的纸板。其次，可采用套合型纸箱结构，这种箱型通常由多片瓦楞纸板加工而成，其箱体和箱盖分离，通过套合使用。试验表明，在相同的包装条件下，套合结构纸箱的抗压强度约是开槽结构纸箱的抗压强度的 2 倍。

（4）加强包装检测力度。

包装对冷冻食品意义重大，因此国家制定了 GB/T24617《冷冻食品物流包装、标志、运输和储存》、SN/T0715《出口冷冻食品类商品运输包装检验规程》等相关标准，通过设定包装材料性能的最低要求来保障从包装原材料供应、包装工艺到包装效果全流程的品质。对此，企业应建立完善的包装质量控制实验室，配备三腔一体集成块结构的氧气/水蒸气透过率测试仪、智能电子拉力试验机、纸箱抗压机等试验仪器，对冷冻包装材料进行阻隔性能、抗压性能、耐穿刺性能、耐撕裂性能、耐冲击性能等一系列的性能监测。

综上所述，冷冻食品的包装材料在应用过程中面临着许多新需求和新问题，研究并解决这些问题，对提高冷冻食品的储存和运输质量具有重要意义。另外，完善包装检测流程，建立各类包装材料的测试数据体系，也将为未来的选材和质量控制提供依据。

10.4　冷藏货物道路运输管理

冷藏货物道路运输是指在运输全过程中，无论是装卸搬运、变更运输方式、更换包装设备等环节，都使运输的货物保持一定温度的运输。冷藏货物道路运输的成本高，而且包含了较复杂的移动制冷技术和保温箱制造技术，其运输管理包含更多的风险和不确定性。

10.4.1　冷藏货物道路运输的适用范围及温度分类

1. 适用范围

冷藏货物道路运输属于冷链运输，其适用范围如下。

（1）鲜活品：蔬菜、水果、肉、禽、蛋、水产品、花卉产品等。

（2）加工食品：速冻食品、禽、肉、水产品、包装熟食、奶制品、快餐原料等。

（3）医药品：各类针剂、药剂等。

对以上几种产品进行运输时需配备相关的冷藏设备：如冷链箱、运输冰袋、冷藏柜等，运输疫苗有专业的疫苗冷藏箱。

2. 温度分类

冷藏货物道路运输的温度分类主要是根据所运输的货物对温度的不同要求来进行的。

（1）保鲜类：如蔬菜、鲜花、水果、水产品、电子元器件等，一般对温度的要求为 2～8℃。

（2）冷鲜类：如排酸肉品、海鲜产品、豆制品、巧克力等，一般对温度的要求为-5℃～0℃。

（3）冷冻类：如速冻食品、速冻水产品、速冻肉制品等，一般对温度的要求为-18℃～-10℃。

（4）深冷冻类：如危险品、高级面包活菌酵母面团等，一般对温度的要求为-45℃～-20℃。

10.4.2　冷藏货物运输车分类

冷藏货物运输按运输方式可分为水运、空运和陆运，而由于陆运可实现"门到门"的服务，并且机动灵活、速度快，所以陆运的应用非常广泛，下面主要介绍铁路运输和公路运输两种冷藏货物运输车。

1．铁路冷藏车

铁路冷藏车具有运输量大、速度快的特点，好的铁路冷藏车应具有良好的隔热性能，并设有制冷、通风和加热装置。铁路冷藏车包括机械冷藏车、加冰冷藏车、冷冻板式冷藏车、无冷源保温车、液氮和干冰冷藏车、铁路机械冷藏车等。

（1）机械冷藏车。

机械冷藏车是以机械式制冷装置为冷源的冷藏车，它是目前铁路冷藏运输中的主要工具之一。其优点：制冷速度快；温度调节范围大、车内温度分布均匀；运送迅速；适应性强；制冷、加热、通风、换气、融霜自动化；新型机械冷藏车还设有自动检测和记录温度的装置，以及安全报警装置等。

（2）加冰冷藏车。

加冰冷藏车具有与一般铁路棚车相似的车体结构，但它设有车壁、车顶和地板的隔热、防潮结构，装有气密性好的车门。加冰冷藏车以冰或冰盐作为冷源，一般在车顶装有六七只马鞍形储冰箱，两、三只为一组。

2．公路冷藏汽车

公路冷藏汽车也称冷藏保温汽车，它有冷藏汽车和保温汽车两大类。保温汽车指有隔热车厢，适用于食品短途保温运输的汽车。冷藏汽车是指具有隔热车厢，并设有制冷装置的汽车。

冷藏汽车按制冷装置的制冷方式可分为机械冷藏汽车、冷冻板冷藏汽车、液氮冷藏汽车、干冰冷藏汽车等，其中，机械冷藏汽车是冷藏汽车中的主型车。

公路冷藏汽车具有使用灵活、投资少、操作管理与调度方便的特点，公路冷藏汽车既可以单独进行易腐食品的短途运输，也可以配合铁路冷藏车、水路冷藏船进行短途转运。

10.4.3　冷藏货物运输的作业要求

对冷藏货物运输的作业要求是快装快运、轻装轻卸、防热防冻、平稳运输。具体分为装运前、装运时和装运后这三个阶段的作业要求。

1．装运前的作业要求

冷藏车出车前应确认车厢的卫生条件能满足承运食品的要求，并对其进行检查及除霜，并确定制冷系统能运转正常。

运输工具必须提前制冷，当厢体内部的温度降至或略低于冷藏食品要求的温度时才能够开始装货。

装载和卸货前，运输作业人员应对冷藏食品的温度进行检测及记录，并将检测记录写入运输单证，将附件提交给各相关方。

2．装运时的作业要求

（1）温度要求。

运输过程中，厢体内的温度应维持在冷藏食品要求的温度范围内，厢体内的冷风应循环顺畅，一般送风温度和回风温度的温差不应超过 3℃。

检测冷藏食品的温度时，以测量冷藏食品的中心温度为准。如果相关方同意，可通过测量冷藏食品包装的表面温度代替测量冷藏食品的中心温度。

（2）时间要求。

应适当控制冷藏食品装卸货的时间，具体要求如下。

① 2.5 吨车或以下（15m³ 以内），装卸货时间应控制在 30 分钟以内；

② 2.5 吨～5 吨车（15～25m³），装卸货时间应控制在 50 分钟以内；

③ 5 吨～8 吨车（25～40m³），装卸货时间应控制在 70 分钟以内；

④ 40 英尺（12m×2.35m×2.38m）集装箱，装卸货时间应控制在 120 分钟以内。

（3）拼箱装运要求。

一般情况下，允许将冷藏温度接近的多种食品拼箱装运，但在以下任何一种情况下，不得进行拼箱装运，以免串味或污染。

① 不同加工状态的食品，如原料、半成品、成品；

② 不同种类的食品，如水果和肉制品、蔬菜和奶制品、蛋制品和肉制品；

③ 具有强烈气味的食品和容易吸收异味的食品；

④ 产生较多乙烯气体的食品和对乙烯敏感的食品。

（4）温度复检。

验收货物时，验收人员应对冷藏食品的温度进行复检，检测位置应由运输作业人员和验收人员共同决定，并在低温环境下完成检测工作。一旦检测结果超过规定的温度，应及时通知管理人员或货主，征求处理措施及指示。

（5）其他要求。

冷藏食品的堆积排列应稳定，堆积高度应低于厢体的最大装载限制线。

无论因何种原因导致装载或卸货作业中断，都应保证运输工具厢体的门即时关闭，保证制冷系统正常运转。

3．装运后的作业要求

每完成一次冷藏运输作业，都必须对运输工具的厢体进行严格的清洗、消毒和晾干，做到无杂物、无油污、无异味，满足相关食品卫生要求后，方可进行新一轮的运输作业。冷藏车每次运输货物后，应检查车辆及与温控有关的各种机械设备、装置、设施及电子记录装置等，定期对制冷机组进行保养，确认其处于良好的运行状态。

冷藏运输作业人员应保存以下记录至该批冷藏食品的保质期后六个月。

① 温度自动记录装置显示的厢体内部温度；

② 厢体内冷风循环的回风温度；

③ 制冷系统的运转时间；

④ 装载和卸货时间。

复习思考题

问答题

1. 危险货物对包装有怎样的要求？
2. 危险货物的包装有哪些种类？各种包装适合何种危险货物？
3. 如何加强危险货物道路运输安全管理？
4. 如何使用危险品包装标志？
5. 危险货物道路运输应该注意哪些事项？
6. 冷藏货物对运输包装的材料及尺寸有何要求？
7. 冷藏货物的运输包装应符合怎样的标准？
8. 冷藏货物对运输包装标志有哪些要求？
9. 冷藏货物在运输中会出现哪些问题？具体现象是什么？
10. 如何改善及提高冷藏货物的包装？

参考文献

1. 沈文天.配送作业管理[M].3 版.北京：高等教育出版社，2018.

2. 刘晓燕，王晔丹，方秦盛.仓储与配送管理实务[M].北京：中国石油大学出版社，2018.

4. 胡建波.现代物流概论[M].北京：清华大学出版社，2018.

5. 徐丽蕊，杨卫军.仓储作业实务[M].北京：北京理工大学出版社，2016.

6. 涂淑丽.仓储运营管理[M].南昌：江西人民出版社，2016.

7. 郭凯明，张振亚.仓储管理实务[M].北京：清华大学出版社，2015.

8. 朱华.配送中心管理与运作[M].3 版.北京：高等教育出版社，2014.

9. 宫胜利.仓储与配送管理实务[M].北京：北京理工大学出版社，2012.

10. 张向春，贾苏绒.仓储管理实务[M].北京：北京理工大学出版社，2012.

11. 李红军，李坤.配送中心运营管理实务[M].西安：西北工业大学出版社，2012.

12. 黄中鼎，林慧丹.仓储管理实务[M].武汉：华中科技大学出版社，2019.

13. 吴理门.配送作业与管理[M].武汉：武汉大学出版社，2011.

14. 黄安心.配送中心运作与管理实务[M].武汉：华中科技大学出版社，2009.

15. 朱江.商品养护[M].郑州：河南科学技术出版社，2009.

16. 魏丽玲.物流仓储与配送[M].北京：北京邮电大学出版社，2008.

17. 杜文.物流运输与配送管理[M].北京：机械工业出版社，2006.

18. 邬星根.仓储与配送管理[M].上海：复旦大学出版社，2005.